태초부터 아멘까지

하나님 나라, 언약, 그리스도의
관점에서 본 **성경 핵심 개관**

강정주 지음

"복음"은 헬라어로 εὐαγγέλιον(유앙겔리온), 라틴어로 Evangelium(에반겔리움), 영어로 Gospel(가스펠)입니다. 출판사 "에반겔리움북스"는 "복음의 책들"이라는 이름에 걸맞게, 예수 그리스도의 복음을 중심으로 개혁주의 전통과 성경신학적인 구속사적 흐름을 반영한 책을 출판하여 이를 통하여 독자들이 그리스도 안에서의 삶을 깊이 이해하고 실천하며, 조국 교회의 부흥과 공동체의 변화를 소망합니다.

태초부터 아멘까지

하나님 나라, 언약, 그리스도의 관점에서 본 | 성경 핵심 개관

| 강정주 지음 |

In the Beginning to Amen

Evangelium Books

| 추천사 |

「태초(창 1:1 시작)부터 아멘(계 22:21 끝)까지!」 제목을 보는 순간 본서가 목표하는 바가 무엇인지 직감하게 됩니다. 게다가 "하나님 나라, 언약, 그리스도"라는 부제는 본서의 내용을 친절하게 요약해 줍니다. 창세기부터 요한계시록에 이르는 성경 전체의 각 권을 하나님 나라, 언약, 그리스도라는 상호 긴밀하게 연관된 거대한 주제들의 관점에서 개관한다는 것이 과연 가능할지, 혹시 너무 중복적이거나 피상적이지는 않을지, 우려할 수 있습니다. 그러나 본서는 그런 우려를 말끔히 씻어 줍니다. 본서의 개관은 "태초"부터 "아멘"에 이르기까지 각 책의 핵심을 일관성 있게 그러면서도 심도 있고 선명하게 정리해 주기 때문입니다. 본서는 하나님 나라의 시작(창조), 상실(타락), 회복에 대한 모형적 약속(구약), 성취(예수님의 메시아 사역), 완성(재림)이라는 큰 흐름을 언약과 그리스도 관점으로 연결하여 창세기부터 요한계시록에 이르기까지 차근차근 물 흐르듯이 그려나갑니다. 성경 전체를 하나님 나라, 언약, 그리스도의 관점에서 통일성 있게 이해하고 싶은 분들께 이 책을 꼭 권하고 싶습니다.

양용의 | 전 에스라 성경대학원대학교 신약학 교수

이 책은 구약과 신약, 그리고 실천이 만났습니다. 구약 학자이자 목회자인 저자가 현장의 고민을 담아낸 아름다운 책입니다. 성경의 핵심 주제인 하나님 나라, 언약, 그리스도의 관점에서 구약과 신약을 체계적으로 정리한 좋은 책입니다. 특별히 저자는 맨 마지막 부분에서 성경의 전체적인 흐름을 한눈에 볼 수 있도록 하는 친절함을 보여줍니다. 또한 도표를 통해 성경 66권의 핵심 내용을 하나님 나라와 적용의 관점에서 핵심어로 탁월하게 정리하였습니다. 이 책은 교회에서 하나님의 백성 성도들을 양육하는데 반드시 필요한 필독서로 추천합니다.

강규성 | 한국성서대학교 구약신학 교수

강정주 박사님의 신작 "태초부터 아멘까지"는 성경 전체를 하나님의 나라, 언약, 그리스도의 세 가지 핵심 관점으로 멋지게 해석한 개관입니다. 성경 66권을 이토록 단순하면서도 신선하고 깊이 있게 소개한 개관은 처음 접해 봅니다. 성도라면 반드시 읽고 배워야 될 하나님의 말씀을 성경의 세 가지 중심 주제로 조명해 주고, 가이드 해주는 탁월한 개관서입니다.

송영재 | BTS 신학교(Basileia Theological Seminary) 학장

성경을 여러 번 읽었더라도 나무는 보지만 숲은 보지 못하거나 반대로 숲은 보지만 나무는 보지 못하는 경우가 태반이다. 그래서 어렵고 때론 오해가 생긴다. 「태초부터 아멘까지」는 성경 전체, 구약, 신약의 핵심은 물론 성경 각 권의 핵심을 관통하면서 하나님 나라, 언약, 그리스도라는 세 주제로 일목요연하게 보여준다. 목회자나 평신도 모두에게 설교하거나 성경을 가르치고 이해하는 데 꼭 필요한 책이다. 모든 그리스도인이 소장하고 반복해서 읽을 것을 권한다.

구병옥 | 개신대학원대학교 교수, 한국실천신학회 회장

한국 교회는 성경 통독과 각종 성경 공부와 개인 성경 묵상(QT)에 많은 열심을 기울이고 있습니다. 그러나 성경 전체에 대한 올바른 신학적 관점을 가지고 성경을 읽지 않는다면 그러한 성경 읽기와 성경 공부는 주관적이 되기 쉽고 치우치기 쉽습니다. 성경을 바르게 읽고 공부하기 위해서는 신구약 66권 각 권을 개관하여 각 권의 큰 흐름과 주제를 파악해야 합니다. 이렇게 신학적 읽기와 책별 읽기가 겸비된 상태에서 성경을 읽고 공부할 때에 우리는 하나님을 아는 지식과 하나님 구원의 은혜를 아는 지식에서 자라갈 수 있게 될 것입니다. 이 책의 저자 강정주 교수님은 개혁파의 언약신학적이고도 구속사적인 관점에서 오랫동안 성경을 가르친 성경신학자이면서 강단에서 복음을 강설해 온 설교자로서 신학도들과 성도들을 위하여 성경 한 장 한 장, 한 권 한 권을 설명해 주고 있습니다. 성경을 보다 체계적으로 그리고 풍성하게 읽고 공부하고자 하는 모든 분들에게 이 책을 기쁘게 추천합니다.

김준범 | 양의문교회 담임목사

"여호와의 말씀이니라 보라 날이 이르리니 내가 이스라엘 집과 유다 집에 새 언약을 맺으리라 이 언약은 내가 그들의 조상들의 손을 잡고 애굽 땅에서 인도하여 내던 날에 맺은 것과 같지 아니할 것은 내가 그들의 남편이 되었어도 그들이 내 언약을 깨뜨렸음이라 여호와의 말씀이니라 그러나 그 날 후에 내가 이스라엘 집과 맺을 언약은 이러하니 곧 내가 나의 법을 그들의 속에 두며 그들의 마음에 기록하여 나는 그들의 하나님이 되고 그들은 내 백성이 될 것이라 여호와의 말씀이니라"

| 예레미야 31:31-33 |

| 저자 서문 |

    이 책은 신학교에서 강의 사역과 안암교회를 섬긴 결과로 출판하게 되었습니다. 교회를 섬기면서 성도들에게 성경 전체를 핵심적으로 알려드리고 싶은 필요와 도전이 있어서 집필을 시작하게 되었습니다. 또한 성경신학적인 맥락에서 구약을 연구하고 강의하면서 성경의 중요 주제인 '하나님 나라, 언약, 그리스도'의 관점에서 성경을 소개하고 싶은 열망도 있었습니다.

    그동안 언약신학적 관점은 성경 전체를 이해하는 데 익숙하도록 소개가 많이 되어 왔습니다. 그러나 하나님 나라에 대한 성경신학적 연결은 많은 듯하면서도 구체적이지 않은 아쉬움도 있어 왔습니다. 특별히 구약 안에서의 하나님 나라에 대한 이해는 전적으로 부정되거나 최소한으로 언급되고 대부분은 신약을 중심으로 하나님 나라를 이해하여 왔습니다. 더욱이 신약의 하나님 나라 이해의 주요 관점인 '통치' 개념만을 중심으로 구약의 하나님 나라를 이해하고 이것을 기초로 신약과 연결하려는 시도들이 있어왔습니다. 본서는 이러한 접근에서 한 걸음 더 나아가 성경 전체에서 특별히 구약 전체에서 '하나님 나라' 주제를 구체적으로 살펴보려고 시도한 것입니다. 하나님의 '통치'의 개념에만 집중하지 않고 '백성과 영토(우주/하늘 영역)'를 포함하는 포괄적인 접근을 지향하면서 하나님 나라를 구약에서 살펴본 것입니다. 성경신학적 관점에서 보면 혹 지나친 이해도 있겠고, 언약신학과의 차이가 없어 보이는 점들도 있겠지만 '하나님 나라와 언약,

그리스도(메시아)'라는 성경의 핵심 주제를 건전한 성경신학적 틀 안에서 서술하려고 노력하였습니다.

　설교와 강의를 위해 수많은 성경 개론서를 접해왔지만, 여러 아쉬운 점들이 또한 있었습니다. 학문적으로 너무 복잡하거나 어렵고, 실제적으로도 그리스도인들에게 각 권의 내용과 적용이 쉽게 잘 들어오지 않는다는 점입니다. 본서는 성경의 중요 주제인 하나님 나라, 언약, 그리스도만을 중심으로 각 권의 내용을 핵심적으로 짧게 정리하여 소개한다는 점에서 장점이 있다고 생각합니다. 정리한 것을 핵심적 키워드로 다시 정리하여 성경 전체를 한눈에 볼 수 있게도 하였습니다. 핵심 정리에서 더 나아가 성경 각 권의 메시지를 따라 어떻게 살아가야 하는지에 대한 적용도 소개하였습니다. 무엇보다 성경에 대해 저자가 그동안 연구하며 정리한 이해를 교회 현장에 맞게 개관하며 서술한 것임을 알려드립니다. 본서를 통해 성경 전체의 핵심 메시지를 잘 이해하고, 하나님 백성과 그리스도인들로서 이 시대를 어떻게 살아야 하는지를 깨달으며 온전히 순종하게 되기를 간절히 기원합니다.

2024년 10월 19일

강 정 주

| 목차 |

추천사 | 04
저자 서문 | 08

성경개관 서론 / 14
구약성경 개관 / 19
구약개관 서론 / 20

구약 1. 모세오경 개관 24

창세기 개관 28 | 출애굽기 개관 32
레위기 개관 36 | 민수기 개관 40
신명기 개관 44

구약 2. 역사서 개관 48

여호수아 개관 52 | 사사기 개관 56
룻기 개관 60 | 사무엘상하 개관 64
열왕기상하 개관 68 | 역대기상하 개관 72
에스라-느헤미야 개관 76 | 에스더 개관 80

Old
Testament

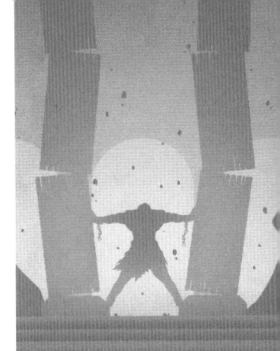

구약 3. 시가서 개관 84

욥기 개관 88 | 시편 개관 92
잠언 개관 96 | 전도서 개관 100
아가 개관 104

구약 4. 선지서 개관 108

이사야 개관 112 | 예레미야 개관 116
예레미야애가 개관 120 | 에스겔 개관 124
다니엘 개관 128 | 호세아 개관 132
요엘 개관 136 | 아모스 개관 140
오바댜 개관 144 | 요나 개관 148
미가 개관 152 | 나훔 개관 156
하박국 개관 160 | 스바냐 개관 164
학개 개관 168 | 스가랴 개관 172
말라기 개관 176

구약개관 정리 / 180

Old Testament

신약성경 개관 / 185
신약개관 서론 / 186

신약 1. 복음서와 사도행전 개관 190

마태복음 개관 194 | 마가복음 개관 198
누가복음 개관 202 | 요한복음 개관 206
사도행전 개관 210

신약 2. 바울서신서 개관 214

로마서 개관 218 | 고린도전후서 개관 222
갈라디아서 개관 226 | 에베소서 개관 230
빌립보서 개관 234 | 골로새서 개관 238
데살로니가전후서 개관 242
디모데전후서 개관 246
디도서와 빌레몬서 개관 250

신약 3. 공동서신서 개관 254

히브리서 개관 258 | 야고보서 개관 262
베드로전후서 개관 266 | 요한서신서 개관 270
유다서 개관 274

신약 4. 예언서 개관 278
요한계시록 개관 278

신약개관 정리 / 282

성경개관 정리 287
하나님 나라 288 | 언약 292
그리스도 296 | 하나님 백성의 삶 300

부록(APPENDIX) 305
하나님 나라 이야기로서의 성경개관 306
중심어로 정리한 성경개관 308
도표로 보는 성경의 배열 314
도표로 보는 성경의 하나님 나라, 언약, 그리스도 316
참고문헌 317

New Testament

성경개관 서론

◎ 주요 본문: 마가복음 1:14-15

요한이 잡힌 후 예수께서 갈릴리에 오셔서 하나님의 복음을 전파하여 이르시되 때가 찼고 하나님의 나라가 가까이 왔으니 회개하고 복음을 믿으라 하시더라

하나님 나라

성경은 하나님의 말씀으로서 무엇을 주로 말씀하실까요? 성경에는 중요한 주제와 내용들이 많이 있지만 주로 하나님의 나라(하늘나라)에 대해 말씀합니다. 성경의 시작인 창세기와 마지막인 요한계시록은 하나님 나라(왕국)로 시작하고 마치고 있습니다(창 1:26-28; 계 11:15; 21:1-7; 22:1-5). 무엇보다도 종말에 하나님 아들로서 이 땅에 오신 인자 예수님을 통해 말씀하신 메시지의 시작과 마지막도 하나님 나라였습니다(마 4:17, 23; 막 1:14-15; 눅 4:16-21; 행 1:3). 예수님이 말씀하신 것처럼 세례 요한까지 이르는 구약의 모든 선지자와 율법은 하나님 나라와 관련되어 있습니다(마 11:11-13). 성경의 나머지 부분들에서도 하나님 나라는 중요하게 언급됩니다(대상 17:14; 28:5; 눅 11:20; 행 8:12; 19:8; 20:25; 28:30-31).[1] 하나님께서는 이 세상(우주)을 하나님의 나라(왕국)로 창조하셨고 그 나라가 인간의 죄로 오염되고

---

1) 하나님 나라의 중요성에 대해서는 양용의, 「하나님 나라 어떻게 이해할 것인가」 (서울: 성서유니온, 2010), 15-20을 보라.

망가지자 회복하길 원하셨고 원래의 창조 목적대로 완성하시길 원하셨습니다(창 3:14-15).

언약

하나님 나라를 위한 하나님의 계획과 뜻은 창조된 세상의 다른 모든 피조물을 대표하는 인간(하나님 형상)과의 약속 곧 언약이라는 관계성 속에서 진행하십니다. 이러한 점은 성경을 옛 언약인 구약과 새 언약인 신약으로 구분하여 부르는 명칭에서도 잘 보이고 있습니다. 이 언약 관계의 중요한 내용은 하나님 나라로 창조된 세상을 창조주이시며 왕이신 하나님의 뜻대로 운영하는 것(창 1:26-28; 2:16-17)과, 죄로 망가진 하나님 나라를 회복하고 완성한다는 것, 그리고 이 모든 것을 이룰 자를 주신다는 것입니다(창 3:15; 12:3; 22:18). 이런 언약관계 속에서 드러나는 하나님의 성품과 일하심을 통해 하나님의 나라는 잘 계시됩니다.

그리스도

망가진 하나님 나라가 회복되고 완성되어 정상적으로 운영되는 것이 구속이고 구원이기에 이 모든 것을 이룰 자를 성경은 그리스도(메시아) 곧 구원자라고 부릅니다. 사도 바울은 이런 구원자의 기능과 관련하여 성경의 기능을 "성경은 능히 너로 하여금 그리스도 예수 안에 있는 믿음으로 말미암아 구원에 이르는 지혜가 있게 하느니라"라고 말씀합니다(딤후 3:15). 하나님께서는 이런 구원을 위해 구원자를 약속하시고 피조물을 대표하는 인간이 이 구원자를 믿고 받아들여 모든 만물이 구원받기를 원하십니다(롬 8:19-21; 엡 1:10, 23; 4:10; 계 21:3, 5). 그러므로 하나님께서 성경을 통해 말씀하시는 주된 내용은 하나님의 나라에 관한 것입니다. 곧 하나님 나라(왕국)로 인간과 세상

(우주) 만물을 창조하시고 관계하신 것과 그 나라가 인간의 죄로 파괴되었어도 회복과 완성을 위해 구원자이신 예수님을 보내시기까지 계속 관계하셔서 마침내는 새롭게 될 영광의 하나님 나라를 이미 창조하신 이 세상에 이루실 것을 말씀하십니다.

〈 적용 〉

성경을 하나님 나라에 대한 말씀으로 바로 이해한 사람은 그 나라에 들어가게 하시는 예수님을 믿고 하나님 백성이 됩니다(요 14:6). 언약관계 가운데 예수 그리스도를 통해 회복되고 완성될 하나님 나라의 백성으로서 그 나라를 위해 살아갑니다. 무엇보다 먼저 하나님의 나라와 그 의를 구하면서 살아갑니다(마 6:33). 함께 하시는 성령의 능력으로 하나님 성품과 통치(나라)에 어울리는 선한 양심과 선한 성품과 선한 행실로 살아가기 위해 애를 씁니다(벧전 3:16-17; 벧후 1:3-7). 하나님 보시기에 좋은 나라가 예수 안에서 하늘에서와 같이 이 땅에서도 이루어지기 위해 모든 영역(시간/공간/물질/문화)에서 사람과 만물을 사랑하며 돌보는 일에 힘을 씁니다(엡 1:10, 20-23; 마 28:16-20; 창 1:26-28; 롬 8:19-23; 계 21:5).

> ※ 성경 전체의 중심적 내용:
> 하나님 나라, 언약, 그리스도

나눔을 위한 질문

1. 성경에 나타난 하나님 나라, 언약, 그리스도의 상호 관계에 대해 설명할 수 있습니까?

2. 하나님 나라 국민 곧 그리스도인으로서의 일상은 어떤 모습일까요?

Note.

구약성경 개관

구약개관 서론

◎ **주요 본문: 역대상 17:14**

내가 영원히 그를 내 집과 내 나라에 세우리니 그의 왕위가 영원히 견고하리라 하셨다 하라

하나님 나라

성경의 한 부분인 구약은 전체적으로 무엇을 말씀하실까요? 성경 전체가 하나님 나라에 대해 말씀한다고 했는데 그 부분인 구약의 시작(창세기)과 마지막(역대기/말라기)도 하나님 나라에 대해 말씀합니다(창 1:26-28; 12:2; 17:6; 대상 17:14; 대하 13:8; 말 1:14; 3:1-5). 창조를 통한 하나님 나라의 시작(원형)과 사람의 타락으로 인한 하나님 나라의 파괴와 사탄의 불법적 점거, 그런 가운데서도 이스라엘을 통해 부분적으로 나타나는 하나님 나라를 언급합니다. 곧 구약은 하나님의 권능으로 창조된 우주가 이 땅에 시작된 하나님 나라임을 말씀합니다.

그 나라는 하나님이 거하시는 공간을 대표하는 에덴 동산과 하나님 백성을 대표하는 아담과 하와 그리고 하나님의 통치를 대표하는 하나님 말씀으로 이루어짐을 보여줍니다(창 1-2장). 그러나 하나님과 그 말씀에 반역하여 불순종한 사람으로 인해 하나님 나라가 파괴되고 인간과 만물이 징벌과 저주를 받습니다(창 3:14-24; 4:11; 8:21). 그러함에도 하나님의 은혜 가운데 아브라함과 그 후손으로 이루어진 이스라엘 나라를 통해 하나님의 나라가 부분적으로 이루어집니다(출 19:5-6). 그 나라는 제2의 에덴과 같은 가나안 땅에서 하나님 백성을

대표하는 이스라엘 백성과 하나님의 말씀으로 이루어집니다. 이렇게 부분적(모형적)으로 이루어진 하나님 나라도 하나님과 그의 말씀에 대한 이스라엘의 반역과 불순종으로 말미암아 붕괴됩니다(왕하 25장). 이런 일에도 구약은 미래(주의 날/종말)에 회복되고 완성될 하나님 나라를 계속적으로 예언합니다(사 6-12장; 렘 30-33장; 겔 40-48장).

언약

성경의 한 부분으로서 구약도 하나님 나라를 하나님과 사람의 언약관계를 통해 드러냅니다. 즉 하나님의 형상으로서 만물을 다스리며, 에덴 동산의 선악과 나무의 열매를 먹지 않아야 하는 관계를 하나님과 가진 제사장적 왕으로서의 사람을 통해 하나님 나라를 알게 합니다. 더 나아가 선악과 명령을 거역한 아담과 끊임없이 반역하는 이스라엘의 불순종과 불의한 반응을 통해서도 하나님 나라가 부분적으로 드러납니다. 이와 같은 언약관계의 역사를 통해서 구약은 하나님의 나라가 마침내 은혜의 언약관계 안에서 온전하게 회복되고 완성될 것을 말씀하십니다. 이런 하나님 나라의 회복과 완성은 아담과 만물이 타락 전 하나님과 가졌던 올바른 관계의 회복과 완성을 의미합니다(사 11:6-10; 65:17-25). "율법과 선지자"로 대변되는 구약은 올바른 하나님과의 관계를 기초로 하여 이웃과 만물이 사랑하며 조화되는 관계의 회복과 완성 또한 강조합니다(레 19:18; 호 2:14-23; 마 7:12; 22:40 참조).

그리스도

만물을 대표하는 사람과의 언약관계 안에서 하나님께서는 이런 하나님 나라의 회복과 완성을 가져올 메시아 곧 "여자의 후손(씨)"을 약속하십니다(창 3:15). 우주적 심판과 구원을 통해 하나님 나라 회복과 완성을 가져올 이 메시아 대한 약속은 노아와 아브라함과 모세와 다윗과 모든 이스라엘과의 관계에서도 계속적으로 주어집니다(창 9장; 12장; 출 19, 24장; 삼하 7장; 대상 17장; 렘 33:14-16; 암 9:11-12; 갈 3:16-19). 참으로 구약 전체는 하나님의 언약 관계 안에서 하나님 나라를 회복하고 완성하실 메시아 곧 그리스도 예수에 대한 약속을 중점적으로 말씀하고 예언하십니다(말 3:1; 눅 22:20; 24:44-49; 행 28:23). 곧 고난과 죽음과 부활을 통해 하나님의 의로서 만민에게 전파되실 메시아를 예언합니다(사 11:4-12; 26:19; 53장; 단 12:1-3; 행 24:14-15; 26:6-8, 22-23; 롬 3:21; 고전 1:30). 이렇게 구약이 주의 날에 이루어질 하나님 나라의 회복과 완성과 이것을 가져올 메시아를 이스라엘의 역사 속에서 계속적으로 말씀하고 예언한다는 점에서 이스라엘에 이루어진 하나님의 나라는 회복되고 완성될 하나님 나라의 실체를 미리 부분적으로 보여준 모형(그림자/모델)임을 가르쳐 줍니다(마 11:12-13 참조).[2]

〈 적용 〉

구약을 하나님 나라와 언약관계와 메시아에 대한 말씀으로 이해한 사람은 메시아 예수께서 이미 회복하시고 앞으로 완성하실 하나님 나라에 대한 구체적인 감각과 사명과 소망을 가지고 살아갑니다. 구약의 의로운 하나님 백성들과 같이 하나님 나라를 완성하실 메시아이신 예수님의 재림(주의 날)을 바라보며 하나님과의 관계와 그분의 말씀(언약)을 마음의 중심에 두고 살아갑니다(렘 32:38-40; 겔 36:26-

---

[2] 이런 관점에서 성경의 하나님 나라를 '하나님의 주권'으로 이해하면서 구약과 신약의 연속성과 비연속성을 잘 이해한 Patrick의 글을 보라. Dale Patyick, "The Kingdom of God in the Old Testament," in W. Willis, ed., *The Kingdom of God in 20th Century Interpretation* (Massachusetts: Hendrickson, 1987), 67-79.

27; 약 1:21; 벧후 3:10-18). 구약이 보여주며 예언하고 있는 하나님 보시기에 좋고 선한 세상(사람/환경/제도)을 만들어 가는 제사장이 됩니다(창 1:26-18; 출 19:6; 사 2:5; 11:1-9; 65:17-25; 벧전 2:9-10).

> ※ 구약 전체의 중심적 내용:
> 하나님 나라, 언약, 메시아(그리스도)

 나눔을 위한 질문

1. 구약이 보여주는 하나님 나라의 특징은 무엇입니까?

2. 완성될 하나님 나라를 소망하는 그리스도인의 일상은 어떠합니까?

모세오경 개관

◎ 주요 본문: 출애굽기 15:17-18

주께서 백성을 인도하사 그들을 주의 기업의 산에 심으시리이다 여호와여 이는 주의 처소를 삼으시려고 예비하신 것이라 주여 이것이 주의 손으로 세우신 성소로소이다 여호와께서 영원무궁 하도록 다스리시도다

하나님 나라

구약성경의 한 부분으로서 모세오경은 전체적으로 무엇을 말씀하실까요? 먼저 오경은 창세기 1:2과 신명기 32:11, 창세기 1:28과 신명기 33:1, 창세기 49:25, 26과 신명기 33:13, 16, 마지막으로 출애굽기 1장에서 민수기 24장까지의 긴밀한 연결들이 보여주는 것처럼 모세에 의한 한 권의 말씀입니다. 구약개관에서도 이미 언급한 하나님 나라와 하나님과의 관계인 언약관계와 그 관계에서 주어지는 메시아에 대한 말씀을 모세오경은 보여줍니다. 특징적으로 창조(창세기), 구속(출애굽기), 거룩(레위기), 훈련(민수기), 땅과 율법(신명기)을 말씀하는 오경은 구체적으로 창조를 통해 시작된 이 땅의 하나님 나라를 보여줍니다. 그 나라는 하나님이 거하시는 공간을 대표하는 에덴동산과 하나님 백성을 대표하는 아담과 하와 그리고 하나님의 통치를 대표하는 하나님 말씀으로 이루어집니다(창 1-2장). 그러나 하나님과 그 말씀에 반역하여 불순종한 사람으로 인해 하나님 나라가 파괴되고 사탄의 불법적 점거로 인간과 만물이 징벌과 저주를 받습니다

(창 3:14-24; 4:11; 8:21). 그러함에도 하나님의 은혜 가운데 아브라함과 그 후손으로 이루어진 출애굽의 이스라엘 백성을 통해 하나님의 나라가 시내산과 광야와 약속의 땅에서 부분적으로 이루어졌거나 이루어질 것을 보여줍니다(창 12:2, 7; 17:6, 16; 35:11; 출 15:13-18; 19:5-6; 신 17:14-20).

언약

타락 전의 하나님 나라는 하나님과 아담의 언약 관계를 통해 진행됩니다(창 1:26-30; 2:15-17). 곧 사람을 대표하는 아담이 하나님과의 관계에서 가진 하나님의 형상으로서의 사명과 선악과 나무의 열매를 먹지 않아야 하는 순종의 관계를 통해 하나님 나라를 드러냅니다. 이후에 아담과 하와의 반역과 불순종으로 파괴되고 깨어진 하나님 나라와 언약관계에도 불구하고 하나님께서는 언약관계가 계속될 것을 말씀하시고 아담과 만물이 타락 전 하나님과 가졌던 올바른 관계와 하나님 나라의 회복을 약속하십니다. 만물을 대표하는 사람과의 언약관계 안에서 하나님께서는 이런 하나님 나라의 회복을 통해 온전한 관계를 가져올 메시아 곧 "여자의 후손(씨)"을 약속하신 것입니다(창 3:15).

그리스도

사탄의 세력에 대한 심판을 통해 하나님 나라 회복을 가져올 이 메시아 대한 약속은 아담 이후에도 노아와 아브라함과 이삭과 야곱과 모세와 발람을 통해 계속적으로 주어집니다(창 9:27; 12:7; 17:6-7; 22:17-18; 27:29; 민 24:7, 9; 신 33:5). 모세오경에서 이 메시아는 주로 시적인 형식을 통해서 종말에 아브라함의 씨로서 유다 계보에서 오실 왕과 선지자와 제사장적 인물로서 약속되고 예언됩니다(창 22:13-

18; 49:1, 8-12; 민 24:7-14; 신 18:15; 33:5; 34:10; 마 1:1; 행 3:22-24). 특별히 이 메시아에 대한 약속은 부분적인 하나님 나라의 백성인 이스라엘의 언약관계 실패와 이로 인해 하나님께서 추가하시는 제사(희생)와 율법들을 통한 관계의 갱신들과 함께 언급됩니다(출 19장-신 31장; 창 6:1-8:21; 출 12장〈대속〉). 이와 같이 메시아의 역할을 보여줄 모형적 문맥에서 메시아는 우리의 마음에 할례를 베푸사 하나님을 사랑하고 순종할 수 있게 하는 새로운 언약관계(산 제사와 율법 순종)를 가져오실 분으로 예언됩니다(신 30:6, 14; 요 5:39, 46; 롬 8:1-4; 10:4-9; 12:1). 이와 같이 모세오경은 하나님과 계속되는 언약 관계 안에서 이루어지는 부분적인 하나님 나라 모습과 하나님 나라를 회복하실 메시아에 대한 약속을 중점적으로 전하는 말씀입니다. 이러한 모세오경은 모세의 율법 자체보다는 아브라함과 같은 믿음의 순종을 강조함으로써, 하나님과 언약관계 안에서 이스라엘의 메시아를 통해 가져오실 하나님 나라 회복에 대한 믿음과 소망을 교훈합니다(창 15:6; 출 4:31; 19:9; 민 14:11; 20:12; 신 34:10).

〈적용〉

모세오경을 읽는 그리스도인은 창조를 통한 하나님 나라의 시작과 타락 후에도 회복을 위해 관계하신 하나님의 은혜를 감사해야 합니다. 언약관계 안에서 아담과 아브라함과 모세와 그리스도에 이르기까지 신실하게 행하신 하나님을 신실한 믿음으로 순종하며 예수 안에서 약속하신 완성될 하나님 나라를 계속하여 소망해야 합니다(요 8:56; 롬 4:3; 8:3-4; 12:2; 갈 5:5-6; 히 6:15; 11:8).

※ 모세오경 전체의 중심적 내용:
하나님 나라(시작과 파괴와 회복),
언약(아담-노아-아브라함-모세),
메시아(여자의 후손)

 나눔을 위한 질문

1. 모세오경에 나타난 하나님 나라의 모습은 어떻게 정리할 수 있습니까?

2. 하나님 나라의 원형에 대한 말씀이 그리스도인에게 주는 교훈은 무엇입니까?

창세기 개관

◎ 주요 본문: 창세기 18:18

아브라함은 강대한 나라가 되고 천하 만민은 그로 말미암아 복을 받게 될 것이 아니냐

하나님 나라

한 권의 말씀인 모세오경(모세의 율법)의 한 부분인 창세기는 어떠한 하나님 나라를 보여줄까요? 우주 창조와 타락(1-11장), 이스라엘의 족장들(12-50장)을 언급하는 창세기는 하나님의 권능으로 창조되어 이 땅에 시작된 하나님 나라의 원형을 보여줍니다. 이 나라는 하나님이 거하시는 공간을 대표하는 에덴 동산과 하나님 백성을 대표하는 아담과 하와 그리고 하나님의 통치를 대표하는 하나님 말씀으로 이루어집니다(1-2장; 마 25:34). 하나님 보시기에 좋고 아름다우며 통치 질서와 복과 안식이 있는 나라입니다(1:10, 12, 16-18, 21, 22, 25-26, 28, 31; 2:3, 9, 19). 그러나 하나님과 그 말씀의 통치에 반역하여 불순종한 사람으로 인해 하나님 나라가 파괴되고 사탄의 불법적 점거와 통치로 인간과 만물이 징벌과 죽음의 저주를 받습니다(3:14-24; 4:11; 8:21). 그러함에도 하나님의 구원의 은혜 가운데 아담과 셋과 노아와 셈과 좀 더 구체적으로 아브라함과 이삭과 야곱과 유다와 요셉을 통해 천하 만민이 복을 얻는 큰 나라가 이루어질 것을 말씀합니다(4:25-26; 6:8; 8:1, 21; 9:11; 12:1-3; 18:18; 45:7; 46:3; 48:16). 의와 공의를 행하는 이 큰 나라를 통해 약속의 땅과 이집트에서 하나님 나라가 부분적으로 보여지며 마침내는 실제적으로 회복될 것을 약속합니다(5장; 6-9장; 12:2, 7; 17:6-8, 16; 18:18-19; 35:11; 50:20-26; 마 8:10-12). 하나님 나라는 이런 하나님의 약속을 믿음으로 받아 장막에 거하며 바

라고 나아가는 의로운 나그네에게 주어지는 나라입니다(15:6; 23:4; 47:9; 히 11:9-16).

언약

창세기는 하나님 나라를 하나님과 사람과의 언약관계를 통해 보여줍니다(1:26-30; 2:15-17). 사람이 하나님 왕권에 의존하여 모든 피조물을 가꾸고 돌보는 통치자(하나님 형상)로서 하나님과 관계하는 나라입니다. 최초의 하나님 나라는 하나님의 권능과 함께하심의 복과 사람의 대리적 통치와 돌봄을 특징으로 합니다(1:22, 28; 2:15-17). 선악과 금지 명령은 하나님과의 특별한 관계에 있는 하나님 형상으로서 인간의 위치를 분명하게 보여줍니다. 하나님보다 조금 못한 인간으로서의 위대함과 하나님께 순종해야 하는 피조물로서의 지위를 알게 합니다(시 8편). 에덴동산의 첫 사람 아담과 하와는 모든 피조물(시간, 공간 포함)을 대표하여 갖은 이 특별한 관계를 선악과 금지 명령을 어김으로 파괴합니다.[3] 그러나 아담과 하와의 반역과 불순종으로 파괴되고 깨어진 언약관계에도 불구하고 하나님께서는 언약관계가 계속될 것을 말씀하시고 아담과 만물이 타락 전 하나님과 가졌던 올바른 관계로 나아가는 하나님 나라의 회복을 약속하십니다. 곧 타락 이후의 언약관계는 하나님의 주권적인 은혜와 이에 따른 사람의 믿음과 순종을 통해 진행되며, 하나님의 권능과 복이 셋의 후손(노아/아브라함)과 천하 만민에 임하는 하나님 나라가 부분적으로 보여지고 약속됩니다(4:25-26; 5:24; 6:8-9, 22; 11:30-12:4; 15:5-6; 17:7-8; 18:18-19; 26:2-6, 12; 35:1-15; 38:26-30; 48:3-4; 50:20; 시 29:10; 87:4-6).

---

[3] 첫 시간, 첫 공간, 첫 사람을 포함한 에덴동산의 언약적 대표성에 대해서는 김희석, 「언약신학으로 본 구약의 하나님 나라」(서울: 솔로몬, 2023), 84-89를 참조하라.

그리스도

만물을 대표하는 사람과의 언약관계 안에서 하나님께서는 하나님 나라의 회복을 통해 온전한 관계를 가져올 메시아 곧 "여자의 후손(씨)"을 약속하십니다(3:15). 사탄의 세력에 대한 심판을 통해 하나님 나라 회복을 가져올 이 메시아에 대한 약속은 창세기에서 아담 이후에도 노아와 아브라함과 이삭과 야곱에게 계속적으로 주어집니다(9:27; 12:7; 17:6-7, 16; 22:17-18; 27:29; 49:8-12; 롬 16:20 참고). 창세기는 사탄의 지배 아래에서 하나님 나라와 메시아의 오심을 방해하는 인간의 나라들(그 뱀의 후손(씨))에 대한 하나님의 심판도 보여줍니다(6-7장; 10:1-20; 11:1-9; 14장; 19장). 하나님 나라 회복과 완성을 위해 궁극적인 심판을 가져올 메시아는 주로 시적인 형식을 통해서 종말에 아브라함의 씨로서 유다 계보에서 오실 왕과 대속자와 하나님으로 언급됩니다(9:27; 22:13-18; 49:1, 8-12; 37:8-50:20 요셉 이야기). 결론적으로 창세기는 하나님 나라의 시작과 파괴와 회복을 위한 하나님의 언약관계와 메시아의 약속을 보여주면서 이에 따라 실행된 출애굽을 이미 경험한 이스라엘 백성들에게 약속의 땅에서 이루어질 하나님 나라에 대한 믿음과 소망을 주시려는 말씀입니다(1:2; 12:2; 48:3-4; 49:29-33; 50:13, 24-25).

〈적용〉

창세기를 통해 그리스도인들은 창조를 통한 하나님 나라의 시작과 타락 후에도 회복을 위해 관계하신 하나님의 은혜를 감사해야 합니다. 언약관계 안에서 아담과 셋과 노아와 셈과 아브라함과 이삭과 야곱과 둘째 아담이시며 아브라함의 씨이신 메시아 예수(롬 5:12-21; 고전 15:45-49; 갈 3:16)에 이르기까지 하나님 나라 회복과 완성을 위하여 신실하게 행하신 하나님을 믿음으로 순종하며 약속하신 것을 끝까지 소망해야 합니다(요 8:56; 롬 4:3; 8:3-4; 12:2; 갈 5:5-6; 히 6:15; 11:8). 이 세상에서 하나님 나라를 향해 나아가는 나그네와 그리스도의 형상으로 살아가야 합니다(벧전 1:1; 2:11; 히 11:13).

> ※ **창세기 전체의 중심적 내용:**
> **하나님 나라**(시작과 파괴와 회복),
> **언약**(아담-노아-아브라함-이삭-야곱),
> **메시아**(여자-아브라함-유다의 후손)

 나눔을 위한 질문

1. 타락 전에 주어진 첫 번째 하나님 나라의 모습은 어떠합니까?

2. 예수께서 재림하여 완성하실 하나님 나라에 대한 믿음과 소망이 있습니까?

출애굽기 개관

◎ 주요 본문: 출애굽기 19:5-6

세계가 다 내게 속하였나니 너희가 내 말을 잘 듣고 내 언약을 지키면 너희는 모든 민족 중에서 내 소유가 되겠고 너희가 내게 대하여 제사장 나라가 되며 거룩한 백성이 되리라 너는 이 말을 이스라엘 자손에게 전할지니라

하나님 나라

한 권의 말씀인 모세오경(모세의 율법)의 한 부분인 출애굽기는 창세기에 이어서 어떠한 하나님 나라를 보여줄까요? 창세기가 가족적 형태로 나타나는 부분적인 하나님 나라를 보여주었다면 출애굽(1-18장), 시내산 언약(19-24장), 성막(25-40장)에 대해 말씀하는 출애굽기는 민족적 형태의 하나님 나라를 보여줍니다. 처음 난 것의 죽음을 포함한 10가지 재앙의 심판과 구속의 통치를 통해 이집트에서 이스라엘 민족을 여호와의 군대와 백성으로 해방하십니다(7-12장; 7:4; 12:41; 창 2:1 참조). 출애굽의 구원을 통해 아브라함에게 약속된 민족을 이루며 이집트 땅과 광야와 시내산에서 하나님의 율법과 임재(구름기둥과 불기둥/성막)의 통치가 있는 복된 나라를 보여줍니다(18:17-23; 19:3-8, 18-21; 20:1-2; 25:22; 40:34-38). 또한 하나님께서 친히 약속하시고 예비하신 거룩한 땅(산)에서 이루어질 영원한 하나님 나라를 소망합니다(15:13-18).

언약

출애굽기에서 부분적으로 나타나는 하나님 나라의 모습은 계속되고 강조되는 하나님과의 언약관계를 통해 구체적으로 보여집니다.

하나님께서는 430여 년 전에 아브라함과 이삭과 야곱과 관계하시면서 약속하신 대로 천하 만민에게 복을 가져올 큰 민족을 이집트에서 이루셨습니다(1:7; 창 1:28; 9:1 참조). 하나님 대신에 이집트의 바로가 왕으로 통치하며 이스라엘 백성을 노예로 삼고 고통을 줄 때 하나님께서 모세와 아론을 통해 관계하시고 재앙과 유월절 양의 대속과 홍해를 건넘으로 구원하셨습니다(2-14장). 광야에서도 구름기둥과 불기둥으로 함께 하시고 만나와 메추라기와 물로 먹이셨습니다(16-17장). 이렇게 이스라엘 백성의 하나님이 되어주시고 이스라엘을 거룩한 제사장의 나라로 삼아 관계하셨습니다(19:6). 시내산에 직접 강림하시어 주신 십계명과 이에 따른 율법들을 순종하겠다는 이스라엘과 피로 언약을 세우셨습니다(19-24장). 광야에서 이스라엘과 함께하실 성막을 만들게 하시고 그들 가운데 거하셨습니다(25-40장; 창 9:27). 금송아지를 숭배하여 이스라엘이 언약관계를 파괴하지만, 하나님은 모세의 중보와 율법(제사)들을 통해 언약관계를 갱신하십니다(32-34장). 이렇게 출애굽기는 이스라엘 백성들에게, 구원하시고 함께하시는 하나님과의 언약관계를 알게 하고, 하나님의 율법에 대한 순종의 중요성을 통해서 거룩한 제사장 나라 곧 하나님 나라의 모습을 보이도록 권면합니다.

그리스도

창세기에서 보여진 언약관계의 중요사항이 하나님 나라를 회복할 후손(씨) 곧 메시아와 땅에 대한 약속인 반면에 출애굽기에서는 그 후손이 행할 일들에 초점이 있습니다. 곧 유월절 양의 대속과 같은 대속적 죽음(12-13장; 창 22장 참조)과 홍해사건과 같은 심판과 승리(15장), 하나님과의 언약관계를 세우고 회복하는 신현(19:17-23; 24:10-11; 34:5-6)과 피 흘림의 제사(24:5-7)와 제사장적 중보와 율법(언약서,

24:7)순종에 있습니다. 이렇게 하나님과의 언약관계 안에서 행하여진 일들은 오실 메시아가 행할 일들에 대한 모형이 됩니다.

〈적용〉

출애굽기를 통해 그리스도인들은 하나님 나라를 회복하기 위해 오신 메시아 예수께서 어떤 일을 하셨는지 모형적으로 알 수 있습니다. 하나님께서 아브라함과 이삭과 야곱과 맺으신 언약관계를 따라 하나님이신 분이 사람으로 오셨고, 자기 백성 가운데 성막을 치셨습니다(빌 2:6-8; 요 1:14). 갈릴리 근처 산에서 온전한 율법을 주시고 순종하시며(마 5-7장; 마 4:1-11; 약 1:25) 유월절 어린 양과 같은 피 흘림의 대속적 죽음을 통해 하나님 백성을 구원(새 출애굽)하셨습니다(요 1:29; 마 26:28; 눅 9:31; 고전 5:7). 이집트의 바로와 홍해와 같은 사탄과 죄와 죽음의 대적 세력을 심판하시고 승리하셨으며(행 2:31-36; 벧전 2:19-22; 고전 10:1-6) 우리와 하나님 사이에 대제사장적 중보자가 되셔서 하나님과의 새로운 언약관계를 만드셨습니다(히 8:1-9:15). 예수께서 이렇게 이루신 하나님 나라의 백성으로서 하나님의 함께하심을 알고 말씀의 통치에 순종하는 제사장들로 살아야겠습니다(벧전 2:9-12; 계 20:6).

> ※ **출애굽기 전체의 중심적 내용:**
> 여호와의 백성과 군대의 해방, 하나님의 임재와 율법, 제사장의 나라

 나눔을 위한 질문

1. 제사장 나라와 거룩한 백성이란 무엇입니까?

2. 구원받은 하나님 나라 백성과 군대로서 살아가십니까?

Note.

레위기 개관

◎ 주요 본문: 레위기 20:26

너희는 나에게 거룩할지어다 이는 나 여호와가 거룩하고 내가 또 너희를 나의 소유로 삼으려고 너희를 만민 중에서 구별하였음이니라

하나님 나라

한 권의 말씀인 모세오경(모세의 율법)의 한 부분으로 출애굽기에 이은 레위기에서는 어떠한 하나님 나라를 보여줄까요? 제의에서의 거룩(1-16장)과 윤리적 삶에서의 거룩(17-27장)을 말씀하는 레위기는 시내산에서 성막이 완성된 후 구름과 불 기둥으로 성막에 임재하시는 하나님께서 율법의 말씀을 통해 출애굽 백성들을 통치하시는 나라를 보여줍니다(1:1). 특별히 거룩에 대한 율법의 말씀들을 통해 하나님의 제사장 나라로서의 모습을 구체적이며 모형적으로 보여줍니다(11:44-45; 출 19:6). 그 나라는 백성이 시간과 공간과 물질적으로 거룩한 곧 구별되는 나라로서, 죄와 죽음의 제거(속죄/정결)나, 죄와 죽음으로부터 분리(격리)가 있는 나라요, 만물과 이웃에 대한 희생적 사랑이 있는 나라입니다(19:1-18).

언약

레위기에서 나타나는 하나님 나라는 거룩이 강조되는 하나님과의 언약관계를 통해서 잘 드러납니다(11:44-45; 19:2; 20:7, 26). 하나님께서는 언약 가운데 이스라엘 백성의 하나님이 되시려고 그들을 출애굽 시키시고 구별하신, 하나님이시며 거룩하신 하나님으로 강조하십니다(11:45; 22:32-33; 25:38, 55; 26:13, 45). 이런 관계 속에서 출애굽한 이스라엘 백성들에게 동일하게 구별 곧 거룩을 요구하십니다. 이

러한 거룩은 죄와 부정(不淨)에서의 구별인데 제사(1-7장, 27장)와 제사장(8-10장), 음식과 정결(11-15장), 대속죄일(16장), 공동체의 일상과 절기와 희년(17-25장) 등의 율법들을 통해 요구됩니다. 거룩한 하나님 나라 백성으로서 어떻게 살아야 하는지를 잘 보여줍니다. 이것은 세상(죄와 부정)에서 구별되며 하나님(사랑과 공의)을 닮아가는 삶입니다(19:15-18). 이 거룩한 언약관계를 이스라엘 백성이 배반하면 저주의 형벌을 받지만 회개하면 하나님께서 언약관계를 유지하시겠다고도 말씀하십니다(26:15-45).

그리스도

이런 관계 속에서 나타나는 메시아에 대한 것은 메시아가 완성하실 거룩의 사역과 관계됩니다. 곧 레위기의 거룩을 위한 제사와 대제사장의 속죄사역은 메시아가 거룩을 위해 행할 죄의 대속을 미리 보여주는 것입니다(16장; 요 1:29; 벧전 1:2, 19; 히 4:14-5:10; 7:1-8:13; 9:6-10:18). 하나님 앞에서 죽은 제사장 나답과 아비후와는 달리, 하나님이 임재하시는 임마누엘의 진정한 성막과 성전과 희생제물로서 온전한 속죄를 행할 그리스도를 바라보게 하십니다(10:1-11; 요 1:14; 2:21; 히 10:12-14). 음식과 정결과 희년의 규례들은 메시아가 죄와 사망의 부정을 제거하고 생명과 치유와 해방을 새롭게 가져오는 사역을 보여줍니다(마 8:2-4; 9:18-31; 눅 4:18; 사 61:1; 요 5:24).

〈 적용 〉

레위기를 읽는 우리 그리스도인들은 거룩하신 하나님께서 예수 안에서 새 출애굽을 통해 하나님 백성 삼으셨기에 구별되게 살아야 함을 알아야 합니다(벧전 1:14-16). 멜기세덱에 따른 완전한 대제사장으로 하늘 성소에 들어가신 예수 안에서 속죄된 거룩한 하나님 나라의 제사장들로서 살아야 합니다(히 6:19-20; 7:23-24; 9:24; 벧전 2:9). 그러므로 예수 안에서 새 언약으로 관계하시는 하나님께 담대히 나아가 닮는, 거룩한 삶을 살아야 합니다(히 10:22-25). 이 거룩한 삶은 악한 세상과 구별되는 속죄와 정결의 공적 예배와 하나님을 닮은 공의와 사랑으로 이루어지는 삶의 예배를 통해 나타내야 합니다(롬 12:1-2; 히 13:15-16; 마 5:44-48). 진리를 통한 구별과 분별이 있는 희생적 사랑으로 거룩한 교회를 이루어야 합니다(고전 13:4-7; 계 2-3장).

> ※ 레위기 전체의 중심적 내용:
> 거룩함, 속죄, 이웃사랑

 나눔을 위한 질문

1. 하나님 나라의 거룩함은 무엇입니까?

2. 그리스도인의 구별된 삶은 어떻게 나타납니까?

Note.

민수기 개관

◎ 주요 본문: 민수기 24:5-7

야곱이여 네 장막들이, 이스라엘이여 네 거처들이 어찌 그리 아름다운고 그 벌어짐이 골짜기 같고 강 가의 동산 같으며 여호와께서 심으신 침향목들 같고 물 가의 백향목들 같도다 그 물통에서는 물이 넘치겠고 그 씨는 많은 물 가에 있으리로다 그의 왕이 아각보다 높으니 그의 나라가 흥왕하리로다

하나님 나라

한 권의 말씀인 모세오경(모세의 율법)의 한 부분으로서 민수기에서는 어떠한 하나님 나라를 보여줄까요? 약 1년 동안의 시내산 생활을 끝내고 가데스까지의 여정(1-12장), 가데스 근처에서 40여 년간의 광야 생활(13-19장), 가데스에서 모압 평지까지의 일(20-36장)을 보여주는 민수기는 하나님께서 약속의 땅으로 나아가는 이스라엘 진영의 성막(구름기둥, 증거궤) 가운데 임재하시어 모세(아론과 장로들)와 율법(정결과 제사)과 전쟁을 통해 다스리시고 인도하심을 보여줍니다(5:2-3; 7:89; 10:35-36; 11:17; 12:7-8; 35:33-34). 그러나 1년간 가르치신 약속의 땅에서 이루어질 하나님 나라의 생활 원리(출 19:1-민 10:10)가 광야에서 반역하는 하나님 백성에 의해 부정됩니다(민 11:1-25:18). 이러한 가운데서도 하나님의 나라는 약속의 땅의 분배와 새로운 율법들과 전쟁의 승리를 통해 약속을 부분적으로 이루시는 하나님의 신실하심 가운데서 나타납니다(26-36장).

언약

　민수기에 나타난 하나님의 나라의 모습은 광야 생활에서 드러나는 하나님과 이스라엘 백성의 언약관계를 통해 보여집니다. 하나님께서는 이스라엘 특별히 아브라함에게 약속하신 대로 수많은 자손을 주시고 가나안 땅으로 인도하시며 미리 분배하게 하십니다(1장; 23:10, 19-20; 26장). 복을 받은 자들로서 약속의 땅에서 말씀을 믿음으로 사는 하나님 백성이 되도록 훈련을 시키십니다(22:12; 신 8:2-5). 그러나 이스라엘 백성이 하나님을 믿지 않고 시험하고 불평하며 반역함으로써 출애굽 1세대(20세 이상)는 약속의 땅에 들어가지 못합니다(11-14장; 16-17장; 20-21, 25장). 그러함에도 하나님께서는 모세의 중보와 제사장 비느하스를 통해 영원한 평화의 언약으로 이스라엘을 속죄하시며 요단강 동편 모압 평지로 인도하시고 아모리 족과 미디안을 이기며 땅을 분배하십니다(14:11-24; 21:33-35; 25:11-13; 26-36장). 이스라엘의 허물과 반역을 심판하시지만, 온전한 하나님 나라를 향하여 신실하게 관계하시고 나아가십니다(23:19-24). 광야라는 긴장과 전환의 시기와 장소에서 하나님의 백성은 하나님이 약속하신 유업을 받기까지 신실하게 말씀에 순종하며 기다리며 인내함으로 관계해야 했습니다.

그리스도

　언약관계에서 이스라엘의 실패는 메시아의 출현과 사역에 대한 말씀으로 나아가게 합니다. 이스라엘의 가데스와 싯딤에서의 반역에 대한 하나님의 심판 가운데 모세와 비느하스의 중보(제사장 직분)는 메시아의 속죄사역을 예표합니다(14:11-24; 18:1-20; 25:11-13). 여러 이유로 부정해진 자들을 정결하게 하는 붉은 암송아지(백향목과 우슬초와 홍색실)의 잿물과 놋뱀 또한 메시아의 속죄사역을 보여줍니다(19:1-

22; 21:4-9; 요 3:14-15). 더 나아가 발람 선지자를 통해 종말에 야곱에서 나오는 한 씨(왕, 별, 홀)로서 들소와 사자와 같이 출애굽적 구원을 이루고 모압과 에돔으로 대표되는 모든 대적을 정복할 메시아를 예언하십니다(23:19-24; 24:5-9, 14-19; 창 49:8-11; 사 14:12). 이런 메시아와 관련하여 유다 지파의 중요성이 부각되기도 합니다(1-2장).

〈적용〉

그리스도인들은 출애굽 하여 약속의 땅으로 가기 위해 광야에서 생활했던 이스라엘에 대한 말씀에 공감하며 아주 실제적인 교훈을 얻어야 합니다. 그리스도인들 역시 예수 안에서 새로운 출애굽을 하여 완성된 하나님 나라에 들어가기 위해 광야에서 나그네와 같이 여행하고 있기 때문입니다(벧전 1장; 계 12:5, 14). 그러므로 첫 교훈은 이스라엘이 했던 하나님과의 관계에서의 실패들 곧 불신과 불평과 시험과 우상숭배의 반역과 타락한 생활을 반복하지 않아야 한다는 것입니다(고전 10:3-11; 히 3-4장; 유 11장; 시 95:7b-8). 무엇보다 모세보다 더 위대하신 메시아 예수의 중보를 통해 속죄와 구원을 받은 하나님 나라 백성으로서 새 하늘과 새 땅과 새 예루살렘을 향하여 선한 양심과 말씀 순종으로 믿음의 여행을 신실하게 인내하며 계속해야 합니다(벧후 3:8-18; 약 5:7-20).

※ 민수기 전체의 중심적 내용:
광야의 하나님 백성, 땅과 자손의 복, 약속에 대한 신실하심과 믿음

 나눔을 위한 질문

1. 광야의 이스라엘을 통해 나타난 하나님 나라의 특징은 무엇입니까?

2. 광야 같은 세상에서 살아가는 그리스도인들에게 필요한 것은 무엇입니까?

Note.

신명기 개관

◎ 주요 본문: 신명기 4:6-8

너희는 지켜 행하라 이것이 여러 민족 앞에서 너희의 지혜요 너희의 지식이라 그들이 이 모든 규례를 듣고 이르기를 이 큰 나라 사람은 과연 지혜와 지식이 있는 백성이로다 하리라 우리 하나님 여호와께서 우리가 그에게 기도할 때마다 우리에게 가까이 하심과 같이 그 신이 가까이 함을 얻은 큰 나라가 어디 있느냐 오늘 내가 너희에게 선포하는 이 율법과 같이 그 규례와 법도가 공의로운 큰 나라가 어디 있느냐

하나님 나라

한 권의 말씀인 모세오경(모세의 율법)의 마지막이며 결론 부분인 신명기에서는 어떠한 하나님 나라를 보여줄까요? 출애굽 한 이스라엘 백성이 모압 평지에 도착하기까지 광야 40년의 생활에 대한 회상과 권면(신 1-11장), 시내 산의 언약과 율법(출 19:1-민 10:10)에 대한 재해설(신 12-26장)과 이에 대한 반응의 결과(신 27-34장)를 말씀하는 신명기는 요단 강을 건너 가나안 땅에 정착할 새로운 세대를 통해 이루어질 하나님 나라의 모습을 보여줍니다. 곧 왕이신 하나님이 주시는 아름다운 땅에서 여호와의 의로운 율법을 지켜 행하는 지혜 있는 백성과 여호와의 성소가 있는 "큰 나라"를 말씀하십니다(신 4:6-8; 8:7-10; 33:3-5; 민 23:21; 출 15:13-18 참조). 또한 율법을 지킴으로 하나님을 경외하는 이스라엘 왕이 다스리는 나라를 말씀하기도 하십니다(17:14-20).

언약

신명기에 나타난 하나님의 나라는 하나님과 이스라엘의 언약관계에 대한 말씀을 통해서 더욱 구체적으로 보여집니다. 하나님께서는

출애굽의 새로운 세대들을 약속하신 대로 가나안 땅으로 들어가도록 인도하시면서 1년간 시내 산에서 가르치신 하나님 백성이 따라야 할 생활 원리(출 19:1-민 10:10)를 다시 한 번 상세히 가르치십니다(12-26장). 곧 이스라엘 백성의 자기 부정과 하나님과 이웃사랑의 삶에 대한 율법적 가르침입니다. 이러한 가르치심을 전후로 해서 하나님과의 언약관계를 잘 지킬 경우의 복과 저버릴 경우에 일어나는 심판과 심판 후의 구원에 대해서도 말씀하십니다(특히 4장; 27-30장; 레 26장 참고). 하나님의 아들과 소유, 제사장 나라로서 이스라엘의 언약적 반응은 자신들뿐 아니라 열국에도 영향을 줄 것입니다(4:6; 8:5; 28:10). 시내 산에서와 같이 이 백성들은 언약관계에 충실할 것을 맹세하지만 이 서약의 실행 여부는 약속의 땅에서 드러날 것입니다. 그러함에도 신명기는 이미 백성들의 실패와 포로뿐 아니라 언약을 잊지 않으실 하나님의 새로운 언약과 구원을 예언합니다(4:26-31; 30:1-14; 33장; 레 26:14-46 참조).

그리스도

시내산에서와 같이 모압의 느보산에서도 모세는 하나님과의 언약관계의 중요성을 말씀합니다. 또한 광야에서와 같은 이스라엘 백성의 실패를 예언함으로써 신명기는 실패를 넘어서는 새로운 구원과 하나님 나라 회복을 위한 메시아의 출현을 말씀하십니다. 아브라함과 야곱과 발람에게 주신 왕에 대한 약속과 관련하여(창 17:6; 27:29; 49:8-10; 민 24:7-14) 주어지는 이상적인 왕 제도에 대한 말씀(신 17:14-20)은 왕적 메시아를 보여줍니다(33:5, 7). 또한 이스라엘에 "모세와 같은 선지자"가 일어날 것에 대한 말씀은 선지자적 메시아를 예언합니다(18:15; 34:10; 눅 24:19; 요 4:19; 6:14; 행 3:22-24). 이 왕과 선지자적 메시아는 사람의 마음에 할례를 베푸사 하나님을 사랑하여 생명을 얻게 하실 자이십니다(신 30:6; 렘 31:31-33; 겔 36:26-27). 이렇게 모세는 메시아이신 예수님에 대해 예언합니다(요 5:46; 눅 24:44).

〈적용〉

그리스도인들은 신명기를 통해 하나님께서 예수 안에서 회복하시는 하나님 나라가 어떤 나라인지를 부분적으로 알 수 있습니다. 아름다운 땅에서 하나님의 의로운 말씀을 지키는 지혜로운 백성들이 가까이에 계신 하나님과 함께 사는 위대한 나라를 볼 수 있습니다. 그러므로 우리는 이러한 나라를 만드시기 위해 이스라엘 백성들과 관계하시고 이 나라에 어울리는 생활에 대해 구체적으로 말씀하신 하나님의 자상하심과 사랑을 깨달을 수 있어야 합니다. 실패할 이스라엘을 아시고도 왕과 선지자적 메시아를 통해 하나님 나라를 신실하게 회복해 가시는 하나님의 오래 참으심과 그 은혜를 감사해야 합니다. 이제 우리 또한 예수 안에서 주신 아름다운 교회에서 새 계명의 말씀들을 지키며 함께하시는 성령 하나님을 사랑함으로써 위대한 하나님 나라를 이 땅에 이루는 일에 신실하게 동참해야겠습니다(롬 8장; 마 5:14-48; 28:16-20; 요 13:34).

※ 신명기 전체의 중심적 내용:

아름다운 땅, 의의 율법, 지혜로운 백성과 큰 나라, 언약 백성의 복과 저주

 나눔을 위한 질문

1. 이스라엘에 주실 약속의 땅에서 이루어질 하나님 나라의 모습은 어떠합니까?

2. 아름다운 교회에서 그리스도인이 드러내야 하는 하나님 나라의 모습은 무엇입니까?

Note.

역사서 개관

◎ **주요 본문: 역대하 9:8**

당신의 하나님 여호와를 송축할지로다 하나님이 당신을 기뻐하시고 그의 자리(왕위)에 올리사 당신의 하나님 여호와를 위하여 왕이 되게 하셨도다. 당신의 하나님이 이스라엘을 사랑하사 영원히 견고하게 하시려고 당신을 세워 그들의 왕으로 삼아 정의와 공의를 행하게 하셨도다

하나님 나라

모세오경에 이어서 역사서에서는 어떠한 하나님 나라를 보여줄까요? 역사서는 여호수아에서 에스더까지의 말씀으로, 출애굽 한 이스라엘이 약속의 땅에 정착하는 과정에서 시작(여호수아, 사사기, 룻기)하여 살다가(사무엘, 열왕기, 역대기) 쫓겨나 포로로 지내고(에스더) 귀환(에스라, 느헤미야)하여 살아가는 내용을 보여줍니다. 이런 역사서는 가나안 땅과 열국의 왕들에 대한 승리와 땅의 점령을 통해 하나님의 왕(주인) 되심을 드러내고(수 12장; 삿 8:23; 삼상 8:7; 왕하 13장, 19장) 하나님이 함께하시는 성막과 성전을 가진 거룩한 땅에서 모세의 율법과 세우신 왕들을 통해 이스라엘 백성들을 다스리시는 하나님 나라의 모형을 보여줍니다(출 15:13-18 참고). 특별히 다윗이 준비하고 솔로몬이 세운 성전에 함께 하시며 다윗과 그의 후손(하나님의 아들)들을 통해 백성을 공의와 평화로 통치하시길 원하시며 멸망 이후 포로와 귀환에서도 함께 하시고 제2 성전과 율법으로 다스리십니다(삼하 7:14-15; 8:15; 왕상 4:20-21, 25; 스 9장; 느 9-10장). 다윗과 그 후손들을 통한 통

치를 여호와의 나라로 부르시며 포로와 귀환의 백성들에게는 영원한 여호와의 나라 회복을 소망하게 하십니다(대상 17:14; 28:5-7; 29:11, 23; 대하 7:17-18; 9:8; 13:8).

언약

역사서에서 보여주는 하나님의 나라 또한 언약관계를 통해 보다 잘 나타납니다. 하나님께서는 모세를 통해 언약하신 대로 풍성하고 아름다운 가나안 땅을 이스라엘 백성들에게 얻게 하셨습니다(수 11:23; 21:43-45; 왕상 8:56). 또한 백성들이 서약한 대로 모세를 통해 주신 의로운 율법(출 19:1-민 10:10; 신 12-26장)을 지켜 행함으로 이미 주신 땅을 온전히 얻고 위대한 하나님 나라를 세우길 원하셨습니다(수 23-24장). 이에 대해 이스라엘 백성들은 하나님 말씀의 순종을 통해 땅을 얻어 살기도 했지만, 불순종으로 얻지 못하거나 결국은 땅에서 쫓겨나기도 했습니다(신 27-28장; 수 13:13; 16:10; 삿 2:1-3; 2:21-23; 왕상 8:46; 왕하 25장). 그런 가운데서도 모세와 다윗과 하신 언약을 근거로 백성들을 다시 땅에 돌아오게 하심으로 언약관계를 유지하시고 성전과 예루살렘 재건을 통해 하나님 나라 회복의 일을 계속 진행하셨습니다(스 9:8-9; 느 1:5-11; 신 30:1-5).

그리스도

언약관계 안에서 하나님 나라를 보여주시고 이스라엘의 실패에도 불구하고 하나님 나라 회복을 계속 진행하시는 하나님께서는 한나와 다윗을 통해 그 나라를 가져오실 왕적 메시아를 예언하십니다(삼상 2:10; 삼하 22:51-23:7). 특별히 아브라함과 야곱과 발람을 통해 예언된 메시아적 왕이 다윗의 후손 가운데 오실 것을 알려주십니다(삼하 7:9-19; 대상 17:8-14; 창 17:6-10; 49:10; 민 24:17; 시 2편; 마 1:1; 눅 1:32-33;

행 3:24; 13:33; 롬 1:3-4). 이 메시아는 왕으로서 여호와의 집을 세우는 하나님의 아들일 뿐 아니라 충실한 제사장으로서 하나님의 뜻을 행하는 메시아입니다(삼상 2:35; 삼하 7:13; 요 8:29; 히 3:6; 7:11, 16). 다윗과 솔로몬의 통치는 부분적으로 이 메시아를 보여주는 하나의 모형들입니다(왕상 4:20-21, 25; 대상 11-대하 9장).

〈적용〉

그리스도인들은 역사서를 통해 하나님께서 가나안 땅에서 이스라엘 백성들과 관계하시면서 보여주신 하나님 나라의 모습을 기억해야 합니다. 이스라엘과 온 열국의 왕이신 하나님께서 세우신 왕들을 통해 다스리시는 나라는 하나님의 율법의 말씀에 의한 통치 곧 공의와 평화와 풍성함의 통치임을 알아야 합니다. 이런 하나님의 통치에 순종하지 않는 이스라엘 백성의 무능력과 죄악 됨과 이로 인한 비참함을 잘 인식해야 합니다. 또한 이스라엘 백성의 실패를 이미 아시면서도 끝까지 언약으로 관계하시어 그들을 회복시키시는 하나님의 신실하심도 잊지 않아야 합니다. 이런 하나님께서 결국 역사 가운데 다윗의 후손으로 오시는 메시아 예수를 우리의 소망으로 허락하셨음을 감사해야 합니다(마 1:1).

※ 역사서 전체의 중심적 내용:
땅과 성전, 율법과 왕, 언약과 회복, 여호와의 나라

 나눔을 위한 질문

1. 가나안 땅에서 살다 멸망하고 귀환한 이스라엘은 어떠한 여호와의 나라를 보여줍니까?

2. 교회의 그리스도인은 어떠한 하나님 나라를 어떻게 드러내야 합니까?

Note.

여호수아 개관

◎ 주요 본문: 여호수아 18:1

이스라엘 자손의 온 회중이 실로에 모여서 거기에 회막을 세웠으며 그 땅은 그들 앞에서 돌아와 정복되었더라

하나님 나라

역사서의 시작인 여호수아서는 어떠한 하나님 나라의 모습을 보여줄까요? 가나안 땅의 정복(1-12장)과 배분(13-22장) 그리고 여호수아의 마지막 권면과 언약갱신(23-24장)으로 되어있는 여호수아서는 에덴과 같이 하나님께서 구속하신 백성과 거하시고 통치하시기 위해 약속하신 땅을 얻게 하신 말씀입니다(출 15:13-18 참고). 가나안 왕들과 백성들에게 놀람과 두려움이 있게 하시어 진멸하시고 땅을 정복하여 땅의 주인 되심과 왕 되심을 드러내십니다(수 2:9-11; 5:1; 10:24-26; 11:16-17, 23; 12장; 24:11-12). 하나님 의 아들(형상)로서 이스라엘이 거룩한 약속의 땅을 차지하는 과정에서 일어나는 거룩한 전쟁을 통해 하나님의 통치가 나타납니다(6:1-5; 8:1, 2; 10:11-15; 11:6; 18:1; 19:51; 22:19; 창 1:28). 모세를 통해 주신 율법과 진멸함과 같은 하나님의 명령에 대한 순종(거룩)을 통해 생존하며 땅을 얻게 하십니다(6장; 14-15장; 23-24장; 신 7:2). 약속하신 대로 안식을 주시어 평안히 살게 하십니다(21:44; 신 12:9-10; 히 4:8). 가나안 민족이나 아간에 대한 진멸(긍휼 없는 심판)의 명령과 율법에 따른 도피성의 지정을 통해 가나안 땅에 세우시는 나라가 거룩함과 공의(생명)의 나라임을 보여주십니다(6:17, 21; 7:10-15; 8:22; 10:26-20; 20장; 신 20:16-18; 창 15:16; 레 18:6-23).

언약

여호수아서에서 땅의 점령을 중심으로 나타나는 모형적인 하나님의 나라는 언약관계를 통해 진행됩니다. 하나님께서는 약속하신 대로 땅을 이스라엘에 다 주셨고 안식하게 하셨습니다(1:3-4; 2:9, 24; 3:10; 10:40-42; 11:23; 21:43-45; 창 12:1; 15:7, 13-16; 히 4:8). 그러나 땅의 주인이신 하나님께서 이미 다 주신 땅이지만 이스라엘이 이 땅을 얻는 것은 그들의 믿음의 순종에 달려있습니다. 직접 싸우시는 용사이신 하나님의 지시대로 믿고 순종하여 여리고 성을 얻은 반면에 자만하고 불순종하여 아이 성을 잠시 얻지 못하거나 기브온 땅처럼 여러 족속의 땅을 얻지 못하기도 합니다(5:13-15; 6-9장; 11:13, 22; 13:1, 13; 16:10; 17:13; 신 4:25 이하; 출 15:3; 시 24:8). 아직 점령되지 않은 땅도 이렇게 하나님과의 관계에 따라 땅을 얻거나 얻지 못할 것을 말씀하시면서 언약관계를 갱신하십니다(23-24장).

그리스도

이런 언약관계에 따라 하나님 나라를 위한 땅을 얻거나 얻지 못하겠지만 여호수아는 모세와 같이 이스라엘 백성이 하나님과의 관계에서 실패할 것이고 땅에서 쫓겨날 것을 말씀합니다(24:19-20; 23:12-16; 신 30:1). 이미 정복 과정에서의 실패와 넘어짐 그리고 여호수아의 실패에 대한 예언적 언급은 하나님 나라의 회복을 가져올 메시아를 생각하게 합니다. 하나님의 율법에 대한 온전한 순종을 통해 하나님이 창조하신 온 땅을 회복하실 메시아는, 용사로서 여호와의 군대 대장과 순종하는 인물들인 여호수아(제2의 모세)와 갈렙을 통해 보여집니다(1:6-9; 5:13-15; 14장; 24:15b, 29; 행 7:45; 히 4:8). 이후에도 이 메시아는 종말에 이스라엘의 원수들을 심판하시고 그들의 손에서 구원하시는 용사로 예언됩니다(단 7장; 슥 14장; 말 4장; 계 19:11-21).

〈적용〉

그리스도인들은 여호수아서를 통해 하나님 나라의 회복이 어떻게 이루어지는지를 미리 보게 됩니다. 곧 하나님께서 말씀하신 언약의 성취로 이루어지며 이 언약에 대한 믿음의 순종을 통해 실현됨을 알게 됩니다. 메시아/그리스도이신 예수께서 하나님의 언약대로 오시고 믿음의 순종을 통해 사탄에게 점령되었던 땅을 회복하고 계심을 보게 됩니다(빌 2:6-11; 엡 1:20-23). 그러므로 그리스도인들 또한 예수를 따르는 온유함을 통해 땅을 기업으로 받을 것을 알아야 합니다(마 5:5; 약 1:21-25). 곧 예수님의 섬김과 희생과 사랑의 온유하심에 교회가 참여하여 이 세상(악한 영들과 죄의 세력, 갈 5:19-21)을 정복하여 민족과 땅을 얻으며 하나님의 새로운 땅과 세상이 되게 해야 합니다(요 16:33; 벧전 3:8-22; 엡 6:10-20; 사 52-55장 참고).

※ **여호수아 전체의 중심적 내용:**
땅과 하나님의 전쟁, 믿음의 순종과 용사

 나눔을 위한 질문

1. 가나안 땅 정복과 정착에서 보여지는 하나님 나라는 어떠합니까?

2. 교회와 그리스도인들의 싸움은 무엇이며 어떻게 싸워야 합니까?

Note.

사사기 개관

◎ 주요 본문: 사사기 13:5

보라 네가 임신하여 아들을 낳으리니 그의 머리 위에 삭도를 대지 말라 이 아이는 태에서 나옴으로부터 하나님께 바쳐진 나실인이 됨이라 그가 블레셋 사람의 손에서 이스라엘을 구원하기 시작하리라

하나님 나라

사사기는 어떠한 하나님 나라의 모습을 보여줄까요? 남은 땅 정복과 언약관계에 대한 서론적 언급(1:1-3:6), 사사들의 이야기(3:7-16:31), 언약관계와 땅 정복에 대한 결론적 언급(17-21장)으로 구분되는 사사기는 여호수아의 죽음 이후에 아직 점령하지 않은 땅과 관련한 이스라엘의 불순종과 배도의 문제를 다루면서 이스라엘이 약속의 땅을 얻지 못하고 이방 왕의 지배를 받거나, 사사들을 통한 하나님의 구원과 평안을 누리는 것을 말씀합니다. 특별히 왕이신 하나님을 이스라엘이 섬기지 않고 각기 자기 보기에 좋은 대로 행하여 자기가 왕이 되거나 이방 왕과 신을 섬김으로 겪는 비참한 삶을 보여주십니다(8:23; 17:6; 18:1; 19:1; 21:25; 2:14-15). 이런 가운데서도 하나님께서는 사사들을 세우셔서 재판하시며 이방 왕을 이기게 하시어 땅을 회복하고 평안을 주심으로 하나님께서 왕으로 통치하시는 나라가 인애와 용서와 구원의 나라임을 보여주십니다(2:16, 18; 3:11, 30; 4:4-5; 5:31; 8:28; 11:27). 그러므로 사사기에서 하나님 나라는 이스라엘의 불순종에 대해 심판하시지만 그러함에도 긍휼을 통해 구원하시는 하나님의 나라로 나타납니다.

언약

사사기에서 부분적으로 나타난 이 하나님의 나라는 하나님과 이스라엘의 언약관계가 당시에 어떠했는지를 살펴볼 때 더 잘 알 수 있습니다. 여호수아의 죽음 이후에도 하나님께서는 언약을 지키심으로 약속하신 땅을 이스라엘이 순종을 통해 얻게 하셨습니다(1:1-7, 16-19a; 6:9). 그러나 이스라엘은 점점 가나안 족속을 땅에서 진멸하라는 하나님의 명령을 여러 이유로 거부하고 오히려 가나안 족속들과 언약을 맺어 함께 살거나 그들의 신들을 섬겼습니다(1:19, 21-36; 2:1-5; 3:1-6). 이렇게 하나님과의 관계를 저버린 이스라엘 백성들에게 하나님께서는 땅을 더 이상 주지 않으시며 더 나아가 땅을 상실하고 그들의 대적에게 압박과 괴로움을 받게 하셨습니다(2:3; 3:19-21; 15:11). 그러나 이스라엘이 슬피 부르짖자, 뜻을 돌이키시고 사사들을 통해 구원하시며 다시 평안을 누리게 하셨습니다(2:18). 반복적으로 이스라엘은 하나님과의 관계를 저버렸지만, 하나님께서는 심판하시고 근심하시며 시험하시면서도 그들과의 관계를 아주 포기하시지 않으셨습니다(2:22; 10:16; 13:1-7). 계속적으로 용서하시고 구원하시고 평안을 주셨습니다.

그리스도

사사기에서 나타나는 이스라엘의 언약관계에서의 실패와 땅의 상실 그리고 하나님의 심판을 넘어서는 신실하신 언약관계는 하나님 나라를 회복하실 메시아에 대한 모습을 간접적으로 대망하게 합니다. 즉 하나님께서는 언약관계의 주권자로서 이스라엘과의 관계를 은혜로 계속 이어가시고 실제적 왕이신 하나님을 거절하는 이스라엘과 사사들을 보여주시면서 참 인간 왕(사사/구원자)에 대한 필요성을 말씀하십니다(11:27; 17:6; 18:1; 19:1; 21:25; 신 17:14-20 참조). 일찍이 야곱에 의해 예언된 왕이 나올 유다 지파가 이스라엘의 대표로 부각되면서 첫 번째 사사인 유다 지파의 옷니엘은 갈렙에 이어 메시아적인 모형으로 나타납니다(1:1-20; 3:7-11; 20:18-48; 창 49:8-12; 수 14:6-15:19 참고). 그는 땅 정복의 사명을 충실히 감당하며, 비참한 이방의 통치 아래에서 살아가는 하나님 백성들을 구원하실 메시아를 소망하게 합니다. 더욱이 블레셋의 통치 아래에 오히려 적응해버린 백성들을(15:11) 불쌍히 여기시어, 불임의 여인에게 아이를 출생하게 하심으로 구원하시는 하나님의 일하심(기묘, 13:18)은, 인간의 이해를 뛰어넘는 주권적 은혜로 그분의 백성을 구원하기 위해 약속하시고 보내실 여인의 후손을 바라보게 합니다(13:3-5). 이런 사사이며 왕적인 메시아는 하나님의 긍휼과 은혜로 오셔서, 죄와 대적 때문에 괴로운 가운데 있는 백성들을 구원하시고 하나님 보시기에 옳은 대로 행하게 하실 것입니다.

〈적용〉

그리스도인들은 사사기를 통해 인간의 끊임없는 죄와 부패를 보게 됩니다. 특별히 창조주이시며 구원자이신 하나님의 왕 되심을 거절한 죄와 그 비참함이 어떠한 지를 알게 됩니다. 은혜를 입고서도 다시 소망 없는 자기와 죄로 돌아가는 이스라엘을 발견합니다. 또한 이런 인간과 이스라엘에 긍휼과 왕 되심의 역할을 결코 포기하지 않으시는 하나님의 은혜를 만나게 됩니다. 그러므로 죄가 넘친 곳에 하나님의 은혜가 더욱 풍성한 것을 보게 됩니다(롬 5:20). 그 은혜로 아들 예수를 아끼지 아니하시고 우리 모든 사람을 위해 내어주셨음을 알게 합니다(롬 8:32). 우리도 죄와 고난들로 인해 때로 넘어지겠지만 예수 안에 있는 하나님의 사랑으로 다시 일어설 것을 확신해야 합니다(롬 8:35-39). 한편으로는 죄로 다시 돌아가지 않도록 철저히 회개하며 성령과 말씀을 의지하여 살아야 합니다(롬 6장, 8장).

※ **사사기 전체의 중심적 내용:**
하나님의 공의와 긍휼, 땅의 미정복과 자신의 왕 됨

 나눔을 위한 질문

1. 땅을 점령하지 못하고 오히려 상실하는 시대의 하나님 나라의 모습은 어떠합니까?

2. 우리 시대에서 하나님 나라 백성의 사명은 무엇이며 어떻게 감당할 수 있습니까?

룻기 개관

◎ 주요 본문: 룻기 4:12

여호와께서 이 젊은 여자로 말미암아 네게 상속자를 주사 네 집이 다말이 유다에게 낳아준 베레스의 집과 같게 하시기를 원하노라 하니라

하나님 나라

룻기는 어떠한 하나님 나라의 모습을 보여줄까요? 기근/죽음/불임의 가정(1:1-5), 여호와/룻/보아스/나오미의 인애(1:6-4:12), 풍요/생명/다산의 가정(4:13-22)로 구분되는 룻기는 이스라엘이 하나님의 왕 되심을 거절하고 각 개인이 왕이 되어 살아가던 사사시대에, 유다 베들레헴의 나오미 가정과 룻 개인 속에서 왕으로 역사하신 하나님을 보여주십니다. 한 가정이나 개인에 대한 하나님의 왕적 통치를 말씀한다고 해서 나라에 대해 말씀하지 않는 것은 아닙니다. 룻이나 보아스는 후에 이스라엘의 왕이 될 다윗과 관련된 조상들이기에(4:22) 룻기는 가정이나 개인들을 통해 하나님 나라가 어떻게 진행되는지를 모형적으로 보여주는 말씀입니다. 사사시대의 비참함처럼 룻기는 흉년으로 고향 베들레헴을 떠나야 했고 객지인 모압 땅에서 남편과 아들들과 사별해야 했던 나오미와 젊은 과부인 룻이 보아스의 인애로 생명과 풍요와 다산과 왕이 태어날 가정을 이루게 됨을 통해 하나님께서 인애와 긍휼로 회복하실 하나님 나라를 미리 보여주십니다 (4:11-22).

언약

룻기에서 한 가정이나 개인을 통해 보여지는 하나님 나라는 하나님과 이들의 언약관계를 살펴볼 때에도 잘 알 수 있습니다. 흉년으로

베들레헴을 떠나 모압에서 살다가 남편 엘리멜렉과 사별한 나오미는 두 아들 말론과 기룐을 모압의 여인들인 룻과 오르바와 결혼을 시키지만, 이 아들들과도 사별합니다. 하나님의 백성으로서 약속의 땅을 떠나거나 이방인과의 결혼은 하나님과의 관계에 문제가 될 수도 있지만 나오미의 경우는 문제시하고 있지 않습니다. 이주가 야곱처럼 하나님의 뜻일 수도 있고 며느리들은 룻처럼 하나님을 믿기로 개종한 모압 여인들일 수 있습니다(1:16-17; 창 46:1-4). 이런 비참한 상황의 여인들에게 이스라엘 백성들을 찾아와 돌보시고 양식을 주신 하나님의 소식을 듣게 하십니다(1:6). 하나님께서는 그의 백성에게 인애와 긍휼로 관계하신 것입니다(1:8; 2:20). 나오미는 자신의 어려움이 결국은 하나님께서 하신 일임을 인정하며 하나님의 소식을 듣고 베들레헴에 돌아옵니다. 자신을 봉양한 룻을 보아스와 결혼하게 하여 안식과 복을 누리게 합니다(3:1). 룻은 나오미의 하나님과 백성을 자신의 하나님과 백성으로 삼고 나오미를 봉양하며 남편의 대와 유업을 잇기 위해 결혼합니다(3:9). 보아스는 하나님의 날개 아래 보호받으며 나오미를 봉양하는 룻을 축복하며 유업을 변상하는 친족의 무(레 25장)에서 더 나아가 결혼하여 대를 이어주는 사랑을 행합니다(2:4-16; 4:1-10; 신 25:5-10). 하나님의 인애와 긍휼하심과 그 하나님과의 관계에서 인애와 긍휼을 베푼 나오미와 룻(3:10)과 보아스를 통해 땅과 가정과 생명이 회복되는 하나님 나라를 보여줍니다.

그리스도

이전의 말씀들에서 자주 이스라엘의 하나님과의 언약관계의 실패에서 나타나곤 했던 메시아에 대한 언급이 룻기에서는 성공적인 언약관계를 통해 암시됩니다. 룻과 보아스 가정에 대한 베들레헴 백성들의 기원은 야곱(레아/라헬)에서 유다(다말)로 이어지며 내려오는 가정들 가운데 있을 메시아에 대한 소망을 담고 있습니다(4:11-12; 창 49:8-12; 38:8). 특별히 유다의 아들 베레스에서 시작되어 보아스와 다윗에 이르는 10명의 족보는 아담 이후 다윗의 후손으로 오실 메시아에 대한 분명한 언급입니다(4:18-22; 창 5:1-32; 11:10-26; 마 1:1-17; 눅 3:23-38). 모압과 같은 열국이 하나님께 돌아오도록 하나님 나라를 회복할 메시아는 하나님의 인애와 긍휼 가운데, 하나님과 바로 관계하며 반응하는 개인들을 통해 오실 것입니다(마 1:19; 눅 1:26-38, 46-55; 눅 13:29).

〈적용〉

그리스도인들은 룻기를 통해 가정과 개인을 통해 나타나는 하나님 나라를 볼 수 있습니다. 비참하고 어려운 하나님 백성의 가정적 상황에서도 쉬지 않으시는 하나님의 인애와 긍휼을 경험할 수 있습니다. 그 하나님의 인애와 긍휼로 이웃과 관계하며 살아가는 자들을 통해 이루시는 풍성한 하나님 나라의 가정들을 볼 수 있습니다. 우리들 또한 예수의 사랑으로 살아 풍성한 하나님 나라의 가정들을 이루어가야 하겠습니다(행 18:2, 18-26).

※ 룻기 전체의 중심적 내용:
하나님의 인애와 긍휼, 백성들의 믿음과 인애

 나눔을 위한 질문

1. 한 가정을 통해 나타난 하나님 나라의 모습은 어떠합니까?

2. 그리스도인의 가정들로서 드러내야 하는 하나님 나라의 모습은 무엇입니까?

Note.

사무엘상하 개관

◎ 주요 본문: 사무엘상 2:10

여호와를 대적하는 자는 산산이 깨어질 것이라 하늘에서 우레로 그들을 치시리로다 여호와께서 땅 끝까지 심판을 내리시고 자기 왕에게 힘을 주시며 자기의 기름 부음을 받은 자의 뿔을 높이시리로다

하나님 나라

사무엘서는 어떠한 하나님 나라의 모습을 보여줄까요? 마지막 사사인 사무엘의 등장(삼상 1-7장)과 사울 왕정의 시작(삼상 8-15장), 사울과 다윗의 활동(삼상 16-31장), 다윗 왕정(삼하 1-24장)을 보여주는 사무엘서는 이스라엘의 왕이 하나님이심을 보여주십니다(삼상 8:7; 12:12; 13:13; 15:28; 삼하 5:12). 실로와 미스바 혹은 다윗 성의 성소에서 왕으로 좌정하셔서(삼상 4:4; 삼하 6:2) 사사 엘리와 사무엘뿐 아니라 왕들인 사울과 다윗의 높임과 낮춤을 통해 통치하심으로 모든 것을 주관하시며 사방 원수의 손에서 건져내시어 안전과 안식을 주시는 하나님의 나라를 보여주십니다(삼상 2:1-10; 7:9-14, 15-17; 9:16; 11:6-13; 12:11; 14-15장; 17장; 삼하 6-10장; 22:1-23:7). 무엇보다 "여호와의 싸움"을 싸우는 다윗을 통해 공의와 인애의 나라를 모형적으로 드러내십니다(삼상 1:1-2:10; 24-26장; 25:26-31; 삼하 7:8-16; 8:15; 22:21-31; 21-24장).

언약

사무엘서의 하나님 나라는 이스라엘과 그들을 대표하는 왕들과 하나님의 언약관계를 살펴볼 때보다 잘 보여집니다. 하나님께서는 엘리 사사의 시대에 우상숭배로 하나님을 존중하지 않은 이스라엘을

떠나시며 블레셋 사람들로 심판하셨지만(삼상 4-6장) 사무엘의 시대에는 돌아오시고 회개한 이스라엘에 구원과 평화와 땅의 회복을 허락하셨습니다(삼상 7장). 사사들인 사무엘의 아들들의 불의로 이스라엘은 하나님을 저버리고 세상과 같은 왕을 구했지만, 하나님께서는 블레셋에서 이스라엘을 구원하시기 위해 사울을 왕으로 세우셨습니다(삼상 8:1-5, 19-20; 9:16; 11:15). 사울 왕이 하나님과의 관계를 저버리자, 요나단과 다윗을 통해 이스라엘을 보호하시고 구원하셨습니다(삼상 13:1-14과 15:22-29; 14장과 17장). 다윗마저 하나님과의 관계를 파괴하였지만, 그와 맺은 영원한 다윗 왕조에 대한 언약을 지키셨습니다(삼하 7:11-16; 11-24장). 이스라엘과의 언약 관계에서 하나님은 언약 관계에 충성하는 "거룩한 자들"을 통해 구원의 역사를 이루어 가십니다(삼상 2:1-10; 삼하 22:21-30). 반면에 그 관계를 저버린 이스라엘과 그들의 왕들에게는 심판도 하시지만 그 관계를 인애로 주관하시어 회복시키시고 유지하십니다(삼상 12장; 삼하 12장; 22:51).

그리스도

사사시대 말기부터 왕정 시대 초기까지 하나님과의 관계에서 이스라엘의 실패는 하나님 나라의 회복을 가져올 메시아에 대한 소망을 다시 일으킵니다. 그 메시아는 사사시대의 실패를 암시하는 불임의 여인 한나를 통한 기도 속에서 기원되고 있습니다(삼상 2:10). 한나는 불임의 비참함에서 생산의 복을 자신에게 주신 하나님께서, 땅끝까지 대적을 심판하시고 하나님의 왕적 메시아로 승리하게 하실 것을 기도합니다. 제사장인 엘리와 그의 아들들의 실패 속에서도 하나님께서는 한 선지자를 통해 자신의 메시아를 충실한 제사장으로 세우실 것을 말씀하십니다(삼상 2:35). 특별히 나단 선지자를 통해 다윗에게는 모든 사람을 위한 후손(씨)을 세워 성전을 건축하고 영원한 나라를 이루게 하시겠다고 약속하십니다(삼하 7:11-19; 창 15:2, 8; 슥 3-4, 6장; 시 72:17). 이런 약속 가운데 메시아의 모형인 다윗은 성령을 통해 공의와 하나님을 경외함으로 통치하며 떠오르는 태양의 빛, 구름 없는 아침, 비 내린 후의 광선, 돋아나는 새 풀과 같은 왕적 메시아의 승리를 예언합니다(삼하 22:51-23:7; 창 49:8-10; 신 33:29; 말 4:2).

〈 적용 〉

그리스도인들은 사무엘서를 통해 하나님께서 우리의 모든 생사화복을 주관하심을 믿고 찬양해야 합니다. 특별히 이스라엘과 다윗과의 언약관계를 변함없이 유지하시고 메시아에 대한 약속을 성취하신 하나님을 기억해야 합니다. 하나님께서 다윗의 후손으로서 모든 사람을 위한 충실한 하나님의 대제사장이시며 왕이신 메시아 곧 그리스도이신 예수님을 보내셨음을 알아야 합니다(마 1:1, 6; 눅 3:32; 롬 1:3, 4; 히 3:6; 7:11, 16; 계 11:15). 그러므로 하나님께서 세우신 왕 예수의 사랑과 공의의 통치에 순종함으로 구원과 보호와 안식을 누리며 그 나라 건설에 참여해야 합니다. 예수께서 종말의 최후에 모든 대적을 물리치시고 승리하심으로써(마 13:36-43; 22:44; 고전 15:25; 계 11:15-18) 이 세상을 하나님이 거하시는 성전과 영원한 나라가 되게 하실 것을 소망해야 합니다(벧후 3:11-14; 계 21-22장).

> ※ **사무엘서 전체의 중심적 내용:**
> 생사화복의 주관자이신 하나님, 안식과 공의의 나라

 나눔을 위한 질문

1. 한나의 가정과 이스라엘 나라에 나타난 하나님 나라는 어떠합니까?

2. 하나님 나라를 위해 한 지체와 온 교회가 해야 하는 일들은 무엇입니까?

Note.

열왕기상하 개관

◎ 주요 본문: 열왕기상 4:24-25

솔로몬이 그 강 건너편을 딥사에서부터 가사까지 모두, 그 강 건너편의 왕을 모두 다스리므로 그가 사방에 둘린 민족과 평화를 누렸으니 솔로몬이 사는 동안에 유다와 이스라엘이 단에서부터 브엘세바에 이르기까지 각기 포도나무 아래와 무화과나무 아래에서 평안히 살았더라

하나님 나라

열왕기서는 어떠한 하나님 나라의 모습을 보여줄까요? 이스라엘의 왕 솔로몬에서 시작되어(왕상 1-11장) 분열된 왕국의 왕들(왕상 12-왕하 17장) 그리고 남유다의 왕들과 멸망으로 마치는(왕하 18-25장) 열왕기는 하나님께서 이스라엘과 유다 나라의 주권자이며 세우신 왕들의 왕이심을 보여줍니다. 특별히 솔로몬에게 주신 지혜를 통해 공의와 풍성과 평안 그리고 민족들과 평화가 있는 나라를 모형적으로 보여주십니다(왕상 3:16-4:34; 10:1-13; 욜 2:22; 미 4:4; 슥 3:10; 요 1:48). 그를 통한 성전의 건축을 통해서는 안식과 임재와 말씀(기도)을 통해 만국을 통치하시는 나라를 드러내십니다(왕상 5:4; 6:1-9:9; 8:43, 60; 왕하 19:19). 히스기야와 요시야 왕들을 통해서도 천하만국을 다스리시는 하나님과 말씀으로 통치되는 나라를 드러내십니다(왕하 18-19장; 22-23장). 엘리야 같은 선지자들과 성전의 제사장 여호야다 그리고 이스라엘과 유다의 멸망들을 통해서도 하나님 나라가 공의와 능력의 하나님 말씀으로 세워지며 회복될 것을 보여주십니다(왕상 17-22장; 왕하 11장; 24-25장).

언약

열왕기의 하나님 나라는 이스라엘을 대표하는 왕들과 하나님과의 언약관계를 살펴볼 때 구체적으로 그 나라의 회복을 위한 진행 상황을 알 수 있습니다. 하나님께서는 다윗과의 언약관계 속에서 솔로몬을 왕으로 세우시고 그에게 안식과 지혜와 말씀을 주시어 성전 건축과 풍성한 나라를 이루게 하심으로, 천하 만민을 위해 회복하실 나라를 부분적으로 보여주십니다(왕상 8:43, 60). 그러나 솔로몬은 하나님과의 관계를 저버리고 정략결혼과 우상숭배로 나아가 왕국의 분열을 가져옵니다. 솔로몬의 관계 파괴에도 불구하고 하나님께서는 다윗과의 언약을 기억하심으로 그 왕조가 두 지파(유다와 베냐민)로 유지되게 하십니다(왕상 11:12-13; 15:4-5). 분열된 왕국 가운데 북이스라엘의 여로보암과 다른 왕들은 하나님과의 언약관계를 저버리고 황금 송아지와 바알 숭배로 왕국의 멸망을 가져옵니다(왕하 17장). 언약관계를 중요시한 히스기야와 요시야 같은 왕들도 있었지만, 대부분의 남유다 왕들 또한 하나님을 저버림으로써 바벨론에 멸망합니다(왕하 24-25장). 모두가 실패하는 가운데서도 하나님께서는 다윗 언약을 따라 요시야를 주실 뿐 아니라 여호야긴을 살려주시고 회복시키십니다(왕상 8:46; 13:2; 왕하 22-23장; 25:27-30). 돌이킴을 귀하게 보시고 긍휼로써 심판을 연기하시며 회복에 대한 소망도 주십니다(왕상 8:48; 21:27-29; 왕하 22:19-20; 대하 30:9).

그리스도

열왕기에서 솔로몬을 비롯한 이스라엘 왕들의 언약관계에서의 실패와 이스라엘의 멸망은 하나님 나라의 회복을 가져올 메시아를 더욱 소망하게 합니다. 열왕기에서 이 메시아에 대한 소망은 항상 왕위에 앉을 씨(등불)를 주시겠다고 하신 다윗 언약에 따라 다윗 왕조를 유지하시고 멸망 후에도 여호야긴 왕을 회복시키신 것에서 볼 수 있습니다(왕하 25:27-30; 요 7:42). 또한 순종의 모형으로 소개되는 다윗을 포함하여 솔로몬과 히스기야와 요시야와 같은 이스라엘의 왕들은 순종과 불순종의 통치를 통해 만민을 위해 오실 메시아를 간접적으로 보여줍니다(왕상 3:3, 14; 5:3; 15:3, 11; 왕하 14:3; 16:2; 18:3; 21:7; 22:2). 또한 엘리야와 엘리사 같은 선지자들(눅 4:24-27)과 여호야다와 같은 제사장들(왕하 11장; 슥 3:9-10; 히 8:6-8)을 통해 메시아를 모형적으로 보여줍니다. 이렇게 열왕기가 메시아를 소망하는 가운데 다윗의 후손으로서 예수님이 왕과 선지자와 제사장으로 오신 것입니다(마 1:1-17; 행 2:29-36).

〈적용〉

그리스도인들은 열왕기를 통해 다윗에게 하신 언약을 따라 하나님 나라를 회복하실 메시아를 주시려는 하나님의 구원의 열정을 보게 됩니다. 세우신 이스라엘의 왕들이 범죄하며 넘어져도 끝까지 포기하지 아니하시고 천하 만민을 위해 아담과 아브라함과 다윗에게 약속하신 회복과 구원을 신실히 이루어가시는 하나님을 만나게 됩니다. 이런 가운데 지혜와 믿음과 순종의 왕들과 말씀의 능력을 드러내는 선지자들과 충실한 언약의 중보자인 제사장들을 통해 예수께서 참 왕과 선지자와 제사장이신 그리스도이심을 발견합니다. 이 예수 안에서 이루어질 온 우주의 풍요와 안전과 평화와 공의의 나라를 바라보며, 세상에 지배당하지 않고 오직 그리스도의 다스림 속에서 살아가야 합니다.

※ **열왕기서 전체의 중심적 내용:**
하나님의 공의와 긍휼과 신실하심, 돌이킴과 신뢰, 말씀의 능력

 나눔을 위한 질문

1. 이스라엘의 왕정 시대를 통해 나타난 하나님 나라의 모습은 어떠합니까?

2. 예수님 안에서 하나님 나라 백성들에게 베푸시는 하나님의 신실하심은 무엇입니까?

Note.

역대기상하 개관

◎ 주요 본문: 역대하 7:14

내 이름으로 일컫는 내 백성이 그들의 악한 길에서 떠나 스스로 낮추고 기도하여 내 얼굴을 찾으면 내가 하늘에서 듣고 그들의 죄를 사하고 그들의 땅을 고칠지라

하나님 나라

역대기는 어떠한 하나님 나라의 모습을 모형적으로 보여줄까요? 아담에서 포로 귀환 이후까지의 족보들(대상 1-9장), 다윗과 솔로몬 왕(대상 10장-대하 9장), 분열 후의 유다 왕들(대하 10-36장)에 대해 말씀하는 역대기는 온 만물과 나라와 이스라엘의 왕이신 하나님께서 자신의 백성의 삶에 적극적으로 보응하시는 하나님 나라를 보여줍니다 (대상 10:14; 14:2; 16:31, 33; 29:11-12, 25; 대하 20:6-9). 곧 우주적 보좌 (언약궤)가 있는 성전(대상 28:2)과 관련하여 하나님의 통치를 구하는 자들에게는 복으로, 구하지 않는 자들에게는 저주로 보응하심으로써 공의의 하나님 나라를 드러내십니다. 특별히 "여호와의 나라"를 위해 선택된 다윗과 그 후손들의 왕국을 통해 그 나라를 구체적으로 드러냅니다(대상 17:11, 14; 22:10; 28:5-7; 29:23; 대하 7:17-18; 9:8; 13:5, 8; 29:21). 다윗과 솔로몬과 히스기야를 통해서는 이상적인 하나님 나라의 모습을 모형적으로 잘 보여줍니다. 이들이 성전 건축 준비와 건축과 회복을 통해 하나님의 통치를 구함으로써 전쟁에서의 승리, 안식, 지혜, 건축, 연합과 영광의 복된 나라를 보여줍니다. 또한 하나님을 구하지 않던 왕들도 겸손하여 회개함으로써 용서와 회복의 은혜를 입는 나라를 드러냅니다(대하 7:14; 12:12; 33:12-13). 이렇게 다윗 왕국과 하나님 나라의 깊은 관련성을 통해 역대기는 언약 백성의 삶이 하

나님 나라의 증거나 진전과 깊이 관련되어 있음을 보여줍니다. 그러므로 다윗 왕국과 관련된 이 나라는 지역적이면서 우주적이며, 인간적이면서 신적이고, 내재적이면서 초월적인 긴장을 가진 나라입니다.[4]

언약

역대기에서의 하나님 나라는 모든 이스라엘을 대표하는 왕들과 하나님과의 언약관계를 통해서 더 알 수 있고 회복을 위한 그 나라의 진행 상황도 알 수 있습니다. 역대기에서 '영원한 여호와의 나라(보좌, 왕권, 통치)'로 언급되는 하나님 나라는 다윗과의 은혜 언약에 기초한 다윗 왕국과 하나님의 성전과의 관계를 통해 잘 드러납니다. 곧 다윗을 비롯한 후손들의 성전(제사장들과 레위인들)에 대한 태도에 따라 심판과 구원의 통치를 실행하심으로 그 나라를 나타내십니다. 성전과 관련하여 하나님과의 관계를 온전히 함으로써 안식을 누린 다윗과 솔로몬뿐 아니라 성전에서 하나님을 의지하여 구함으로 전쟁에서 승리하고 평화를 누린 왕들을 통해 그 나라를 보여주십니다(여호사밧, 히스기야). 반면에 다윗과 솔로몬을 제외한 이스라엘 특히 유다의 왕들은 하나님을 찾지도 않고 교만하며 우상으로 성전을 더럽혔습니다. 하나님께 돌아오지 않음으로 나라가 멸망하여 백성들이 쫓겨나며 하나님의 보좌가 있던 성전은 파괴되게 하심으로 그 나라의 공의를 보여주십니다. 그러나 유다가 멸망했을 때도 "조상들의 하나님"께서는 하나님 나라 회복을 위한 언약관계를 신실히 유지하셨습니다(대상 1:1-대하 36:21; 대하 30:7-9). 이전에는 조상들에게 약속하신 땅을 주셨을 뿐 아니라, 지금도 다윗과 맺은 소금언약을 지키시며 멸망하

---

[4] M.J. Selman, "The Kingdom of God in the Old Testament," *TynBul* 40/2 (1989): 170-171.

여 쫓겨났을 때에도 다시 돌아오게 하셨습니다(대상 2-9장; 대하 13:5; 36:22-23). 이런 하나님께서는 '성전과 율법과 온 이스라엘의 연합'을 위한 돌아온 언약 백성들의 책임 있는 행동을 통해, 하나님 나라의 회복에 진전이 있을 것을 기대하게 하십니다.

그리스도

하나님을 저버리고 결국은 멸망으로 나아간 이스라엘의 역사와 포로에서 돌아왔지만, 약속된 다윗 왕국의 회복이 오랫동안 이루어지지 않고 있는 상황 가운데 역대기는 하나님의 나라로서의 다윗 왕국이 회복될 것을 확신하게 합니다. 이것은 다윗과 그 자손에게 영원히 왕을 주시겠다는 다윗언약에 대한 계속적인 언급을 통해 이루어집니다(대상 17:8-14; 22:7-19; 28:2-10; 대하 6:4-11, 16-17; 13:5, 8; 21:7; 23:3; 36:23). 이런 가운데 역대기의 마지막은 미래에 새로운 성전을 건축하러 올라올 자 곧 하나님께서 함께하시는 자에 대한 소망으로 마치고 있습니다(대하 36:22-23; 단 9:23-27; 슥 8:23; 시 120-134편 참조). 이것은 바벨론을 통한 심판 후에도 분열된 이스라엘을 다시 통합하는 다윗적 메시아를 통해 하나님 나라가 회복될 것을 소망하는 것입니다(암 9:11-12; 행 15:16-17; 창 11:1-9 참조). 하나님이 세우실 영원한 왕으로서 성전을 건축하고 온전한 예배를 통해 "온 이스라엘"로 연합된 하나님 나라를 가져올 메시아를 소망하게 합니다.

〈적용〉

그리스도인들은 역대기를 통해 하나님께서 새 언약 백성의 삶에도 깊이 관여하신다는 것을 인식해야 합니다. 성령 하나님이 함께하는 성전(교회)이요 새 언약 백성답게 다윗적 메시아로서 성전을 세우시고 성전과 온 만물의 왕이신 예수님의 통치에 순종함으로 복된 삶을 누리게 하십니다(엡 1:3-23; 눅 9:51-19:44). 반대로 교회를 중심으로 다스리시는 주 예수의 통치에 불순종할 때 유혹과 징계를 당하게 하십니다. 주로 구원의 감격과 평안이나 걱정과 두려움 같은 영적인 부분뿐 아니라 육체적, 환경적, 물질적인 부분에서도 보응하십니다(행 5:1-10; 롬 2:6-12; 고전 11:29-30; 고후 9:8; 딤전 5:24-25; 약 5:15; 계 2:22-23; 22:12). 그러므로 영적인 긴장 가운데 세속에 물들지 않고 교회와 말씀을 중심으로 사는 제사장들로서 예수의 하나님 나라의 완성을 소망해야 합니다(벧전 2:4-9; 벧후 3:9-15). 예수 안에서 이루어져 가는 "온 이스라엘"과 '만물의 통일과 충만한 연합'을 위해 힘써야 합니다(롬 11:26; 엡 1:10, 22-23; 2:13-22; 4:10).

> ※ **역대기서 전체의 중심적 내용:**
> 보응하시는 하나님, 온 이스라엘, 성전과 율법과 연합을 중심으로 살아가는 하나님 백성의 삶과 하나님 나라의 회복과 진전

나눔을 위한 질문

1. 포로 후기의 관점에서 서술된 왕정 역사가 보여주는 하나님 나라는 무엇입니까?

2. 이 시대의 새 언약 백성들은 무엇을 중심으로 살아가야 합니까?

에스라-느헤미야 개관

◎ 주요 본문: 에스라 9:9

우리가 비록 노예가 되었사오나 우리 하나님이 우리를 그 종살이하는 중에 버려 두지 아니하시고 바사 왕들 앞에서 우리가 불쌍히 여김을 입고 소생하여 우리 하나님의 성전을 세우게 하시며 그 무너진 것을 수리하게 하시며 유다와 예루살렘에서 우리에게 울타리를 주셨나이다

하나님 나라

에스라-느헤미야서는 어떠한 하나님 나라의 모습을 모형적으로 보여줄까요? 첫 번째 귀환과 성전 건물 재건(스 1-6장, 주전 538), 두 번째 귀환과 율법 공동체 재건(스 7-10장, 주전 458), 세 번째 귀환과 예루살렘 성벽 재건(느 1-7장, 주전 445), 하나님의 집으로서의 공동체(느 8-13장)를 주제로 하는 에스라-느헤미야서는 하나님께서 열국의 왕으로서 포로 되었던 자들을 귀환하게 하시어 하나님 백성으로 회복하시는 나라를 보여줍니다. 고레스와 다리오, 아닥사스다와 같은 페르시아 왕들을 주관하셔서 귀환과 성전 건물 건축과 예루살렘 성벽 건축을 돕게 하십니다. 또한 스룹바벨과 예수아, 학개와 스가랴, 에스라와 느헤미야와 같은 자들을 통해 성전 건물과 성벽 재건뿐 아니라 하나님 말씀을 중심으로 하는 거룩한 공동체(성전)를 세우십니다(스 6:21; 9:2; 느 8장). 다윗 왕국을 제외한 포로 이전의 이스라엘이 회복되고 말씀(율법)이 강조되는 나라를 보여줍니다.

언약

에스라-느헤미야서의 하나님 나라는 하나님과 귀환자들의 언약

관계 속에서도 잘 나타나고 실제적인 하나님 나라 회복에 대한 하나님의 섭리와 계획도 알도록 해줍니다. 하나님께서는 멸망하여 포로 가운데 있던 주로 유다와 베냐민으로 구성된 이스라엘 백성을 예레미야를 통해 약속하신 대로 귀환하게 하십니다(스 1:1; 렘 27:6). 출애굽에서의 구원과 같은 제2의 출애굽을 행하신 것입니다. 뿐만 아니라 다윗 왕국을 제외한 모든 것을 회복시키심으로 언약관계를 복원하셨습니다. 이런 하나님과 관계하는 돌아온 백성들은 어려움 때문에 성전 건물 재건을 중단하거나 다시 잡혼의 죄를 범하기도 합니다(스 4장; 9장). 더 나아가 동료 백성들을 높은 이자로 탈취하거나 예루살렘 성벽 재건을 방해하기도 합니다(느 5-6장). 결국은 성전 건물과 성벽 완공에 협조하고 언약관계를 새롭게 하기도 하지만 백성들은 다시 십일조와 안식일을 지키지 않고 잡혼으로 제사장과 레위의 직분을 더럽히기도 합니다(느 10장; 13장). 심판받고 회개하며 돌아왔지만, 아직 다윗 왕국이 회복되지 않은 긴장적 상황에서 그들은 여전히 하나님께 신실하지 못한 것입니다.

그리스도

구약 백성들의 마지막 상황들을 보여주는 에스라-느헤미야서 말씀은 심판받고 돌아온 백성들마저 하나님과의 언약관계에서 실패한 것들을 통해 메시아에 대한 소망을 갖게 합니다. 그러나 역대기에서처럼 다윗 언약을 직접적으로 언급하는 대신에 귀환과 성전 건물과 예루살렘 성벽의 재건에 있어서 하나님의 신실하신 일하심을 통해 메시아적 소망을 갖게 하십니다. 절제되어 간접적으로 언급되고 있는 다윗 왕국의 회복에 대한 열망과 하나님 말씀 순종을 중심으로 하는 거룩한 성전 공동체의 모습에 대한 강조를 통해 새로운 다윗 왕으로 하나님 나라를 회복하며 하나님 말씀에 순종하는 성전을 건축하실 메시아를 바라보게 합니다(스 9장과 느 9장). 신실함으로 제2의 출애굽을 통해 돌아온 백성들과의 언약관계와 성전 건물과 성벽을 회복하신 하나님이 마침내 다윗의 후손(마 1:1)이 행하는 종말의 출애굽(눅 9:31)을 통해 새롭고 온전한 언약관계(마 26:17-30)와 하나님의 성전(요 2:19)과 나라(막 1:14-15)를 이루실 것이라는 소망을 갖게 합니다.

〈 적용 〉

그리스도인들은 에스라-느헤미야서를 통해 약속을 지키시어 이스라엘 백성을 회복하시는 하나님을 만나게 됩니다. 제2의 출애굽과 같은 하나님의 주권적인 구원과 성전과 성벽과 말씀 공동체를 회복하시는 역사를 보게 됩니다. 이 하나님께서 예수 안에서 우리를 죄와 죽음의 세력에서 출애굽 시키시고 새롭게 관계하시고 있음을 믿어야 합니다. 다윗 왕국이 회복되지 못한 긴장적 상황에서 실패한 이스라엘과 달리 우리는 예수께서 가져오실 온전한 회복을 바라보면서 성령을 통해 말씀에 순종하며 기도하는 거룩한 성전으로서의 삶을 살아야 합니다(살전 1:10; 4:3-8; 벧전 1:13-25; 딤전 4:5; 요 17:17-19).

> ※ **에스라-느헤미야서 전체의 중심적 내용:**
> 제2의 출애굽, 하나님 집의 재건, 거룩한 자손, 율법 공동체

 나눔을 위한 질문

1. 포로 후기 공동체를 통해 보여주시는 하나님 나라는 어떠합니까?

2. 이 시대의 교회 공동체는 무엇을 중요하게 여기며 살아가야 합니까?

Note.

에스더 개관

◎ 주요 본문: 에스더 9:22

이 달 이 날에 유다인들이 대적에게서 벗어나서 평안함을 얻어 슬픔이 변하여 기쁨이 되고 애통이 변하여 길한 날이 되었으니 이 두 날을 지켜 잔치를 베풀고 즐기며 서로 예물을 주며 가난한 자를 구제하라 하매

하나님 나라

에스더서는 어떠한 하나님 나라의 모습을 모형적으로 보여줄까요? 아하수에로 왕의 잔치와 칙령, 모르드개와 에스더의 존귀(1-2장), 하만과 모르드개의 충돌과 칙령과 잔치(3:1-9:19), 부림절 명령과 잔치와 모르드개의 존귀(9:20-10:3)로 되어있는 에스더서는 이방 땅에서도 위기의 백성을 보호하시고 구원하시는 하나님의 통치와 나라를 보여줍니다. 하나님의 이름에 대한 언급을 의도적으로 생략하면서 진행되는 구원의 역사를 통해 하나님이 부재한 것처럼 보이는 세상에서도 하나님께서 여전히 그분의 나라를 위해 일하시고 있음을 강조합니다. 모든 세상을 페르시아의 아하수에로 왕과 2인자인 하만이 맘대로 다스리는 것 같지만 결국 진정한 통치자이며 실세이신 분은 하나님이심을 나타냅니다. 보이지 않는 하나님의 손으로 섭리하시어 백성을 돌보시고 평안과 잔치로 인도하시며 모든 열국을 주장하시는 나라입니다(6:1-13; 8:16-17; 9:22; 10:3).

언약

에스더에서 나타나는 하나님의 나라는 포로 된 유다 백성들의 대표인 모르드개와 에스더와 하나님과의 언약관계를 주시할 때 좀 더

잘 이해할 수 있고 그 나라 회복을 향한 진척 상황도 알 수 있습니다. 하나님이 에스더서에서 직접적으로 언급되지는 않지만, 그분의 백성과 여전히 관계하고 계심을 간접적으로 알 수 있습니다. 하나님과의 언약관계를 저버린 백성들을 심판하여 포로 가운데 생활하게 하셨지만, 하나님께서는 그들과 함께 계셨고 하만을 통해 모든 유대인이 죽임을 당할 수 있는 때에도 그들을 지키시고 구원하셨습니다. 계속적인 언약관계 속에서 인간사에서 일어나는 일들의 반전들을 통해 구원을 이루신 것입니다(7:10; 9:1, 22). 이런 구원은 하나님의 백성으로 살아가려는 모르드개와 에스더를 통하여 실행되었습니다. 이방 왕에게 협력하였지만, 하나님의 대적인 하만에게는 무릎 꿇지 않을 뿐 아니라 환난에서의 금식과 기도 그리고 하나님의 구원에 대한 분명한 믿음과 죽음을 각오한 순종으로 나아간 이들을 통해 하나님의 구원이 이루어진 것입니다(3-5장). 이들뿐 아니라 함께 포로 된 유대인들도 죽음 앞에서 애통하며 금식함으로 하나님을 찾고 사울 왕과 달리 대적들의 재산에 손을 대지 않으며 부림의 절기를 지키고 구제를 행함으로써 하나님과의 언약관계에서 행동합니다(3:3; 9:10, 15-16, 19, 22; 삼상 15:9).

그리스도

포로 되었던 백성들의 일부가 이미 유다 땅에 돌아갔지만, 페르시아에 여전히 남아있었던 유다 백성들(주전 480년경)에 대한 말씀인 에스더서는 직접적으로 메시아에 대한 언급은 없습니다. 언약관계에 있는 백성들의 실패를 통해서도 메시아에 대한 소망을 간접적으로 나타내지는 않습니다. 오히려 룻기서와 비슷하게 모르드개와 에스더의 신실한 삶을 통한 하나님의 구원을 통해, 오실 메시아의 신실하신 순종의 삶을 예표합니다. 죽기까지 순종하신 메시아를 통해 죽음에서 생명으로 반전되는 하나님 백성의 구원과 영광과 기쁨과 평안의 잔치를 미리 보여줍니다(8:16-17; 9:17-19, 22; 10:3; 사 25:6-8; 마 22:1-10; 눅 22:14-23). 페르시아의 지배 아래 있는 유대인들(민족)의 구원에 대한 언급을 통해 다윗 왕조에 대한 하나님의 약속을 상기시킴으로써 메시아에 대한 소망을 보여줍니다(에 4:13-17). 에스더서에서의 이런 기적적인 구원은 영원한 멸망에 직면한 사람들과 우주를 유대적 메시아를 통해 살려내시려는 하나님의 주권적인 구원의 한 열심을 보여주는 것입니다(사 9:7).

〈적용〉

그리스도인들은 에스더서를 통해 하나님의 함께 하심과 일하심을 신뢰해야 합니다. 특별히 인간의 지식과 문명이 온 세상을 지배하는 것 같은 21세기에서도 하나님의 통치하심을 기억해야 합니다. 예수를 믿고 살아감으로 인해 어려운 일들을 만나도 세상적인 사람들과 그들의 가치에 무릎 꿇지 않아야 합니다. 설령 죽음이나 큰 피해를 입는다 해도 하나님의 도우심을 믿으며 혹 반전의 역사가 없어도 예수께서 주실 최종적인 구원과 영광과 기쁨의 잔치를 기대하며 포기하지 않아야 합니다(딤후 4:8; 계 19:6-9; 단 3:17-18).

※ 에스더서 전체의 중심적 내용:
세상 속에서 백성을 돌보시는 하나님, 믿음의 순종, 잔치, 역전적 구원

 나눔을 위한 질문

1. 이방 나라에 포로 된 백성 가운데서 나타나는 하나님 나라는 어떠합니까?

2. 세상 속에서 교회는 어떻게 살아가야 합니까?

Note.

시가서 개관

◎ **주요 본문: 시편 8:4-6**

사람이 무엇이기에 주께서 그를 생각하시며 인자가 무엇이기에 주께서 그들 돌보시나이까 그를 하나님보다 조금 못하게 하시고 영화와 존귀로 관을 씌우셨나이다 주의 손으로 만드신 것을 다스리게 하시고 만물을 그의 발 아래 두셨으니

하나님 나라

시가서는 어떠한 하나님 나라의 모습을 모형적으로 보여줄까요? 시가서는 욥기, 시편, 잠언, 전도서, 아가서의 말씀으로서 모세오경과 역사서에 나타난 창조와 타락으로 인한 인간의 문제들에 집중합니다. 곧 악과 인간의 고난, 죄로 부패한 양심, 인생의 허무, 남녀 간의 사랑과 특별히 하나님의 말씀을 지키고 살아가려는 하나님 백성의 개인적이고 공동체적인 문제들과 반응들을 언급합니다. 이런 내용들을 통해 시가서는 하나님이 창조주와 구속주로서 하나님 백성과 열국 백성들에 이르기까지 인애로 온 우주를 통치하시며 구속하여 회복하실 나라를 보여줍니다(시 136편). 그 나라는 찬양과 감사와 기도의 예배와 창조질서(의와 평화)를 세우는 지혜 곧 말씀이 있는 나라로서의 특성을 가집니다(시 1편; 119편).

언약

시가서에서 나타나는 언약관계를 살펴보면 시가서의 하나님 나라

를 좀 더 살펴볼 수 있고 하나님 나라 회복에 대한 진행 상황을 알 수도 있습니다. 시가서에서의 언약관계도 이스라엘과 하나님과의 관계를 본질적으로 의미하지만, 창조된 모든 인간과 우주를 포함합니다.

모든 피조물의 대표로 창조된 인간은 타락 이후에도 하나님과의 언약관계에 여전히 책임이 있는 존재입니다(창 9:1-17). 하나님의 형상으로서의 인간의 생명존중과 생육과 번성, 모든 생물에 대한 다스림과 보존, 하나님께 대한 영광과 감사와 경배(창조질서)에 대한 책임이 있습니다(시 8편; 롬 1:19-21). 이스라엘과 하나님의 언약관계는 "여호와 경외"의 말씀으로 표현됩니다(잠 1:7). 시가서에서 인간과 이스라엘은 창조질서에 대한 순종과 여호와 경외에 대한 책임에서 수행과 회피를 보여줍니다. 또한 이러한 반응에서 비롯되는 상반된 결과(죽음과 생명)의 대조를 통해 언약관계에 충실할 것을 권면합니다(잠언과 아가). 하나님께서는 인간과 이스라엘과의 언약관계에서 그들의 행위에 따라 보응하시며 창조질서를 온전히 회복하여 하나님만 경외하는 지혜롭고 복된 세상을 주권적으로 이루실 것도 약속하십니다(전도서와 욥기).

그리스도

시가서는 언약관계에서 나타나는 죽음과 생명의 대조적인 결과를 통해서 하나님과의 언약관계에 충실할 것을 말씀할 뿐 아니라 우주의 창조질서를 새롭게 회복할 메시아를 소망합니다. 이 메시아는 시편에서 회복에 대한 말씀을 성취하실 하나님의 아들과 제사장과 다윗 계열의 왕으로 언급됩니다(시 1-2편; 45편; 110편; 132편). 또한 다윗을 통한 모형으로 열국이 복을 받기 위해 고난과 죽음과 부활로 나아갈 메시아로도 소개됩니다(시 22편; 68:10; 72편; 118:22-27). 욥기에서 메시아는 모형적인 면에서 의인으로서 고난받거나 의인에 대한 중보와 창조세계의 대속자로 나타납니다(욥 9:33; 16:19-21; 19:23-27; 롬 8:19-23). 전도서에서는 창조주 하나님의 지혜에 따라 굽어진 세상을 곧게 펴실 분으로(전 12:1-8), 잠언과 아가서에서는 세상을 사랑하고 복되게 하는 여호와를 경외하는 지혜 여인으로 나타납니다(잠 8장과 31:10-31; 아 8:6-7).

〈 적용 〉

그리스도인들은 시가서를 통해 창조주와 구속자이신 하나님께서 이스라엘과 온 세상을 회복하시려는 계획과 섭리 가운데 일하신 것을 보아야 합니다. 하나님의 백성으로서 여호와를 경외하는 삶의 복됨과 지혜로움뿐 아니라 세상으로 나아가는 어리석음과 비참함도 깨달아야 합니다. 무엇보다 타락으로 왜곡된 온 세상의 질서를 하나님의 의와 공의로 바로잡으시려고 하나님의 지혜로 오신 예수님을 볼 수 있어야 합니다(고전 1:24). 죄악으로 인해 고통받는 모든 사람과 무고하게 고난받으며 살아가는 그리스도인들을 위해 예수께서 먼저 고난받으셨고 대속하시며 중보로 역사하심을 믿어야 합니다. 그러므로 불의한 세상에서 어려움을 겪을 때 대제사장과 왕이신 예수의 이름으로 기도하며 찬양함으로 나아가야 합니다(히 4:15-16). 피할 길을 주실 줄을 믿으면서 지혜의 말씀을 구해야 합니다.

> ※ **시가서 전체의 중심적 내용:**
> 하나님 백성의 문제와 반응, 창조와 구속의 하나님, 인애와 말씀, 여호와 경외, 고난과 지혜

 나눔을 위한 질문

1. 시가서에 나타난 하나님 나라는 어떠합니까?

2. 그리스도인은 세상 속에서 직면하는 악과 고난에 대해서 어떻게 반응해야 합니까?

Note.

욥기 개관

◎ 주요 본문: 욥기 41:10-12

아무도 그것을 격동시킬 만큼 담대하지 못하거든 누가 내게 감히 대항할 수 있겠느냐 누가 먼저 내게 주고 나로 하여금 갚게 하겠느냐 온 천하에 있는 것이 다 내 것이니라 내가 그것의 지체와 그것의 큰 용맹과 늠름한 체구에 대하여 잠잠하지 아니하리라.

하나님 나라

욥기는 어떠한 하나님 나라의 모습을 모형적으로 보여줄까요? 하나님을 경외하는 욥과 두 가지 시험(1-2장), 고난에 대한 욥과 친구들의 변론과 하나님의 말씀(3:1-42:6), 욥의 정당함과 회복(42:7-17)으로 되어있는 욥기는 하나님께서 한 사람 욥으로부터 온 우주까지 친히 주관하시고 다스리시는 나라를 보여줍니다. 하나님을 경외하는 자의 삶을 잘 아시며(1:8; 2:3), 고난을 허용하시기도 하시고(1:12; 2:6), 사람의 대화와 기도를 들으시어 응답하시는(42:4-5, 7-8) 하나님이 다스리시는 나라입니다. 무엇보다 하나님께서 의인에게 악을 허용하시는 주권적인 의와 지혜(섭리)로 세상을 창조하시고, 책임지시며 지배하시는 나라입니다. 제의적 용서와 물질적 나눔과 회복이 있는 나라입니다(42:8-17; 히 13:15-16).

언약

욥기에 나타나는 하나님과 그 백성의 언약관계에 대한 조사는 하나님 나라의 모형적인 모습과 그 나라의 실제적인 회복의 진행 상황에 대해서도 좀 더 알 수 있게 합니다. 욥기에서의 언약관계는 욥과 그의 가족들과 친구들과 하나님의 관계로서 하나님을 경외하는지의 여부로 나타납니다. 욥은 하나님의 종으로서 하나님과의 관계에서 온전하고 악에서 떠난 자입니다(1:1, 8; 2:3). 고난 가운데서 욥은 무지하여 하나님의 의에 대해 불평하였지만 범죄하지는 않았습니다(2:10; 38:2; 40:8; 42:6-8). 자신의 한계와 무지를 깨닫고 하나님의 주권적 지혜와 섭리를 바르게 인정하였습니다(28장; 42:1-8). 욥의 중보적 기도와 제사도 하나님을 기쁘시게 하였습니다(42:8-10). 반면에 욥의 아내와 친구들은 관계를 저버리거나 하나님에 대해 어리석게 말하여 죄를 범하였습니다(2:9; 42:7-8). 하나님께서는 자신을 경외하는 욥을 인정하시며 주권적으로 고난을 허용하시지만, 그의 지혜(섭리)를 깨닫게 하시고 회복의 복으로 관계하십니다(1:12; 2:6; 42:10-17). 하나님이 창조하시고 세우시는 나라와 세계에 책임이 있는 제사장적 존재로 인도하십니다(40-41장; 창 1:28; 시 8편). 욥의 친구들에게는 죄를 책망하시지만 회복의 길도 마련하십니다.

그리스도

욥기에서는 하나님 나라를 회복할 메시아에 대한 말씀이 직접적으로 언급되지 않지만, 욥을 통해 모형적으로 나타납니다. 여호와를 경외하지만 하나님의 섭리를 위해 고난을 받으며(요 9:3) 죄인들을 위한 중보의 제사와 기도로 회복을 가져옴을 통해 하나님을 기쁘시게 하는 모습은 신약에서 보여지는 그리스도의 역할과 관련되기 때문입니다(히 5:1-10; 사 53:1-7). 결국 욥은 고난을 통해 율법적 인과응보에 머무르는 경외자가 아니라 창조세계에 대해 책임 있는 지혜자로 승리하게 되는데 이것 또한 유대인만이 아닌 이방인들과 온 우주를 대속하는 그리스도 예수의 사역과 연결이 됩니다. 결국 욥기는 욥의 고난과 승리를 통해, 무죄하신 예수님의 십자가 고난과 구속(승리)에 대한 하나님의 지혜와 섭리(이치)를 미리 알게 합니다(욥 38:2; 42:2-3; 고전 1:18-24). 욥은 이렇게 모형적인 기능도 하지만 자신의 비자발적 고난을 변론하는 가운데서 하나님 앞에서의 진정한 변호인과 대속자의 필요성을 통감함으로써 이런 메시아에 대한 필요성을 강력히 보여주고 있습니다(9:33; 16:19-21; 19:23-29; 창 22장; 롬 8:19-23, 34).

〈 적용 〉

그리스도인들은 욥기서를 통해 하나님의 나라와 구속의 섭리 가운데 오셔서 죄 없이 고난받으신 예수님을 볼 수 있어야 합니다. 예수님이 고난뿐 아니라 예수께서 그의 나리와 교회를 위해 우리에게 남겨두신 고난을 기억해야 하겠습니다(골 1:24-29). 예수의 고난에 참여하는 것을 즐거워하며 먼저 고난받으시고 우리를 위해 중보하시며 우리의 고난 가운데 계시며 감당하게 하시는 예수님과 그의 영이신 성령님으로 위로를 삼아야겠습니다(롬 8:25-39; 벧전 4:13-5:10; 고후 1:5). 하나님 나라와 예수의 복음을 위하여 곧 선을 인하여 받는 고난을 하나님의 은혜와 영광으로 알고 잘 받아야 하겠습니다. 고난받을 때에도 우리를 인내하게 하시고 하나님만 의지하게 하시어 온전하고 구비하여 부족함이 없는 하나님 백성으로 성장하게 하심을 깨달아야 하겠습니다(약 1:3-4; 고후 1:9).

※ 욥기 전체의 중심적 내용:
의인의 고난, 여호와를 경외하는 자에게 악을 허용하신 하나님의 의와 지혜, 제의적 용서와 나눔

 나눔을 위한 질문

1. 욥기에 나타난 하나님 나라의 특징적인 모습은 무엇입니까?

2. 그리스도의 이름으로 고난을 받을 때는 어떻게 반응해야 합니까?

Note.

시편 개관

◎ **주요 본문: 시편 47:2-4**

지존하신 여호와는 두려우시고 온 땅에 큰 왕이 되심이로다 여호와께서 만민을 우리에게, 나라들을 우리 발 아래에 복종하게 하시며 우리를 위하여 기업을 택하시나니 곧 사랑하신 야곱의 영화로다

하나님 나라

시편은 어떠한 하나님 나라의 모습을 모형적으로 보여줄까요? 하나님의 왕권에 도전하는 대적 세력과의 싸움과 탄식(1-41편: 1권), 열국을 예배와 교제로 부름(42-72편: 2권), 하나님 백성의 곤경과 탄식(73-89편: 3권), 다윗 왕국과 하나님 나라의 회복에 대한 성숙한 소망과 찬송(90-106편: 4권), 하나님 나라의 완성을 찬양(107-150편: 5권)하는 시편은 온 우주의 영원한 왕이신 하나님께서 창조와 구원(심판)을 통해 하나님 나라를 세우시고 완성하심을 보여줍니다(9:7; 10:16; 22:28; 29:10; 47:2-8; 74:12; 93:1-2; 96:10; 97:1; 98:6; 99:1; 103:19; 145:1, 11-13; 149:2). 이런 하나님의 왕권과 통치가 인간과 세상 속에서 우주적으로 드러나지만, 특별히 그의 백성 이스라엘과 그의 종 다윗과 그의 자손, 그의 성 시온의 성전을 통해 실현되고 완성되어짐을 노래합니다(2편; 22:27-31; 45:5-7; 48:2; 68:24; 99:1-4; 114:2). 이에 대적하는 세력들과 싸우는 하나님 백성들의 순종과 고난, 예배와 탄식과 찬양과 감사에 심판과 구원으로 응답하시는 하나님과 그 나라의 위대함을 보여줍니다(5:3; 93-99편).

언약

시편에 나타나는 언약관계를 살펴보면 좀 더 시편의 하나님 나라

에 대해 알 수 있고 메시아를 통한 하나님 나라 회복에 대한 진행상황도 알 수 있습니다. 시편에서의 언약관계는 이스라엘뿐 아니라 창조된 만물을 대표하는 인간(아담)과 하나님과의 언약관계를 모두 포함합니다(8편; 렘 33:20). 하나님과의 관계에서 인간은 안식하며 땅에 충만하며 땅을 정복하는 사명에 충실해야 했지만(104:21-23) 타락하고 부패하여 죽음으로 나아갔습니다(14:1-3; 55:15; 58:3-4). 그러나 언약으로 만물을 창조하신 하나님께서는 만물과 질서를 보존하시고 대적에게서 하나님 나라를 회복하는 구원을 사람(노아)에게 약속하십니다(29:10-11; 49:14-15; 104:10-15). 하나님과 아브라함으로부터 관계하는 이스라엘(야곱/모세)은 다윗에 이르기까지 율법의 말씀(1, 19, 119편)에 믿음의 순종을 하기도 하지만 불순종하여 안식을 누리지 못하고 멸망하여 탄식하기도 합니다(74편; 78-80편; 95:11; 105-106편; 114편; 135-136편). 이런 가운데 왕이신 하나님께서는 인애로 이스라엘과 열국의 복을 약속하시며(37편; 67:1-7; 86:9; 103:8-10), 특별히 시온을 영원한 거처로 삼으시고 다윗의 왕국을 통해 영원히 건설하시는 하나님 나라를 약속하십니다(2편; 9:11; 11:4; 44:4, 26; 84:3; 87편; 89:1-4; 132:13-14). 이런 하나님과 관계하는 언약 백성은 기도와 찬양으로 감사하며 영원한 영광을 하나님께 돌립니다.

그리스도

창조에서 구속과 회복과 완성을 언급함으로 모든 구약성경을 개관하는 것 같은 시편은 하나님 나라의 회복을 가져올 메시아를 모형적이거나 직접적인 방법에서 언급합니다. 대적을 심판하고 우주의 창조질서를 새롭게 회복(구속과 안식)할 메시아를 소망합니다(72편; 96, 98편; 창 3:15; 호 10:12 참조). 이 메시아는 시편에서 회복에 대한 말씀을 성취하실 하나님의 아들과 멜기세덱 계열의 제사장과 다윗 계열의 왕(주)으로 언급됩니다(1-2편; 18편; 45편; 110편; 132편). 또한 다윗을 통한 모형으로 열국이 복을 받도록 고난과 죽음과 부활로 나아갈 메시아로도 소개됩니다(22편; 68:10; 16:10; 118:22-27).

〈 적용 〉

그리스도인들은 시편을 통해 온 우주와 만물의 창조주이시며 구원자이신 하나님을 만나야 합니다. 하나님 백성들의 믿음과 고난과 탄식과 찬양과 메시아와 하나님 나라의 회복에 대한 소망을 보아야 합니다. 타락 전 하나님 백성으로서 만물을 돌보는 인간 된 사명을 생각하며 타락 후 메시아이신 예수 안에서 새롭게 회복된 인간으로서 그 사명을 회복하고 수행해야 합니다(고후 5:17-21; 창 1:28; 2:15). 시편에 있는 하나님 백성들이 이것을 방해하는 대적들과 싸우며 고난을 받았던 것처럼 지금의 하나님 백성인 우리에게도 싸움과 어려움이 있고 계속될 것을 알아야 합니다(엡 6:12). 이런 상황 가운데서도 시편의 하나님 백성들이 했던 것처럼 믿음과 탄식과 기도와 찬양과 그리스도와 하나님 나라(교회) 완성에 대한 소망으로 나아가야 하겠습니다. 이런 하나님 백성들에게 시편에서와 같이 구체적으로 응답하시며 위로하시고 승리하게 하실 하나님을 바라보아야겠습니다.

※ 시편 전체의 중심적 내용:
우주의 영원하신 왕, 다윗의 왕국과 시온, 하나님 나라의 창조와 구속과 심판, 탄식과 기도와 찬양

 나눔을 위한 질문

1. 시편에서 종합적으로 나타나는 하나님 나라의 모습은 어떠합니까?

2. 예수 안에 있는 하나님 나라 백성의 일상적 감정과 믿음은 어떻게 표현됩니까?

Note.

잠언 개관

◎ 주요 본문: 잠언 8:30-31

내가 그 곁에 있어서 창조자가 되어 날마다 그의 기뻐하신 바가 되었으며 항상 그 앞에서 즐거워하였으며 사람이 거처할 땅에서 즐거워하며 인자들을 기뻐하였느니라

하나님 나라

잠언은 어떠한 하나님 나라의 모습을 모형적으로 보여줄까요? 여호와 경외와 지혜 여인(1-9장), 실제적인 생활에서의 지혜(10-29장), 풍성한 삶과 지혜 여인(30-31장)을 말하는 잠언은 지혜를 통해 통치하시는 하나님 나라를 보여주십니다. 비유적으로 표현되는 이 지혜를 통해 우주와 사람을 창조하시고 사람으로 악에서 돌이켜 하나님을 알게 하며(경외) 생명과 안전과 부귀와 장수를 누리고 세상에서 모든 일을 잘 감당할 수 있게 하시는 나라입니다(3:15-20; 8장). 반대로 사람이 그 지혜를 통한 하나님의 통치를 거역하는 우매함으로 나아가면 교만과 탐욕으로 다툼과 거짓과 살인의 악을 행하며 자신도 죽고 하나님에게서 끊어지게 하시는 나라를 말씀하십니다(7장). 이러한 잠언에서의 지혜(여인)는 하나님을 경외하게 하여 복을 누리게 하는 하나님의 말씀(율법)을 의미합니다(4장; 6:20-24).

언약

이런 잠언에서의 하나님 나라는 언약관계의 측면을 살펴볼 때 좀 더 잘 이해할 수 있습니다. 잠언은 하나님과 이스라엘 백성의 언약관계를 지혜의 말씀을 받아들이는 것 곧 여호와를 경외하는 것과 관련하여 말씀합니다. 특별히 부모와 지혜 스승들을 통해서 주시는 말씀

을 마음과 뜻을 다해 지킬 때 주시는 복과 불순종할 때 내리시는 재앙을 통해 이 관계를 보여주십니다(1:7-33; 2:17; 신 6:1-9). 이러한 언약 관계는 모세오경(특히 신명기 28장)에 나타난 것을 확대하여 보여주시는 것인데 이 관계는 이스라엘뿐 아니라 하나님에 의해 창조된 모든 사람과의 관계도 포함합니다(8:4, 22-36). 사람의 일상적인 생활과 관련된 10장 이후의 잠언들과 아굴과 르무엘 왕의 어머니의 잠언들은 이런 넓어진 언약관계를 보여줍니다(30:1-31:9). 언약관계에 대해 실제 이스라엘과 사람들이 어떻게 행하였다는 결과를 잠언은 언급하지 않지만, 이 관계에 대한 충실 여부에 따르는 대조적 결과를 통해 언약관계의 중요성을 보여줍니다. 물론 "솔로몬의 잠언"이나 "유다 왕 히스기야의 신하들이 편집한 것"(1:1; 25:1)에 대한 언급들은 이 왕들의 시대에 하나님과의 언약관계가 중요시되었음을 알려주기도 합니다.

그리스도

잠언에서 하나님 나라를 회복할 메시아에 대한 말씀은 직접적으로 없지만 하나님 말씀을 비유적으로 의인화한 지혜 여인을 통해 발견할 수 있습니다. 지혜 여인은 하나님과 함께 존재했으며 우주 창조 때에는 장인(匠人)으로 참여하였고 하나님과 사람들과 함께 기뻐하였습니다(8:22-31). 자신을 받아들이는 자에게 생명과 은총을 베풀고 무엇보다 영을 부어주며 진리와 여호와 경외를 가르칩니다(8:13, 35; 1:23). 이스라엘과 사람을 악과 재앙과 죽음에서 구하며 의와 모든 선한 일을 행할 능력을 주기도 합니다(2:8-22). 이러한 지혜 여인의 속성과 행위는 하나님의 지혜와 능력으로 모든 피조물보다 먼저 계시고 하나님과 함께하여 만물을 창조하시며 만물을 하나님과 화평하게 하시는 그리스도와 연결됩니다(고전 1:24; 마 11:19; 요 1:2-3; 골 1:15-20). 또한 말씀이 육신이 되어 오신 분이며 자신에게 나오는 자들에게 생명과 의와 풍성함과 그의 영을 부어주시는 그리스도의 행위와도 상응함으로써 잠언은 지혜 여인을 통해 하나님 나라를 회복할 메시아를 모형적으로 보여줍니다(요 1:1, 14-18; 6:35-59; 10:10; 20:22; 고전 1:30; 롬 8:3-10).

〈 적용 〉

그리스도인들은 잠언을 통해 인생살이에 절대적으로 필요한 지혜를 만납니다. 단순히 현명한 말이나 인생의 어려움을 해결하는 묘안을 발견하기보다 지혜 자체인 하나님 말씀을 인격적으로 만나게 됩니다. 이 인격적인 말씀을 통해 하나님의 생명과 능력과 영광을 경험하고 찬양하게 됩니다. 하나님의 의와 심판을 알고 두려워하며 돌이키게도 됩니다. 믿음으로 구원에 이르게 하는 지혜의 말씀이신 그리스도의 인격을 경험함으로 하나님의 사람으로 온전하게 되며 모든 선한 일을 행할 능력을 갖추게 됩니다(딤후 3:14-17).

※ **잠언 전체의 중심적 내용:**
여호와 경외, 율법, 생명과 안전, 지혜와 우매

 나눔을 위한 질문

1. 잠언에서 보여지는 하나님 나라의 모습은 어떠합니까?

2. 그리스도인은 이 시대에 직면하는 복잡한 문제들을 어떻게 해결해 나가야 합니까?

Note.

전도서 개관

◎ 주요 본문: 전도서 12:13-14

일의 결국을 다 들었으니 하나님을 경외하고 그의 명령들을 지킬지어다 이것이 모든 사람의 본분이니라 하나님은 모든 행위와 모든 은밀한 일을 선악간에 심판하시리라

하나님 나라

전도서는 어떠한 하나님 나라의 모습을 모형적으로 보여줄까요? 전도자의 인생의 의미에 대한 질문(1:1-11), 인생의 의미를 찾는 과정(1:12-12:8), 인생의 의미에 대한 최종적인 대답(12:9-14)으로 되어있는 전도서는 결국 인생을 비롯하여 해 아래에서 일어나는 모든 일들을 창조주 하나님께서 다스리신다는 것을 보여줍니다(12:1, 14). 전도자는 해 아래서 일어나는 모든 일들 특히 인생살이를 자세히 보고 관찰하는 가운데 삶과 죽음의 반복이나 의인과 악인의 동일한 운명, 노고와 번뇌를 근거로 세상과 인생은 굽어져 있어서 참 "알 수 없는 헛된 것"이라고 의문을 갖습니다(1:13, 14). 다른 한편으로는 세상과 인생을 하나님의 선물로 보고 인식하면서, 수고와 먹고 마심의 일상을 기뻐하기도 합니다(2:24-25). 이런 대조를 보여주는 인생살이에서 참 지혜는 하나님께서 세상과 인생을 창조하셨고 모든 일들을 심판하실 것을 알고 하나님을 경외하는 것이라고 말씀합니다(12:13-14). 하나님께서 굽어진 세상과 인생을 똑바로 펴심으로 곧 창조의 질서를 세우심으로 하나님 나라와 인생을 바르게 회복하실 것을 말씀합니다.

언약

전도서에 나타나는 하나님 나라는 언약관계를 통해서 좀 더 잘 보여집니다. 전도서에서의 언약관계는 이스라엘과 하나님과의 관계임을 "여호와 경외"라는 말속에서 알 수 있습니다. 하나님의 백성으로서 하나님의 명령을 지키는 것입니다(12:13). 세상과 삶의 현실이 하나님께서 말씀하신 대로 진행되어 가는 것처럼 보이지 않아도 모든 것을 심판하실 하나님을 기억하여 순종하는 것이 언약백성의 지혜임을 알게 하십니다(12:1). 불의한 세상과 인생의 현실을 이해할 수 없다고 하나님과의 관계를 저버리고 자기 경험과 직관, 돈과 권력에만 의존하거나(2:1-11) 악인과 의인의 중간에 거하는 미지근한 태도를 진정한 하나님 경외라고 말하는(7:13-18) 어리석음을 경고하십니다. 이런 언약관계는 이스라엘 백성들에게만 적용되는 것이 아니고 해 아래 있는 모든 사람이 따라야 할 본분임을 또한 말씀합니다(12:13b). 모든 사람은 창조주 하나님을 알고 선물로 주신 세상과 인생을 감사히 여기며 즐거워함으로 하나님을 경외하고 영광을 돌려야 합니다(3:12-15; 롬 1:21). 하나님이 심판하실 때가 있음을 인식함으로 창조의 질서(순리)를 어기어 짐승으로 살지 않아야 합니다(3:18). 하나님은 어둡고 곤고하여 알 수 없어 보이는 세상과 인생의 날에도 이렇게 하나님을 경외하는 자들에게는 감당할 밝은 빛을 선물로 주십니다.

그리스도

전도서에는 하나님 나라 회복을 위한 메시아에 대한 언급이 직접적으로 없습니다. 잠언에서처럼 지혜 여인을 통해 간접적으로 메시아를 보여주지도 않습니다. 그러나 전도서에서 우리는 다윗의 아들이며 지혜 스승인 전도자를 통해 메시아를 볼 수 있습니다(1:1; 12:9, 11). 전도자는 하나님의 창조질서가 파괴되어 불의하고 죽음이 지배하는 세상과 인생의 현실을 통해 고민과 유혹도 보여주지만 결국은 하나님께서 구부러지고 모자라 헛되어(알 수 없어, 1:15) 보이는 세상을 곧게 하여 환히 잘 알 수 있게 하실 심판의 날과 때가 있을 것을 기억하게 합니다. 전도자의 이 아름다운 진리의 말씀들(12:10)은 그리스도께서 지혜자로 오시어 굽은 세상의 현실을 하나님의 뜻대로 바르게 펴시고 고치시어 어둠의 세상에 빛을 비추실 것을 소망함으로 메시아를 보여줍니다(요 1:9-13).

〈 적용 〉

그리스도인들은 전도서를 통해 믿음으로 살아가면서 겪는 어려움을 어떻게 극복해야 하는지에 대해 지혜를 얻을 수 있습니다. 이 어려움도 모든 것을 주관하시는 하나님의 허용하심 아래 있음을 알고 하나님의 인도를 구해야 합니다(약 1:5). 더 나아가 우리로 온전하여 영광에 참여하게 하시는 하나님의 은혜임을 알아, 죄와 고난을 이기신 예수 안에서 선을 행하고 즐거워하며 환경과 자신들을 하나님께 맡겨야 합니다(벧전 4:12-5:10). 아무것도 염려하지 않고, 오히려 감사함으로 기도하며 감당해야 합니다(빌 4:4-7).

※ 전도서 전체의 중심적 내용:
창조주 하나님의 통치, 인생의 의미, 창조질서의 회복, 하나님 경외

 **나눔을 위한 질문**

1. 전도서에서 보여지는 하나님 나라의 특징은 무엇입니까?

2. 그리스도인은 이 시대에 여전히 존재하는 악에 대해 어떻게 이해해야 합니까?

Note.

아가 개관

◎ 주요 본문: 아가서 8:6

너는 나를 도장 같이 마음에 품고 도장 같이 팔에 두라 사랑은 죽음 같이 강하고 질투는 스올 같이 잔인하며 불길 같이 일어나니 그 기세가 여호와의 불과 같으니라

하나님 나라

아가서는 어떠한 하나님 나라의 모습을 모형적으로 보여줄까요? 하나님께서 짝지어주신 남편과 아내로서 가지는 최고의 사랑에 대해 노래하고 있는 아가서는 이들의 첫 번째 만남(1:2-2:7)에서 다섯 번째 까지의 만남들(2:8-3:5; 3:6-5:1; 5:2-6:3; 6:4-8:4)과 절정(8:5-7)과 결론적인 노래(8:8-14)로 되어있습니다. 시가와 지혜서의 한 부분으로서 "예루살렘(시온) 딸들"(1:5; 2:7; 3:5, 11; 5:8, 16; 8:4)로 대표되는 젊은이들과 백성들에게 남녀 간의 사랑을 포함한 온전한 사랑에 대한 지혜를 말씀하는 아가서는 포도원(8:12), 포도주(1:4), 열매(2:3)로 비유되는 하나님 나라의 풍성하고 아름다우며 순결하고(독점적) 기쁜 사랑을 보여줍니다(창 2:22-25 참조). 어떤 방해와 유혹도 이길 수 없는 하나님의 강력한 사랑의 능력이 존재하는 나라를 보여줍니다(8:6; 시 45편 참조).

언약

아가서의 하나님 나라는 부부와 하나님과의 언약관계를 살펴볼 때에 좀 더 잘 알 수 있고 또한 그 언약관계에 대한 모습을 통해 하나님 나라 회복에 대한 진행 상황을 알 수 있게도 합니다. 이 하나님과의 언약관계는 부부간의 관계 속에서 나타납니다. 솔로몬 왕과 목자로

비유되는 남편과, 술람미 여인으로 비유되는 아내는 하나님 앞에서 화려함과 사랑의 언약으로 결혼합니다(3:6-11; 1:4, 5; 2:7, 16; 8:6; 시 45편; 68:8-9; 잠 2:17; 5:21). 이들의 결혼 관계는 거친 들(광야)에 비유되기도 하며 성적(2:15; 3:1; 5:1-6), 물질적(8:7, 11-12), 사회의 관습적(1:6; 3:3; 5:7; 6:8; 8:1, 8-10)인 여러 장애물들로 어려움에 직면하기도 합니다(호 12:9; 13:5; 렘 2:2). 그러나 이들은(여인) 여호와의 불과 같은 강력한 사랑으로 거친 들에서 올라오고 자기에게 속한 포도원을 지켜냅니다(8:5, 8, 12). 이 부부관계에서의 승리는 하나님 사랑의 승리를 보여줍니다. 광야에서 결혼한 이스라엘과의 관계에 많은 어려움이 있지만, 언약을 통해 독점적으로 관계하신 이스라엘을 신실하게 사랑하신 하나님의 승리를 보여줍니다(8:6; 호 1-3장; 11:8-9; 사 43:1-3; 62:4-5; 렘 2:2; 겔 16장; 롬 8:31-39; 마 16:18 참조). 이러한 하나님의 승리를 통해 언약 백성으로서 "예루살렘의 딸들"인 이스라엘을 교훈합니다(애 1:6; 2:1, 4, 8, 10, 13, 15, 18; 4:22 참조).

그리스도

아가서에는 메시아에 대해 직접적으로 말씀하시는 부분이 없습니다. 그러나 잠언에서와 같이 지혜 여인은 발견할 수 있습니다. 여러 어려움 가운데서도 남편과의 언약적 사랑과 결혼 생활을 지켜냄으로 광야에서 올라오고(3:6; 6:10; 8:5) 남편의 사랑을 받으며 예루살렘 딸들에게 온전한 사랑에 대해 가르치는 여인은 잠언의 지혜 여인과 하는 일이 유사합니다(잠 4장; 5:15-23; 31:10-31). 지혜 여인은 하나님의 말씀을 비유로 나타내는 것이니 아가서는 말씀의 능력을 보여주는 지혜 여인을 통해 메시아를 보여줍니다. 모든 장애물과 유혹과 시험 속에서도 신실하여 실패하지 않는 강력한 하나님의 사랑을 보여주는 말씀을 통해 앞으로 그 말씀이 육신이 되어 오셔서 풍성하고 아름다우며 거룩한 나라를 이루시며 남편이 되실 그리스도를 비유적으로 보여주시는 것입니다(호 2:14-23).

〈 적용 〉

그리스도인들은 아가서를 통해 아담과 하와를 창조하시고 짝지어 한 몸으로 결혼하게 하신 분이 하나님이셨음을 기억해야 합니다(창 2:18-25). 그리스도인들의 결혼 또한 하나님께서 하신 일이니 사람이 임의로 한 몸을 나누지 못하며 온전히 지켜가야 함을 믿어야 합니다(마 19:1-9). 우리의 결혼 관계가 하나님과의 관계와 관련되어 있음을 반드시 기억해야 하는데 이것은 구약 이스라엘 백성과 하나님과의 관계에서도 나타나고(말 2:13-16; 겔 16장), 신약의 교회와 예수님과의 관계를 통해서도 알 수 있습니다(엡 5:22-33). 아가서의 지혜 여인 곧 말씀 속에서 예수 그리스도를 보아야 합니다. 왕같이 영광스럽고 제사장같이 순결하게 되도록 우리(교회/가정)를 위해 죽으시기까지 사랑하신 예수의 사랑으로 아내를 사랑하고 동일하게 남편을 귀하게 섬긴다면 아름답고 거룩한 우리의 포도원(가정/교회)을 지키고 예수님의 혼인잔치에도 참여할 수 있을 줄 믿습니다(계 19:7-9).

> ※ **아가서 전체의 중심적 내용:**
> 하나님 사랑의 능력과 풍성함과 기쁨, 온전한 사랑의 지혜

 나눔을 위한 질문

1. 아가서에서 나타난 하나님 나라의 특징은 무엇입니까?

2. 그리스도인은 이 시대의 악한 문화와 풍조에 어떻게 대처해야 합니까?

Note.

선지서 개관

◎ 주요 본문: 예레미야 24:7

내가 여호와인 줄 아는 마음을 그들에게 주어서 그들이 전심으로 내게 돌아오게 하리니 그들은 내 백성이 되겠고 나는 그들의 하나님이 되리라

하나님 나라

선지서는 어떠한 하나님 나라의 모습을 모형적으로 보여줄까요? 이사야, 예레미야, 에스겔, 다니엘의 대선지서와 12권의 소선지로서 구성된 선지서는 이스라엘 백성들을 경고하시며 심판하시고 회복과 구원을 약속하시는 예언을 통해 현재와 회복되고 완성될 미래의 하나님 나라를 보여주십니다. 선지자들이 활동하던 시대의 예언들은 주로 당시의 하나님 백성이 말씀에 불순종하여 사랑과 공의의 하나님 나라를 바로 드러내지 못함을 구체적으로 책망하시고 열국을 통해 심판하심으로써 의의 나라를 드러내십니다. 더 나아가 열국에 대한 주권적 심판과 인애를 통해 하나님 백성과 창조하신 전 우주를 에덴에서와 같은 의와 평화와 번영의 나라로 새롭게 창조하시고 완성하실 것을 말씀하십니다(사 6-12장; 65-66장; 렘 30-32장; 겔 40-48장; 호 2:14-15; 암 9:13; 습 3:14-20; 슥 9:9-10). 이렇게 선지서에서 하나님 나라의 심판과 회복과 완성은 가깝거나 먼 종말을 의미하는 "여호와 (주)의 날"에 하나님께서 오셔서 이루실 것을 반복적으로 말씀하십니다(사 13:9; 34:8; 욜 1:15; 암 5:18; 옵 1:15; 슥 1:7; 말 4:5-6).

언약

선지서에서 나타나는 언약관계를 살펴볼 때 우리는 선지서의 하나님 나라에 대해 더욱 잘 알 수 있으며 하나님 나라의 회복에 대한 진행상황도 알 수 있습니다. 이스라엘 백성의 하나님과의 언약관계는 모세오경과 역사서, 시가서에도 나타나지만 선지서에서는 아주 구체적으로 선지자들을 통해 나타납니다. 이것은 예배 생활과 이웃과의 관계에서 나타나는데 백성들이 혼합주의적 우상숭배를 하거나 이웃에게 불의를 행하여 하나님을 저버림으로 책망을 받습니다(사 1-5장; 렘 1-25장). 하나님께서는 선지자들을 통하여 올바른 예배와 인애와 의를 이웃에게 실천하여 관계를 회복하도록 요구하십니다(미 6:6-8). 백성들이 듣지 않자, 하나님께서는 여호와의 날에 심판을 행하실 것을 말씀하십니다. 그러나 심판 가운데서도 남은 자들을 두시고 바벨론에서 건져 내십니다(사 10:20, 21; 렘 16:14, 15). 종말에 직접 오셔서 의를 통해 이스라엘과 열국을 구원하시고 새 출애굽, 새 언약, 새 예루살렘과 성전, 새 왕과 새 세계를 이루실 것을 말씀하십니다(사 1:25-26; 52:13-53:12; 60-62, 64; 렘 31:31-34; 겔 47장).

그리스도

선지서에서 메시아는 여호와의 날에 하나님의 나라를 회복하고, 새로운 언약관계를 가져오는 하나님 혹은 하나님의 대표자(언약의 사자)로서 반복하여 예언됩니다(사 9:1-7; 11:1-9; 미 5:1-4; 말 3:1). 이런 목적을 위하여 고난을 당하고 심판 가운데서도 남아 있는 자들과 열국을 새 출애굽 시키는 "여호와의 종"으로도 소개됩니다(사 49:5, 6; 52:13-53:12; 60:1-3). 또한 다윗의 후손으로서 새 언약과 새 성전과 새 창조를 통해 세상에 영원한 생명을 주며 평화와 번영으로 다스릴 것을 말씀합니다(사 9:6; 51:6; 60:19; 65:17; 렘 31:35-36; 단 7:13, 14; 겔 47장). 이렇게 모든 선지서들은 종말에 오시는 메시아이신 예수님을 반복적으로 예언하고 있습니다.

〈 적용 〉

그리스도인들은 선지서를 통해 하나님 백성으로서의 삶을 늘 깊이 돌아보아야 합니다. 이스라엘 백성들이 하나님 백성으로 선택되어 출애굽과 약속의 땅을 통한 하나님의 구원과 은혜와 사랑과 공의를 받았으므로 그 하나님의 나라를 드러내는 자들이 되어야 했지만 실패하여 심판받은 것을 기억해야 합니다(고전 10:6, 11). 하나님의 선택과 예수님의 고난을 통해 하나님 자녀가 되었으므로 그 하나님과 예수님의 나라 곧 은혜와 사랑과 거룩과 공의의 나라를 생활에서 잘 드러내야 하는 사명이 있습니다. 넘어질까 조심하며 하나님의 징계와 심판을 두려워해야 합니다. 더 나아가 이미 선지서에서 약속하신 대로 예수께서 "주의 날"에 이 땅과 우주에 가져오실 새 하늘과 새 땅을 바라보아야 하겠습니다(벧후 3:10-13). 다시 오실 주님을 바라고 이 땅에 이루어질 영원한 평화와 의와 생명의 세상을 소망하고, 어려움과 유혹을 성령으로 이겨내고, 인내하면서 살아가야겠습니다.

※ 선지서 전체의 중심적 내용:
하나님 백성의 불의 대한 경고와 심판, 열국 심판, 회복과 구원의 약속, 의와 완성될 하나님 나라, 여호와의 날

 나눔을 위한 질문

1. 선지서들에 나타나는 하나님 나라의 특징은 무엇입니까?

2. 이 세상에서 교회가 드러내야 할 하나님 나라 백성의 삶은 무엇입니까?

Note.

이사야 개관

◎ 주요 본문: 이사야 52:7

좋은 소식을 전하며 평화를 공포하며 복된 좋은 소식을 가져오며 구원을 공포하며 시온을 향하여 이르기를 네 하나님이 통치하신다 하는 자의 산을 넘는 발이 어찌 그리 아름다운가

하나님 나라

이사야서는 어떠한 하나님 나라의 모습을 모형적으로 보여줄까요? 앗수르와 이집트, 바벨론 같은 나라를 의지하지 말고 열국을 주관하시는 하나님을 의뢰하라는 말씀(1-39장)과 포로에서 구속하시는 여호와의 종과 새 나라(40-66장)에 대해 말씀하는 이사야서는 하나님께서 만물을 다스리시며 종을 통해 타락한 세상을 구속하시어 새 나라를 이루실 것을 말씀하십니다. 특별히 여호와를 "이스라엘의 거룩하신 이"(1:4; 5:19; 41:14)로 강조하여 반복적으로 언급함으로써(30회) 하나님은 이스라엘의 불의를 심판하시고 긍휼로 구속하시는 왕이시며 만물의 창조주와 주권자이심을 드러냅니다(6:5; 36:16, 20; 41:21; 43:15; 44:6). 결국은 참 이스라엘인 여호와의 종을 통해 열국을 구원하시고 새 하늘과 새 땅으로 이루어지는 하나님 나라의 회복과 완성의 실현을 말씀하십니다(61:1-3; 65:17-25; 66:18-24). 여호와께서 거하심으로 말씀과 평화와 부활의 생명이 있는 새 예루살렘(시온)의 나라입니다(2:1-4; 4:2-6; 25:6-8; 26:19; 52:7; 60장).

언약

이사야서에서 언급하는 이스라엘과 하나님과의 언약관계를 살펴볼 때 우리는 하나님 나라에 대해 더 알 수 있으며 하나님 나라 회복

을 위한 하나님의 일하심도 구체적으로 확인할 수 있습니다. 이스라엘 백성들은 외식적이어서 불의한 제사 의식에 치중하고 의와 공의에 대한 말씀을 불순종함으로써 하나님을 저버렸습니다(1-5장). 특별히 이스라엘을 위하는 하나님보다 이방의 강한 제국들(앗수르, 이집트, 바벨론)을 두려워하거나 의지하였습니다(7-39장). 하나님의 백성으로서 하나님의 성품을 반영하는 윤리적인 삶을 살지 못하고 하나님을 불신한 것입니다. 하나님께서는 회개와 믿음의 여부에 따른 구속과 심판 더 나아가 임마누엘의 다윗 자손인 여호와의 종(왕)을 통한 정결과 의의 회복과 구원을 약속하십니다(1:27; 9:6-7; 32:1; 33:17; 49:15-21; 66:7-11). 포로의 상황에서도 두려움과 우상에 대한 숭배보다는 하나님의 회복에 대한 믿음으로 기다리는 남은 자들에게 새 언약(화평의 언약) 가운데서 만물의 귀환과 죄에서의 구속과 의의 새 나라를 이루실 것을 약속하십니다(40-55장).

그리스도

이사야서는 하나님의 긍휼과 인애로 이스라엘의 귀환과 구속을 이끄시고 열국과 온 만물을 하나님 나라와 백성으로 새롭게 회복하실 메시아에 대해 반복적으로 언급하십니다. 이 메시아는 먼저 유다의 불의를 해결하시고 공의의 세상을 가져오시며 모든 압제자로부터 구원하시고 평화를 가져올 다윗의 자손으로서 왕(싹, 가지)이며 하나님이신 임마누엘의 메시아로 소개됩니다(4:2; 7:14-16; 9:1-7; 11:1-10; 52:7; 65:17-25). 성령의 충만한 능력이 함께 하시며 악인과 온 우주를 심판하시어 공의와 성실로 만국을 시온에서 통치하시고 의로 가르치실 분이십니다(11:1-16; 24:21-23; 27:1; 28:16; 30:19-26; 32:1; 42:1-6; 민 24:17 참조). 또한 이 메시아는 사람으로 태어나 이스라엘을 대표하는 "여호와의 종"으로서 언약과 이방의 빛이 되어 갇힌 자를 해방하며 고난을 당하지만 죄악을 속하고 구원을 땅끝까지 이르게 하십니다(42:1-7; 49:1-6; 50:4-9; 52:13-53:12; 창 12:3 참조). 결국 다윗에게 약속하신 영원한 언약을 따라 만민의 인도자와 심판자로 희년을 선포하고 악을 심판하심으로써 하나님 나라를 회복하실 자입니다(54:9-10; 55:3-5; 61:1-3; 63:1-6).

〈 적용 〉

그리스도인들은 이사야서를 통해 하나님과의 관계와 백성으로서의 삶을 늘 돌아보아야 합니다. 예수님을 믿고 하나님을 예배하는 하나님 나라 백성의 능력을 가지고 세상과 가정에서 하나님의 성품과 말씀을 드러내는 선하고 의로운 삶을 살아야 합니다(벧후 1:3-11). 이사야 선지자가 예언한 것처럼 예수께서 종과 왕으로 오셔서 세상의 빛이 되시고 세상을 새롭게 하시고 있는 것처럼 우리 또한 예수님의 제자들로서 그분을 따라서 섬기며 죄를 이김으로써 세상을 새롭게 하는 생활을 해야 합니다(벧전 2:9, 21). 형식적이고 경건의 모양만 있는 관습적인 예배 생활과 세상을 두려워하여 불의한 힘과 우상(가치)을 의지하는 열매 없는 삶에서 벗어나야 합니다. '새 이스라엘인 우리의 거룩한 이'로서 우리와 함께하시는 하나님 앞에서 거룩하게 살아가야 하겠습니다.

> ※ 이사야서 전체의 중심적 내용:
> 이스라엘의 거룩하신 여호와, 불신과 불의에 대한 하나님의 심판, 하나님 나라의 회복과 완성, 남은 자와 언약, 여호와께서 세우시는 다윗의 자손과 종

 나눔을 위한 질문

1. 이사야에 나타난 하나님 나라의 모습은 어떠합니까?

2. 이 세상에서 교회가 드러내야 할 거룩함과 빛 된 삶은 무엇입니까?

Note.

예레미야 개관

◎ 주요 본문: 예레미야 31:31, 33

여호와의 말씀이니라 보라 날이 이르리니 내가 이스라엘 집과 유다 집에 새 언약을 맺으리라…그러나 그 날 후에 내가 이스라엘 집과 맺을 언약은 이러하니 곧 내가 나의 법을 그들의 속에 두며 그들의 마음에 기록하여 나는 그들의 하나님이 되고 그들은 내 백성이 될 것이라 여호와의 말씀이니라

하나님 나라

예레미야서는 어떠한 하나님 나라의 모습을 모형적으로 보여줄까요? 주로 유다(예루살렘)의 거짓 신앙에 대한 심판과 회개 요청(1-25장), 포로 심판과 회복에 대한 약속과 열국의 심판과 구원(26-52장)을 말씀하는 예레미야서는 하나님 나라의 공의와 주권을 잘 드러냅니다. 유다를 포함한 열국을 뽑고 파괴하며 넘어뜨리고 다시 건설하고 심으시는 하나님께서 참 왕이 되시고(1:10; 10:7, 10; 46:18; 48:15-16; 51:57) 다윗 계열의 통치자를 통해(23:5; 33:14-16) 이방인들도 복을 누리는 의와 공평과 사랑의 나라를 세우실 것을 보여줍니다(3:17; 9:24). 특별히 회개하지 못하는 자들을 돌이키시기 위해 심판하시고, 긍휼과 인애로 고치시고 돌아오게 하시어, 백성을 삼으시는 하나님의 나라를 말씀합니다(3:22; 24:7; 31:20; 32:41; 42:10).

언약

예레미야서의 하나님 나라는 유다 백성과 하나님과의 언약관계를 살펴볼 때 더 잘 알 수 있고 이것은 하나님 나라의 회복을 위한 구체적인 상황도 알 수 있게 합니다. 당시의 유다 백성은 우상숭배 곧 성

전에서 자녀를 불사르며 바알을 숭배하는 혼합 신앙을 가졌습니다(1:16; 2:20; 7:30-31; 10:4-5; 19:5; 32:35). 하나님의 신부로서의 언약 관계에 따라 성전의 제사를 행하였지만 종교적인 음행을 행하고 하나님이 요구하시는 공의와 사랑의 율법을 도구화하여 무시하였습니다(6:20; 11:15; 34:8-22). 특별히 "다윗 언약과 성전"에 대한 미신적이고도 거짓된 신앙으로 불순종하며 회개하지 않음으로 하나님과 올바른 관계를 가진 의인은 한 사람도 찾을 수 없었습니다(5:1; 7:1-11). 하나님께서는 이렇게 관계하는 유다 백성에게 회개와 순종을 촉구하시며 바벨론 왕에 의한 심판의 말씀으로 경고하셨습니다(7:21-26; 36:3, 24, 29). 결국 금광석 철필로 새겨진 것과 같은 죄로 돌이키지 않은 유다 백성을 심판하셨지만, 열국에 대한 심판과 하나님 백성의 회복과 새 마음에 새겨진 말씀에 대한 약속 곧 새 언약관계를 예언하셨습니다(31:31-34; 48:47; 49:6, 39). 유다가 불순종하여 멸망한 가운데서도 언약관계를 유지하시며 새 언약을 통해 백성을 돌이키시고 새로운 구속을 주권적으로 이루실 것을 말씀하신 것입니다.

그리스도

예레미야서는 새 언약의 시대 곧 하나님 나라의 회복을 가져오시는 메시아에 대해 말씀하십니다. 다윗 언약을 유다 백성이 신화적이고 기계적인 것으로 오용하였음에도 약속하신 대로 다윗 계열에서 오시는 의로운 왕(제사장, 싹, 가지)을 통해 새 예루살렘과 새 성전을 세우시고 의와 공의의 영원한 새 나라를 이루실 것을 말씀하십니다(23:5-6; 30:9, 21; 33:14-16; 사 11:1; 계 5:5). 새 언약을 세우셔서 백성의 마음에 말씀을 기록하시고 죄를 제거하시어 하나님을 알고 순종하는 백성이 되게 하실 것입니다(31:31-34; 신 30:6; 겔 36:26-27; 롬 12:2; 고후 3:2-3; 약 1:21; 히 10:22). 전적으로 부패하여 심판과 멸망이 불가피한 자들을 위해 하나님께서 새로운 구속자를 주권적으로 허락하신 것입니다.

〈적용〉

그리스도인들은 예레미야서를 통해 하나님과의 관계를 돌아보아야 합니다. 새 언약관계를 가져오신 그리스도 예수의 신부로서 선하고 의로운 행실로 정결하며 단정하게 살아가고 있는지 살펴보아야 합니다(계 19:6-9). 예수로 말미암는 참된 예배와 섬김을 예배당뿐 아니라 가정과 모든 생활의 영역에서 실천해야 합니다(롬 12:1-2). 말씀의 실천이 없는 형식적이고 안일한 신앙의 영역은 회개하고 돌이켜야 합니다. 예수께서 고난과 부활과 성령의 부으심을 통해 주신 은혜와 능력을 가볍게 여기거나 저버리지 않아야 합니다(히 6:4-12). 성령과 징계를 통한 하나님의 뜻을 잘 깨닫고 돌이키며 인내하여 의롭고 화목한 생활의 열매를 맺어야 합니다(히 12:5-11). 특별히 새 나라와 은혜와 구원과 성전인 교회를 알지 못하고 영원한 심판의 길로 나아가는 가정과 이웃과 친구들을 위해 예레미야나 예수님이 하신 것처럼 슬픔과 탄식으로 기도하며 전해야 합니다(눅 19:41-42).

※ 예레미야서 전체의 중심적 내용:
유다와 열국의 심판과 구원, 회개와 순종, 새 언약, 하나님의 주권과 공의와 긍휼, 의와 공의의 영원한 새 나라

 **나눔을 위한 질문**

1. 예레미야서에 나타난 하나님 나라의 모습은 어떠합니까?

2. 그리스도인으로서 새 언약을 성취하신 예수님과의 관계는 어떠합니까?

Note.

예레미야애가 개관

◎ 주요 본문: 예레미야애가 3:22

여호와의 인자와 긍휼이 무궁하시므로 우리가 진멸되지 아니함이니이다

하나님 나라

예레미야애가서는 어떠한 하나님 나라의 모습을 모형적으로 보여줄까요? 주전 586년에 일어난 예루살렘의 멸망을 탄식하는 다섯 편의 시인 애가(哀歌)는 하나님의 원수가 된 유다 백성들을 심판하시는 공의의 하나님 나라를 말씀합니다. 하나님이 거하시어 다스리시던 곳으로서 시온의 멸망은 백성들의 죄에 대한 하나님의 의로우심 때문이지 하나님의 약하심이나 무능력을 의미하지 않습니다. 애가는 하나님의 심판으로 인한 남은 자들의 슬픔, 고통, 실망, 불평, 죄책, 혼란을 강조하지만 징계 가운데서도 하나님 나라에 소망이 있음을 드러냅니다(3:1-18, 32; 5:19-22). 이러한 소망은 시온의 백성을 배반하고 조롱하는 원수들(에돔)에 대한 저주와 백성의 회개 그리고 언약에 신실하신 하나님의 인애와 긍휼에 대한 호소로 나타납니다(1:21-22; 3:19-32, 40-42, 52-66; 4:21-22).

언약

예레미야애가서에 나타나는 하나님의 나라는 유다와 하나님과의 언약관계를 살펴볼 때 더 자세히 알 수 있고 그 나라의 회복에 대한 진행상황도 알 수 있습니다. 하나님의 백성이 포로로 끌려가고 하나님이 거하시던 시온 곧 예루살렘이 파괴된 것은 유다 백성이 하나님과의 관계를 파괴했기 때문입니다(3:39). 곧 그들이 하나님과 관계하

는 자들로서 거룩하여 구별되어 생활하지 않고 우상숭배와 도덕적 타락, 곧 땅 투기, 기복 신앙, 향락적 소비, 거짓, 지적 교만, 뇌물과 불의, 약자에 대한 탈취, 강대국에 대한 의존, 선지자와 제사장들의 부패를 통해 하나님의 공의를 왜곡시켰기 때문입니다(2:2; 3:34-36; 사 5:8-25). 이에 대해 방관하지 않으시는 하나님께서 분노하시고 백성들의 원수가 되시어 징계(저주) 하신 것입니다(1:5; 2:1-9; 3:39; 4:10). 하나님과의 관계의 단절은 세상으로부터 조롱과 굴욕과 굶주림과 학살을 경험하고 평안과 소망이 없는 삶을 가져옵니다(2:14-17, 45-49). 그러나 이러한 심판에도 불구하고 하나님께서는 영원히 버리지 아니하실 것을 말씀하십니다(3:31). 고통 가운데서도 죄를 고백하며 긍휼을 바라고 기도하는 자들에게 응답하시며, 풍부한 인애와 성실로 불쌍히 여기시고, 회복과 치유로 관계하실 것을 말씀하십니다(3:22-23, 32, 40-41, 56-59).

그리스도

예레미야애가의 말씀에는 하나님 나라의 회복을 가져올 메시아에 대한 말씀이 직접적으로는 없습니다. 그러함에도 심판을 넘어서는 하나님의 인애와 성실과 긍휼에 대한 말씀은 회복될 하나님 나라에 대한 소망을 가지게 합니다(3:19-26; 출 34:5-7). 특별히 영원히 버리지 아니하시는 하나님의 언약적 신실하심은 회복과 공의를 가져오실 새 언약의 메시아에 대한 소망을 잃지 않게 합니다(3:22, 31-32; 4:20 참조; 렘 23:5-6; 31:31-34; 33:14-16). 대적은 심판하시고 남은 백성은 해방하시어 여호와께로 돌이키시는 새로운 날들을 주실 것을 말씀하시기 때문입니다(3:61-66; 5:21; 렘 24:7; 슥 14장; 말 4장). 이러한 심판과 구원의 소망은 예수 그리스도 안에서 성취됩니다(골 2:13-15; 계 19:11-21).

〈적용〉

그리스도인들은 애가서를 통해 하나님 백성으로서의 삶에 대해 하나님께서 심판하심을 알아야 합니다. 생활에서 심고 뿌린 대로 거두게 하시며 공의로 보응하시는 분임을 늘 기억해야 합니다(갈 6:8; 마 25:14-30; 히 12:5-11). 그러므로 개인, 가정, 교회적으로 그리스도인다운 생활을 하지 못한다면 애절한 슬픔과 안타까움의 애통함이 있어야 합니다(렘 9:1; 마 5:4; 눅 19:41). 혹 뼈아픈 징계 가운데 있다면 회복에 대한 소망을 가지고 겸손히 회개하며 하나님의 인애와 긍휼에 대한 믿음으로 나아가야 합니다(약 4:6-10). 또한 하나님의 불 심판이 다가오고 있음을 알지 못하고 불신과 죄악으로 나아가는 가족과 세상의 이웃들을 위해 눈물을 흘려야 합니다(롬 1:24-32). 우리의 한계를 인정하면서도 하나님의 은총을 바라면서 계속하여 말씀과 기도와 사랑에 힘써야 합니다.

※ **예레미야애가서 전체의 중심적 내용:**
하나님의 공의의 심판, 인애와 긍휼, 회복과 치유, 남은 자의 고통, 슬픔, 소망, 회개, 원수에 대한 저주

 나눔을 위한 질문

1. 예레미야애가서에 나타난 하나님 나라의 모습은 어떠합니까?

2. 하나님의 징계 가운데 있는 그리스도인은 어떻게 행동해야 합니까?

Note.

에스겔 개관

◎ 주요 본문: 에스겔 37:25b-28

…내 종 다윗이 영원히 그들의 왕이 되리라 내가 그들과 화평의 언약을 세워서 영원한 언약이 되게 하고 또 그들을 견고하고 번성하게 하며 내 성소를 그 가운데에 세워서 영원히 이르게 하리니 내 처소가 그들 가운데에 있을 것이며 나는 그들의 하나님이 되고 그들은 내 백성이 되리라 내 성소가 영원토록 그들 가운데에 있으리니 내가 이스라엘을 거룩하게 하는 여호와인 줄을 열국이 알리라 하셨다 하라

하나님 나라

에스겔서는 어떠한 하나님 나라의 모습을 모형적으로 보여줄까요? 불순종한 하나님 백성들의 죄로 예루살렘이 멸망할 것(1-24장)과 교만한 열국에 대한 심판(25-32장)과 백성들과 예루살렘 성전의 회복(33-48장)을 선포하는 에스겔서는 우상숭배하는 백성과 열국을 심판하시지만, 또한 회복하시고 함께 하시려는 하나님의 거룩과 주권과 사랑의 나라를 말씀하십니다. 거룩하신 하나님의 영광스러운 임재가 있는 나라는 죄인들과 함께 공존할 수 없으며 징계의 심판과 새롭게 하심을 통해 회복되고 세워지는 나라임을 보여줍니다(8:6; 10:4, 18; 11:23; 20:33; 43:1-9). 새로운 다윗을 통해 하나님의 임재와 평화가 있는 에덴으로 회복되는 나라를 보여줍니다(34:23-31; 36:35; 47:1-12; 48:35). 무엇보다 만물의 "주 여호와"이신 하나님과 그 나라를 맹목적으로 잘못되게 인식한 백성들을 이런 관점으로 교정하시는 말씀입니다.

언약

에스겔서에 나타나는 하나님의 나라는 하나님과 유다 백성과의 언약관계를 통해 살펴볼 때에 보다 잘 알 수 있고 하나님 나라의 회복에 대해서도 풍성하게 알 수 있습니다. 에스겔서는 하나님 백성들의 하나님과의 언약관계에서의 실패를 주전 597년 바벨론의 침공에 의해 포로가 된 사건과 관련하여 언급합니다. 하나님의 징계를 경험하고서도 유다에 남겨진 자들은 하나님의 선택이나 다윗 언약 혹은 예루살렘 성전과 이방에 대한 잘못된 믿음을 갖거나 하나님에 대한 철저한 불신과 부패로 나아갔습니다(11:3, 15-16; 13:10; 33:10-24; 7:10, 23; 8:7-12; 9:9). 이런 자들과 예루살렘을 하나님께서는 떠나시고 주전 586년에 아주 멸망하게 하십니다(10장; 16장; 23장). 바벨론에 포로로 끌려온 백성들도 안주하여 빠른 귀환이나, 우상을 숭배하고 불의를 행하며 조상의 죄를 탓합니다(13:1-16; 20:32; 18장). 하나님께서는 이런 자들에게 진정한 회개와 책임 있는 삶을 요구하시고 포로 된 곳에서도 함께 하여 관계하시며 결국 용서하시고 회복하실 것을 말씀하십니다(3:18-21; 18:2-4; 1장; 11:14-21; 16:63; 36:25, 33; 37:1-14; 48:35). 이스라엘과 열국의 주권자이신 "주 여호와"로서 다윗 왕국과 땅과 성령과 하나님의 영광스러운 임재를 새 언약 안에서 성취하실 것을 말씀하십니다(11:19-20; 16:60; 20:41-42; 36:16-32; 37:26; 38:16, 23; 39:7, 27; 43:1-9).

그리스도

에스겔서는 하나님 나라의 회복을 가져올 메시아에 대해 직접적으로 언급합니다. 곧 하나님과의 언약관계에서 실패한 유다와 이스라엘의 왕/목자 대신에 "새 다윗 왕/목자"를 약속하십니다(34:23-31; 37:24-26; 44:3; 45:7-8, 21-46:12; 48:21). 곧 선한 목자와 같이 잃어버린 양을 찾아 먹이고 보살피며 다스릴 왕으로서 이스라엘을 하나로 통일하며 화평의 언약을 맺고 백성들에게 율법을 준수하게 하는 자입니다(37:24-25; 요 10:11, 14). 심판으로 기존의 제사장과 왕을 제거하시고 이 직무들을 "마땅히 얻을 자 곧 의가 속한 자"에게 주실 것을 말씀합니다(21:25-27). 이 왕적 메시아는 하나님께서 이스라엘의 높은 산 곧 시온에 심으시는 "연한 가지"로도 언급되는데 무성하여 열매를 맺고 각양 새들이 깃들이는 견고한 백향목을 이룰 것입니다(17:22-24; 사 4:2; 11:1, 10; 렘 23:5; 33:15-18). 새 영과 새 마음과 새 성전과 새 예루살렘과 연결되어 새 피조물인 백성으로 말씀을 행하게 하며 생명으로 충만하게 하는 분입니다(36:26-27; 40-43장; 47장; 요 1:14; 4:10-14; 계 21:22; 22:1; 롬 8장; 고후 5:17).

〈 적용 〉

그리스도인들은 에스겔서를 통해 교회와 하나님 나라와 하나님과의 관계에 대해 올바른 믿음을 가지는 것이 중요함을 깨닫습니다. 잘못된 믿음과 인식은 거짓된 안전에서 평안을 얻으려 하고 결국은 징계와 심판으로 나아가게 합니다. 예수님의 복음과 새 언약에 대한 믿음은 행위와 순종을 포함합니다(약 2:21-26). 교회를 이룬 그리스도인들과 함께하시는 성령의 인도를 따라 새롭고 거듭난 선한 양심과 마음에 새기신 말씀을 바로 이해하고 순종하며 이 세대의 영적 도덕적 형편을 살피는 파수꾼의 사명을 감당해야 합니다.

> ※ 에스겔서 전체의 중심적 내용:
> 주 여호와이신 하나님의 유다에 대한 심판과 회복, 하나님의 영광스러운 임재, 새 다윗과 새 언약, 새 영과 마음, 에덴의 회복

 나눔을 위한 질문

1. 에스겔서에 나타난 하나님 나라의 모습은 어떠합니까?

2. 그리스도인은 이 시대의 영적 파수꾼으로서 어떤 사명이 있습니까?

Note.

다니엘 개관

◎ 주요 본문: 다니엘 7:13-14

내가 또 밤 환상 중에 보니 인자 같은 이가 하늘 구름을 타고 와서 옛적부터 항상 계신 이에게 나아가 그 앞으로 인도되매 그에게 권세와 영광과 나라를 주고 모든 백성과 나라들과 다른 언어를 말하는 모든 자들이 그를 섬기게 하였으니 그의 권세는 소멸되지 아니하는 영원한 권세요 그의 나라는 멸망하지 아니할 것이니라

하나님 나라

다니엘서는 어떠한 하나님 나라의 모습을 모형적으로 보여줄까요? 바벨론의 다니엘과 세 친구에 대한 이야기(1-6장, 주전 605-539년)와 제국들의 흥망성쇠와 왕들에 대한 환상들(7-12장, 주전 550-537년)로 되어 있는 다니엘서는 열국에서의 하나님의 위대하심과 만물에 대한 주권적인 통치를 강조합니다. 예루살렘과 유다를 정복한 바벨론 땅에 포로로 끌려왔지만 하나님에 대한 충성을 다하는 백성들을 형통하게 하시고 구원하심을 통해, 이방의 왕들과 백성들로 하여금 만물의 통치자가 하나님이심을 알게 합니다. 종말적 미래가 앞으로 등장할 강대국과 왕들에 의해 움직여지는 것이 아니라 이들을 심판하시고 영광스러운 나라를 세우시는 하나님과 신적 인자에게 달려있음을 말씀합니다(6:26-27; 7:8-14, 24-25; 8:23-25; 11:45). 이런 대조를 통해 현재에 지상의 왕들과 나라들을 주관하시는 하늘의 왕이신 하나님과 그분께서 종말에 신적 인자를 통해 세우실 '영원한 나라'를 반복적으로 말씀합니다(2:21, 44; 4:3, 34-37; 6:26; 7:13-14, 18, 27; 8:25).

언약

다니엘서에 나타나는 하나님 나라는 하나님과의 언약관계를 살펴볼 때보다 잘 알 수 있으며 이 언약관계는 하나님 나라의 회복에 대한 계시적인 상황도 알 수 있게 합니다. 유다 왕 여호야김과 백성들은 하나님과의 관계를 저버리고 이집트 왕을 더 의지하여 바벨론 왕을 배반하다가 하나님의 심판을 받았습니다(1:1-4; 왕하 24:1-7). 하나님께서 느부갓네살을 통해 예루살렘 성을 점령하게 하고 성전의 기물을 탈취하여 왕족과 귀족과 젊은이들을 포로로 잡아 바벨론에 데려오게 하신 것입니다. 이 젊은이들 중에 다니엘과 그의 세 친구가 있었고 이들은 하나님과의 언약관계를 중요하게 생각하여 음식을 구별하고 우상을 숭배하지 않습니다(1:7-21; 3장; 6장). 하나님께서는 이런 다니엘과 친구들의 구별된 삶을 보호하시고 시험 가운데서도 긍휼과 지혜를 주셔서 이방 왕의 왕국과 땅에서 형통하게 하십니다. 이들과 같이 포로로 있는 자들이나 포로에서 귀환한 하나님의 거룩한 백성들에게 종말에 있을 환난과 구원(부활)과 속히 이루어질 하나님의 영원한 나라를 약속하십니다(2장; 7장; 12장). 반면에 이 위대하신 하나님께 반역하는 이방의 제국들과 왕들과 사람들은 낮추시고 심판하실 것을 말씀합니다(4:30-32; 5장; 6:24; 8-9장; 11장).

그리스도

다니엘서는 하나님 나라의 회복을 가져올 메시아에 대해 직접적으로 언급합니다. 이 메시아는 하늘의 하나님이 세우시려는 영원한 나라를 세우는 데 사용되는 시온 산에서 나오는 "손대지 아니한 돌"로 비유되어 언급됩니다(2:34-45; 사 8:14; 28:16; 시 118:22; 벧전 2:4-8 참고). 이 돌로 비유된 메시아는 신상의 금, 은, 놋, 철(진흙)로 비유되는 열국을 심판하시고 하나님의 나라를 세우실 것을 말씀합니다. 네 짐승인 사자, 곰, 표범, 괴물(철 이빨과 열 뿔/눈과 입을 가진 작은 뿔)로도 비유되는 열국(바벨론/메데와 바사/헬라/로마)을 심판하시고 하늘 구름을 타고 하나님께로 나아가 영원한 나라와 권세를 받는 "인자 같은 이"로 언급되기도 합니다(7:13-14, 27; 10:5-6, 16; 시 8:4-8; 요 1:51; 12:23; 계 1:13-17 참고). 또한 70년의 안식을 끝낸 예루살렘의 재건과 함께 시작되는 일흔 이레(70×7)의 기간, 곧 죄가 끝나고 용서되며 영원한 의가 드러나는 온전한 희년/안식년(49×10)을 가져오는 "지극히 거룩한 이"인 "기름 부음을 받은 자"(메시아)로 예언됩니다(9:24-27; 사 53장; 61:1; 눅 4:18-19 참고). 결국 환난과 전쟁을 끝내시고 하나님 백성을 영생과 부활의 영원한 나라로 인도하실 자입니다(12:1-3).

〈적용〉

그리스도인들은 다니엘서를 통해 의로우시고 긍휼이 많으신 하나님을 만나야 합니다. 잘못을 심판하시지만 타락한 세상에서 거룩한 백성으로 살아가려는 자들을 보호하시고 지혜를 주시어 형통하게 하시는 하나님이심을 알아야 합니다. 하나님 백성들의 믿음과 선한 영향력을 통해 불신의 세상에 만물의 주와 승리자이신 예수님의 영원한 나라를 증거하시고 완성해 가시는 하나님의 일하심을 보아야 합니다. 특히 세상의 위협에서도 승리하신 예수와 함께 이미 하늘에 앉히신 자임을 믿는 안목을 가져야겠습니다(엡 2:1-10).

> ※ **다니엘서 전체의 중심적 내용:**
> 만물의 통치자이신 하나님, 인자 같은 이에 의한 열국 심판과 종말의 영원한 나라

 나눔을 위한 질문

1. 종말에 나타날 하나님 나라는 어떠합니까?

2. 열국의 세상 속에서 하나님 나라 백성은 어떻게 살아야 합니까?

Note.

호세아 개관

◎ 주요 본문: 호세아 2:18-20

그 날에는 내가 그들을 위하여 들짐승과 공중의 새와 땅의 곤충과 더불어 언약을 맺으며 또 이 땅에서 활과 칼을 꺾어 전쟁을 없이 하고 그들로 평안히 눕게 하리라 내가 네게 장가 들어 영원히 살되 공의와 정의와 은총과 긍휼히 여김으로 네게 장가들며 진실함으로 네게 장가 들리니 네가 여호와를 알리라

하나님 나라

호세아서는 어떠한 하나님 나라의 모습을 모형적으로 보여줄까요? 북이스라엘(여로보암 2세 이후, 주전 758-722)의 우상숭배에 대한 하나님의 심판과 회복(1-3장) 그리고 이것을 확대하여 바알 숭배와 정치적 불의에 대한 여호와의 심판과 사랑과 긍휼에 근거한 미래의 회복(4-14장)을 교차적으로 언급하는 호세아서는 공의와 사랑이 함께 있는 하나님 나라를 보여줍니다. 즉 하나님보다 부와 번영과 자기의 힘을 사랑하는 백성들을 심판의 날에 철저히 징계하시지만, 신실하신 사랑과 긍휼로 치료하시고 회복시키시는 하나님의 나라를 드러냅니다. 자연과도 새로운 관계를 맺으며 전쟁이 없는 평안한 나라를 말씀하십니다(2:18, 22). 특별히 이런 하나님 나라의 백성들이 하나님의 공의와 인애를 알고 실천하며 닮아갈 것을 말씀하십니다(2:19-20, 23; 6:6; 12:6).

언약

호세아서에 나타나는 하나님 나라는 하나님과 이스라엘의 언약관계를 살펴볼 때 좀 더 잘 알 수 있고, 종말에 이루어지는 그 나라의 회

복에 대한 상황도 알 수 있게 합니다. 호세아서는 언약관계를 많이 강조하면서 전개되는 말씀인데 특별히 결혼 관계에 비유하여 말씀하십니다. 호세아 선지자와 결혼한 고멜의 음란한 행동을 여호와와의 언약관계를 파괴한 북이스라엘의 음란함과 비교하여 말씀하십니다. 바알 숭배와 혼합주의적 신앙생활로 남편 되신 하나님을 분노하게 한 것입니다(2:11, 13; 렘 31:32 참고). 초기 이스라엘처럼 하나님께 부정을 행하고 십계명의 말씀을 버렸습니다(4:1-3; 9:10). 여로보암 2세 시대의 외적 번영을 계기로 거짓과 속임수를 통해 얻어진 풍요와 재물을 황금 송아지와 바알과 아세라와 하나님의 축복으로 착각했습니다(2:5, 12; 12:8). 그러나 창조주이시며 홀로 식물과 태의 열매를 주시는 하나님을 알지 못하여 하나님의 심판을 받습니다(2:8; 8:2-3). 하나님께서는 이러한 이들을 사랑하셔서 인애의 하나님을 참으로 알고 돌아올 것을 촉구하십니다(6:6; 14:1-3). 더 나아가 회개할 능력을 상실한 이스라엘을 심판 이후에 호세아로 고멜을 사랑하게 하신 것처럼 하나님께서 사랑하시니 이스라엘을 돌아오게 하시고 종말에 새 언약 관계로써 여호와를 남편으로 경외하여 은총으로 나아오게 하실 것을 약속하십니다(2:14-23; 3:1-5). 무엇보다도 아내 된 백성이 하나님을 알게 되어 의와 공의와 인애의 열매를 맺게 될 것을 말씀하십니다(14:4-8).

그리스도

호세아서는 하나님 나라를 회복할 메시아에 대해 직접적으로 말씀하십니다. 불순종한 이스라엘이 오랫동안 하나님의 심판을 받은 후인 종말의 날에 하나님께 돌아올 것이고 약속된 "그들의 왕 다윗"을 찾게 될 것을 말씀하십니다(3:5; 삼하 7장; 대상 17장; 시편 89편; 렘 30:9; 겔 34:23, 24; 37:24-25). 이 다윗의 후손인 메시아를 통해 하나님을 경외하므로 하나님과 그의 은총으로 나아가게 될 것입니다. 또한 이 메시아는 간접적으로 하나님이 뿌리시는 "새로운 씨"(이스르엘)나 "우두머리", "공의의 비"로서 언급되기도 합니다(1:11; 2:23; 10:12). 결국은 백성이 아니었던 자들을 하나님의 백성으로 하나님과 새로운 친밀한 관계(남편과 아버지)를 갖게 하며 공의와 인애와 의의 열매를 맺는 구원이 있게 하십니다(1:10; 2:1, 19-20; 14:4-8).

〈적용〉

그리스도인들은 호세아서를 통해 종말에 다윗의 후손으로 오셔서 우리의 신랑이 되시며 하나님이신 예수님과의 관계를 돌아보아야 합니다(마 22:1-14; 25:1-13). 예수님이 아닌 이 세상의 부와 번영과 자기의 힘을 사랑하여 살지는 않는지 살펴보아야 합니다. 친밀하게 관계하시는 하나님과 예수님을 알지 못하고 성령을 근심하게 하는 생활을 하고 있지는 않습니까? 예수의 영이신 성령과 새 마음에 심으신 말씀을 따라 예수의 나라와 의를 구하며 인애로 열매 맺는 정결한 신부들이 되어야겠습니다(마 6:33; 약 1:18, 21; 계 19:7-9).

> ※ **호세아서 전체의 중심적 내용:**
> 하나님의 공의와 인애, 남편이신 하나님과 신부 된 이스라엘, 바알 숭배와 혼합주의적 신앙, 왕 다윗

 나눔을 위한 질문

1. 호세아서가 드러내는 하나님 나라는 어떠합니까?

2. 그리스도의 신부 된 교회는 어떻게 예수님과 관계하며 행동해야 합니까?

Note.

요엘 개관

◎ 주요 본문: 요엘 2:28-32

그 후에 내가 내 영을 만민에게 부어 주리니 너희 자녀들이 장래 일을 말할 것이며 너희 늙은이는 꿈을 꾸며 너희 젊은이는 이상을 볼 것이며…누구든지 여호와의 이름을 부르는 자는 구원을 얻으리니 이는 나 여호와의 말대로 시온 산과 예루살렘에서 피할 자가 있을 것임이요 남은 자 중에 나 여호와의 부름을 받을 자가 있을 것임이니라

하나님 나라

요엘서는 어떠한 하나님 나라의 모습을 모형적으로 보여줄까요? 다가오는 심판과 회개 요청(1:1-2:17) 그리고 결국 심판과 하나님 백성의 구원(2:18-3:21)을 말씀하는 요엘서는 죄를 심판하시는 하나님의 공의와 회개하여 남은 자들을 구원하시는 하나님의 인애의 나라를 보여줍니다. 특별히 이런 하나님의 심판과 구원을 "여호와의 날"과 관련하여 언급함으로써 이런 미래의 특정한 날을 통해 하나님의 왕 되심과 공의와 인애의 하나님 나라를 드러내기도 합니다(1:15; 2:1, 11, 31; 3:14). 임박한 메뚜기 재앙 곧 하나님이 이끄시는 군대에 대한 비유를 통해 이스라엘과 열국 더 나아가 온 우주를 통치하시는 하나님의 나라를 보여줍니다(1:2-12). 하나님께서 거룩한 전쟁에 참여하시며 만민에게 성령을 부어주시어 함께하시는 영광스러운 나라를 말씀하십니다(2:10-11, 28-32; 3:1-16).

언약

요엘서에 나타나는 하나님의 나라는 하나님과 이스라엘 특히 유다 백성과의 언약관계를 살펴볼 때 좀 더 알 수 있으며 하나님 나라

회복에 대한 상황도 이해할 수 있습니다. 요엘 선지자 시대(주전 590년)에는 유다의 백성들이 하나님과의 관계에서 무엇을 잘못하였는지는 구체적으로 언급되지는 않습니다. 그러나 전후로 연결되어 있는 호세아서와 아모스서를 참조하면서 하나님께서 내리시는 심판의 형태, 곧 메뚜기 재앙으로 비유되는 이방 군대를 통한 심판과 열국에 흩어지는 심판은 유다 백성이 하나님께 불순종하였기에 주시는 언약적 저주임을 알 수 있습니다(1:2-12; 2:1-17, 25; 3:2; 암 4:9; 신 28:22, 38-42, 64). 포도주를 마시는 자들에게 깨어날 것을 요청하는 것은 유다와 예루살렘이 자기만족의 죄에 빠져있음을 말씀합니다(1:5). 이런 언약관계의 파괴에 대해 하나님께서는 심판의 날을 예고하며 회복을 위해 회개를 요청하십니다(2:13; 신 30:1-10). 언약백성과의 관계 회복을 위해 마음의 회개를 요구하시고 열국을 심판하여 멀리 떠나게 하는 거룩한 전쟁에 참여하실 것도 말씀하십니다(2:10-11, 13, 19-20; 3:9-11). 회개하여 남은 자들에게 자비를 베푸시고, 시온에 거하시어 성령을 부으시고 대적이 없는 영원한 풍성과 영광을 주실 여호와의 날도 말씀하십니다(2:28-32; 3:16-21).

그리스도

요엘서는 하나님 나라를 회복할 메시아에 대해서 간접적으로 말씀하십니다. 곧 여호와의 날에 "적당하게 내리시는 비"에 비유하여 말씀하십니다(2:23). 이 비는 회개하는 자들에게 이른 비와 늦은 비를 통해 농작물과 각종 과목과 목장을 풍성하게 하는 것과 같은 회복을 주시겠다는 비유 가운데 언급하신 말씀입니다(2:18-27). 이 비는 "공의로"(적당히) 주신 비로써 호세아서에서 "공의의 비"를 내리시겠다고 하는 말씀과 연결됩니다(10:12). 이 비는 단순한 비가 아니며 성전의 샘물과도 같고(3:18) 하나님이 함께하시는 의의 교사와 메시아적인 왕을 의미하기도 합니다(2:27; 시 72:6; 사 54:13; 요 1:38; 6:45). 여호와의 날에는 이 적당하게 내리는 비와 같은 메시아와 함께 하나님께서는 성령을 선물로 부어주십니다(2:28-32). 성령의 선물로 하나님의 큰 구원이 선포되고 하나님이 임하시는 새 창조질서로 구원과 심판이 일어날 것을 말씀하십니다(사 32:1, 15; 행 2:17-21).

〈적용〉

그리스도인들은 요엘서를 통해 가까워 오는 여호와의 날 곧 주의 재림의 날에 대한 삶의 준비가 필요합니다. 그날이 도둑과 같이 오고 있으니 거룩과 경건과 흠 없이 그날을 바라보고 선포해야 합니다(벧후 3:10-14). 매주 주일의 예배와 교제를 통해서 그날을 준비해야 합니다. 현재의 여러 어려움 속에서도 부어주신 성령으로 의와 인애로 변화되면서 다가오고 있는 영광스러운 주님의 날을 기대해야 합니다. 혹 현재의 세상 풍요에 취하여 살거나 예수만을 주님으로 섬기지 않는 자들은 심판의 날이 다가오고 있음을 두려워하며 깨어 울면서 긍휼과 은혜의 날인 지금 바로 돌이켜야 합니다(고후 6:1-2; 약 4:4-10).

※ 요엘서 전체의 중심적 내용:
여호와의 날에 있을 하나님의 심판과 구원, 남은 자들의 구원, 성령을 부어주심, 하나님의 인애와 공의, 회개, 의의 교사

 나눔을 위한 질문

1. 요엘서에서 드러나는 하나님 나라는 어떠합니까?

2. 그리스도인들은 어떻게 주님의 날을 준비하며 살아가야 합니까?

Note.

아모스 개관

◎ 주요 본문: 아모스 9:11-12

그 날에 내가 다윗의 무너진 장막을 일으키고 그것들의 틈을 막으며 그 허물어진 것을 일으켜서 옛적과 같이 세우고 그들이 에돔의 남은 자와 내 이름으로 일컫는 만국을 기업으로 얻게 하리라 이 일을 행하시는 여호와의 말씀이니라

하나님 나라

아모스서는 어떠한 하나님 나라의 모습을 모형적으로 보여줄까요? 열국과 이스라엘/유다에 대한 심판과 그 이유(1-6장), 다섯 가지 환상을 통한 이스라엘/유다의 멸망과 회복(7-9장)을 말하는 아모스서는 다른 선지서들과 같이 공의와 인애의 하나님 나라를 보여줍니다. 여로보암 2세(주전 793-753) 당시의 종교적 혼합주의와 사회적 불의와 불공평에 대한 하나님의 심판을 경고하십니다(2:7-8; 4:4-5; 5:21-23, 25-26; 8:10, 14). "여호와의 날"이 빛이 아닌 어둠의 날이 될 것이며 벧엘과 같은 거짓 제단의 파괴와 이스라엘의 총체적인 멸망을 선포하십니다(5:18-20; 7:1-9:10). 유다의 부정함과 열국의 잔인함과 신의를 저버림에 대한 심판도 말씀하십니다(1:3-2:3, 4-5). 그러나 하나님께서는 이스라엘과 유다의 멸망을 넘어 남은 자들 가운데 다윗의 무너진 장막이 종말에 회복되며 평화와 풍요의 세상이 도래할 것을 약속하십니다(9:8-15; 3:12; 5:15). 만국을 소유하며 공의와 인애로 세워지는 새 언약과 새 창조질서의 하나님 나라를 보게 하십니다(호 2:2 참조).

언약

아모스서의 하나님 나라는 하나님과 이스라엘의 언약관계를 살펴볼 때보다 더 알 수 있고 하나님 나라의 회복에 대한 하나님의 일하심도 이해할 수 있습니다. 선택된 이스라엘은 거룩한 제사장 나라로서 하나님과의 언약(신 7:6, 11; 출 19:4-6)을 지키지 못하고 잘못된 신앙생활과 물질적 풍요라는 자기만족과 거짓 안전에 거하였습니다(3장; 5:1-6:14). 곧 사마리아 왕실을 중심으로 의와 공의의 말씀이 아닌 큰 요란과 학대와 포학과 불의와 위선적 제사를 행한 것입니다. 왕의 성소인 벧엘을 중심으로 하는 종교와 권력이 안전을 빌미로 가난한 자들에게 부과한 과중한 세금으로 부를 축적하여 사치하고 속이며 우상을 숭배한 것입니다(2:6-16; 8:4-6). 그러함에도 이들은 곧 심판하시겠다는 하나님의 경고를 무시하고 거부합니다(4장). 결국 이스라엘은 환상으로 보이는 것과 같이 메뚜기, 불(가뭄), 다림줄, 여름 과일과 벧엘 제단의 파괴와 같은 언약적 저주와 포로의 심판을 받습니다(8:2, 7-10). 이스라엘뿐 아니라 율법의 말씀을 버리고 우상숭배한 유다와 다메섹을 비롯한 열국들에 대한 심판 또한 말씀하십니다(1장; 2:4-5). 열국들도 폭력과 학살과 비인간적인 행위들로 하나님의 창조 질서인 공의와 의를 행하지 않았기 때문입니다(욜 3:2-7). 이러한 가운데서도 하나님께서는 남을 자들을 두시고 불쌍히 여기시며 구원과 공의의 새 하늘과 새 땅을 이루실 것을 약속하십니다(3:12; 5:15; 9:5-16).

그리스도

아모스서는 남은 자들을 두시고 하나님께서 인애로 회복하실 하나님 나라는 다윗적 메시아를 통해 실행될 것임을 말씀합니다. 곧 "그 날"인 여호와의 날은 심판의 날이기도 하지만 다윗의 분열되고 무너졌던 장막을 회복하실 날이기도 합니다(9:11-12; 1:2). 이날에 무너진

잿더미 속에서 예루살렘을 중심으로 옛적에 약속하신 새로운 다윗이신 메시아의 나라를 세우실 것을 약속하십니다(삼하 7:11-16). 이 나라의 백성들은 에돔의 남은 자와 만국을 유업으로 얻게 될 것입니다(9:12; 민 24:18 참조). 곧 새 예루살렘인 교회를 중심으로 여호와의 이름으로 일컬어지는 모든 이방인이 그 나라에 모이게 될 것입니다(행 15:14).

〈 적용 〉

그리스도인들은 아모스서를 통해 공의의 하나님께서 그분의 백성에게 의로운 삶을 요구하신다는 것을 배워야 합니다. 은혜로 모든 것을 덮어버리는 것이 아니라 은혜로 선택을 받고 구원을 받았기에 그 은혜에 어울리는 책임 있는 삶을 요구하신다는 것입니다. 왜곡되고 자기만족적인 잘못된 믿음이나 기득권을 이용한 이기적인 인간관계를 하고 있지 않은지 돌아보아야 합니다. 이런 믿음과 관계를 계속하는 것은 하나님을 올바로 알지 못하며 예수님을 제대로 믿지 않는 신앙인임을 알아야 합니다. 사랑의 예수님을 믿는 자로서 그분을 닮은 사랑과 그 나라의 의(선)를 구하며 살아야 합니다(마 6:33; 막 12:30-31).

> ※ 아모스서 전체의 중심적 내용:
> 이스라엘과 유다의 멸망과 회복, 하나님의 공의와 인애, 이스라엘의 불의에 대한 하나님의 심판, 여호와의 날, 새 언약과 새 창조질서

 나눔을 위한 질문

1. 아모스서에서 드러나는 하나님 나라는 어떠합니까?

2. 그리스도인의 의로운 삶은 무엇입니까?

Note.

오바댜 개관

◎ **주요 본문: 오바댜 1:21**
구원 받은 자들이 시온 산에 올라와서 에서의 산을 심판하리니 나라가 여호와께 속하리라

하나님 나라

오바댜서는 어떠한 하나님 나라의 모습을 모형적으로 보여줄까요? 에돔의 멸망에 대한 심판의 말씀(1:1-9)과 그 이유(1:10-14), 열국의 심판과 이스라엘의 회복(1:15-21)을 예언하는 오바댜서는 공의와 인애로 모든 나라를 다스리시는 하나님의 나라를 보여줍니다. 여호와의 날에 이스라엘(유다)의 죄악을 심판하신 하나님께서는 이방 나라 에돔의 죄악과 배반도 심판하시는 공의의 하나님이십니다. 에돔과 같이 교만하여 높아진 나라들을 심판하시는 하나님은 하나님의 백성인 이스라엘뿐 아니라 세상의 모든 열국을 왕으로서 친히 통치하시는 하나님이십니다(1:15, 21). 이러한 가운데 이스라엘이 포로에서 돌아와 땅을 다시 차지하게 하기 위해 대적인 에돔과 모든 열국을 심판하십니다(1:19-21). 이렇게 선택하신 하나님의 백성들을 회복하시고 구원하시는 인애의 하나님이십니다.

언약

오바댜서의 하나님 나라는 이스라엘과 하나님과의 언약관계를 살펴볼 때 좀 더 구체적으로 알 수 있고 하나님 나라의 회복을 위한 상황도 잘 이해할 수 있습니다. 이스라엘 곧 하나님 백성으로 남아 있던 유다는 하나님과의 관계를 저버림으로 심판을 당하여 멸망합니다. 오바댜서에서는 하나님과 유다의 구체적인 언약관계에 대한 내

용이 없지만 에돔과 관련한 유다의 멸망에 대한 언급은 유다의 백성이 하나님과의 관계에서 실패하였음을 드러냅니다(1:10-14). 유다가 하나님과의 언약관계에서 실패한 내용은 이미 호세아서와 아모스서에서도 부분적으로 언급되고 있습니다(호 5장; 암 2:4). 유다는 바벨론을 통한 하나님의 심판으로 멸망하였는데(주전 586년) 이 과정에서 에돔은 바벨론과 협정을 맺고 유다를 더욱 괴롭게 하였습니다. 에돔은 에서의 후손으로 야곱의 후손인 이스라엘의 형제 나라입니다(1:10, 12). 한때는 속국이자 동맹이기도 했지만, 바벨론에 대항하다가 충성하여 유다를 배반하고 방관했습니다. 더 나아가 성읍과 농지를 약탈하고 유다 백성들에게 폭력을 행사하며 그들을 포로로 잡아 노예로 팔았습니다(1:10-14; 렘 27:3; 겔 25장). 공의로 이스라엘을 심판하신 하나님께서는 아모스에서와 같이 하나님이 창조하신 사람으로서의 언약과 도리를 저버린 에돔과 열국들도 심판하실 것을 말씀하십니다(1:15-16; 욜 3:19; 암 1:3-2:3; 9:11-12; 말 1:1-3; 사 34장; 렘 49:7-22; 애 4:21-22; 시 137:7). 여호와의 날에 교만한 에돔과 열국을 심판하시므로 이스라엘은 포로에서 돌아와 회복하실 것을 말씀하십니다(1:3, 8, 15, 20). 시온 산에서 이스라엘은 유업을 얻고 구원자들이 에서의 산과 만국을 심판하게 하실 것을 약속하십니다.

그리스도

오바댜서에는 하나님 나라를 회복하실 메시아에 대한 직접적인 언급은 없습니다. 그러나 시온 산의 구원자들이 열국을 대표하는 에돔을 심판하고 여호와의 나라를 이루는 것은 메시아가 행할 일을 예표하기에 충분합니다(1:21). 메시아는 지리적 안전과 경제적 부유와 정치적 동맹으로 스스로 지혜롭다 하고 하나님과 같이 높아진 교만한 에돔을 비롯한 만국을 여호와의 날에 행한 대로 심판하실 것입니다.

그러나 회개하고 돌아온 자들에게는 거룩한 시온에서 유업을 누리게 하실 것입니다(1:17). 오바댜서에서 언급된 하나님께서 행하실 모든 일은 '여호와의 날'에 오실 메시아에 의해 성취될 것입니다(1:8, 15).

〈 적용 〉

그리스도인들은 오바댜서를 통해 하나님께서는 우리가 행한 대로 심판하신다는 것을 기억해야 합니다. 하나님께서 주신 축복을 가볍게 여긴 에서나 에돔과 같이 행하지 않아야 합니다(히 12:16). 하나님의 은혜를 멸시하고 환경과 인간적 수단을 의지하여 자기 안전을 추구하면 결국 교만해져 심판받는다는 것을 알아야 합니다(잠 18:12). 세상의 교만과 부당함과 폭력을 두려워하거나 굴복하여 그 아래에서 억압받는 이웃을 방관하지 말고 천하의 왕이신 하나님의 심판하심을 믿고 함께 일어나 선으로 싸워야 합니다(눅 1:51-53). 주 예수의 날과 나라를 바라보며 하나님께서 원하시는 공의의 삶을 살아야 합니다.

※ 오바댜서 전체의 중심적 내용:
하나님의 공의와 인애, 유다의 심판, 에돔과 열국의 심판, 이스라엘의 회복과 유업

 나눔을 위한 질문

1. 오바댜서에서 드러나는 하나님 나라는 어떠합니까?

2. 그리스도인의 삶에서 실천해야 할 공의는 무엇입니까?

Note.

요나 개관

◎ 주요 본문: 요나 4:2

여호와께 기도하여 이르되…주께서는 은혜로우시며 자비로우시며 노하기를 더디하시며 인애가 크시사 뜻을 돌이켜 재앙을 내리지 아니하시는 하나님이신 줄을 내가 알았음이니이다

하나님 나라

요나서는 어떠한 하나님 나라의 모습을 모형적으로 보여줄까요? 하나님을 피해 도망하지만 감사하는 요나(1-2장)와 하나님의 부르심에 순종하지만 불평하는 요나(3-4장)를 보여주는 요나서는 공의와 긍휼의 하나님 나라를 말씀합니다. 이스라엘의 대적이며 이방인들인 니느웨 성 사람들의 죄악들도 심판하시는 공의의 하나님이시지만 회개하고 돌이키면 용서하시고 재앙을 내리지 아니하시는 인애의 하나님을 보여주십니다(4:2). 또한 하나님께서는 온 우주의 창조주로서 바다와 열국을 통치하시는 분이십니다. 부르심을 순종하지 않는 선지자 요나를 심판하시지만 회복하시고 구원하시며 그분의 주권적 공의를 알지 못할 때 깨우쳐주시는 하나님이십니다. 이런 하나님과 그분의 나라를 보여주십니다.

언약

요나서의 하나님 나라는 요나와 하나님과의 언약관계를 살펴볼 때 더욱 잘 이해할 수 있고 하나님 나라의 회복을 위한 하나님의 일하심도 알 수 있습니다. 요나는 선지자이면서 이스라엘을 대표합니다. 하나님과의 관계에서 이스라엘은 모든 이방의 빛과 거룩한 제사장 나라의 역할을 해야 하지만 목을 곧게 하며 순종으로 나아가지 않았습

니다(출 19:6). 이런 이스라엘과 같이 요나도 이방 니느웨 백성을 위한 하나님의 부르심과 사명에 순종하지 않았습니다. 니느웨가 아닌 반대 방향의 다시스로 도망하였지만 바다에 빠지며 큰 물고기 뱃속에서 3일을 지내야 했습니다. 심판 가운데 회복되어 니느웨로 가서 주신 사명을 감당하지만 적국의 백성을 용서하시는 하나님의 인애하심을 불평하고 화를 냅니다. 요나는 니느웨와 같이 동일하게 회복되었어도 하나님이 원하시는 공의와 인애의 삶을 이해하지도, 살아내지도 못합니다. 이것이 당시 언약 백성인 이스라엘의 상태입니다. 그러나 하나님께서는 아브라함과 언약을 맺으신 이래로 이스라엘을 통해 천하 만민에게 복 주시고 하나님 나라를 회복하시길 원하셨습니다(창 12:3). 니느웨 백성의 죄악 때문에 40일 후에 재앙을 내리시길 원하셨지만 이스라엘을 대표하는 요나 선지자를 통해 회개할 기회를 주시기도 하셨습니다. 노하기를 더디 하심으로 은혜와 인애를 베푸시고 회개하고 돌이키자 니느웨를 용서하시고 재앙을 내리시지 않으셨습니다. 니느웨는 에돔과 같이 심판받을 열국을 대표하기도 합니다(옵 1:15). 아담에게 언약하신 대로 니느웨를 포함한 천하 만민을 긍휼히 여기시고 구원하시는 하나님이심을 보여주십니다(2:9; 창 3:15).

그리스도

요나서에는 하나님 나라를 회복하실 메시아에 대한 직접적인 언급은 없습니다. 그러나 은혜로우시며 자비로우시고 노하기를 더디 하시며 인애가 크시사 뜻을 돌이켜 재앙을 내리지 아니하시는 하나님께서 요나와 니느웨 백성을 위하여 행하신 일들을 통해 메시아에 대한 소망을 발견할 수 있습니다(4:2). 곧 바다에서 죽을 수밖에 없는 요나를 위해 큰 물고기를 준비하시고 니느웨 성읍에서는 박 넝쿨을 예비하시며 니느웨 백성들을 아끼시고 그들이 회개하자 용서하신 것을 통해서 우리는 하나님께서 공의와 인애로 하나님 나라를 회복하실 메시아를 예비하실 것을 알 수 있습니다. 예수님은 요나가 큰 물고기 뱃속에 3일간 지낸 일을 자신이 3일간 땅속에 있을 것과 연결하시고 "요나보다 더 큰 이심"을 말씀하심으로써 요나서가 간접적으로 메시아 예수님의 사역을 증거하고 있음을 드러내십니다(마 12:38-41). 천하 만민을 위해 기꺼이 죽으시고 3일 만에 죽음에서 부활하심으로 유대인과 이방인 사이의 원수 된 것을 허시고 하나님 나라를 회복하신 것입니다.

〈 적용 〉

그리스도인들은 요나서를 통해 행한 대로 갚으시는 공의의 하나님 이시지만 니느웨와 요나에게도 인애를 베푸신 하나님이심을 알고 올바로 반응하며 살아야 합니다. 예수님 안에서 주신 하나님의 주권적 공의와 긍휼을 덧입은 자들로서 은혜를 독점하려는 악한 길에서 돌아서고 하나님의 공의와 사랑을 이웃들에게 신실이 전해야 합니다 (롬 1:10-17).

※ 요나서 전체의 중심적 내용:
천하만민에 대한 하나님의 주권적 공의와 긍휼, 인애, 온 우주를 통치하시는 하나님의 깨우치심과 기다리심

 나눔을 위한 질문

1. 요나서에서 드러나는 하나님 나라는 어떤 모습입니까?

2. 그리스도인들에게 베푸신 하나님의 긍휼은 무엇입니까?

Note.

미가 개관

◎ 주요 본문: 미가 6:8

사람아 주께서 선한 것이 무엇임을 네게 보이셨나니 여호와께서 네게 구하시는 것은 오직 정의를 행하며 인자를 사랑하며 겸손하게 네 하나님과 함께 행하는 것이 아니냐

하나님 나라

미가서는 어떠한 하나님 나라의 모습을 모형적으로 보여줄까요? 사마리아와 예루살렘에 대한 심판과 회복(1-2장), 시온의 파괴와 포로에서의 귀환과 다윗 계열의 메시아에 대한 소망(3-5장), 이스라엘에 대한 경고와 소망(6-7장)을 말씀하는 미가서는 공의와 긍휼과 인애의 하나님 나라를 보여줍니다(6:5-8; 7:18-20). 우상숭배와 사회적 불의를 행한 이스라엘과 유다의 멸망(1:2-2:11; 3:1-12; 6:1-7:6)과 회복(2:12-13; 4:1-5:15; 7:7-20)에 대한 말씀의 반복을 통하여 하나님께서 공의로 참담하고 비극적인 심판을 확실히 행하실 것과 심판의 결국은 회복을 위한 것임을 강조합니다. 더 나아가 하나님의 용서와 인애로 말미암는 미래의 회복 가운데 하나님 백성의 인애와 공의가 실행되는 하나님 나라를 말씀합니다(4:1-8; 6:8; 7:9).

언약

미가서의 하나님 나라는 이스라엘과 하나님의 언약관계를 살펴볼 때 잘 이해할 수 있고 하나님 나라의 회복을 위한 하나님의 일하심도 잘 알게 합니다. 당시 정치적 위기 가운데 있는(주전 722년 전후, 1:6-7, 10-16) 이스라엘과 유다의 백성은 하나님과의 언약관계를 파기하고 우상숭배와 불의를 행합니다(1:5-16; 6:9-16). 하나님께 제사할지라

도 일반 주민은 복술을 행하며 아세라 목상을 숭배하고(1:7; 5:12-14), 토지 부호들과 통치자들은 폭력과 속임으로 밭들과 옷들을 빼앗으며 불의한 정책을 만들고 거짓과 뇌물로 재판하며(2:1-2, 8-10; 3:1-3, 8-11a; 6:10-12, 16; 7:2-3), 선지자들과 제사장은 돈을 위하여 거짓과 교훈을 말합니다(2:11; 3:11b). 하나님께서는 언약에 관한 복과 저주의 말씀(신 28-30장)을 따라 이렇게 언약을 파기한 백성들을 고소하시며 경고하시고 가난한 자들을 변호하십니다(1:1-4; 6:1-8; 7:4, 9). 시온의 파괴(3:12; 렘 26:18-19)와 특별히 정치와 종교의 지도자들에 대해 탄식하시며 그들을 포로로 끌려가게 하실 것을 말씀하십니다(2-3장; 7:1-6; 1:8, 16; 2:10; 4:9-10; 신 28:25-42). 그러함에도 하나님께서는 남은 언약백성과의 관계를 통해 이루실 미래의 구원을 약속하십니다(4-5장; 7:8-20). 종말에 시온에서 율법을 선포하시며 아브라함 언약을 따라, 이방인을 포함한 하나님 백성의 죄를 용서하시고, 열국의 압제에서 자유롭게 하시며 그들이 인애와 의를 행하며 살게 하실 것을 말씀하십니다(4:1-5, 6-13; 5:10-15; 6:8; 7:11-13, 20; 사 2:1-4; 출 34:6-7).

그리스도

미가서는 종말에 하나님께서 이루실 이스라엘의 회복과 관련하여 메시아를 직접적으로 언급합니다. 이 메시아는 목자와 같은 왕이요 여호와로서, "이스라엘의 남은 자"를 양 떼와 같이 모아 길 곧 포로의 성문을 부수고 열어, 이들을 선두에서 안전하고 풍성한 목장으로 인도하는 자입니다(2:12-13; 사 43:16; 49:9-10; 출 12:21-22; 신 1:30-31; 슥 10:6-12; 요 10:1-16; 히 10:19-22). 좀 더 구체적으로 이 메시아는 종말에 대적들이 시온을 공격하여 고통 가운데 있을 때 유다 베들레헴의 다윗 집에서 이스라엘을 다스릴 왕의 자손으로 태어납니다(5:1-2;

룻 4:11; 삼상 17:12; 마 2:6). 영원하신 하나님으로 시온 산을 공의로 산들 꼭대기에 서게 하며, 많은 이방 열국을 포함한 하나님의 남은 백성들을 인애로 죄를 용서하시고 시온에 모아 평화의 말씀으로 목축하며 다스리십니다(5:3-6; 4:1-11; 7:9-20; 욜 3장; 슥 12, 14장; 창 12:3; 사 9:6; 마 28:19-20).

〈적용〉

그리스도인들은 미가서를 통해, 외부의 위협과 내부의 타락으로 영육의 어려운 상황 가운데 있는 하나님 백성들에게 하나님께서는 어떻게 살기를 원하시는지를 배웁니다. 공의와 인애의 하나님 나라를 이루시고 완성하실 예수님을 믿고 소망해야 합니다. 죄와 전염병으로 자기 안전과 이익에 민감해진 사람들 가운데서 안타까움으로 탄식하며 불의한 죄를 버리고 사람을 사랑하고 겸손함으로 하나님의 말씀을 실천해야 합니다(벧후 3:11-14).

※ 미가서 전체의 중심적 내용:
하나님의 공의와 긍휼과 인애, 이스라엘과 유다의 우상숭배와 사회적, 언약적 불의, 멸망과 회복, 이스라엘의 남은 자

 나눔을 위한 질문

1. 미가서에서 드러나는 하나님 나라는 어떤 모습입니까?

2. 이 시대의 하나님 백성들에게 하나님께서 바라시고 기뻐하시는 삶은 무엇입니까?

Note.

나훔 개관

◎ 주요 본문: 나훔 1:7-8

여호와는 선하시며 환난 날에 산성이시라 그는 자기에게 피하는 자들을 아시느니라 그가 범람하는 물로 그 곳을 진멸하시고 자기 대적들을 흑암으로 쫓아내시리라

하나님 나라

나훔서는 어떠한 하나님 나라의 모습을 모형적으로 보여줄까요? 전사이신 하나님께서 유다를 위로하시며 앗수르의 니느웨를 심판하시어 함락시키실 것과(1-2장), 니느웨와 앗수르 왕의 심판에 대한 조롱과 모욕(3장)을 말씀하는 나훔서는 하나님의 공의와 위로의 하나님 나라를 보여줍니다. 누구인지 명확하지 않을 수 있는 대명사들(너희, 너, 그들, 그)을 통해 하나님을 거역하는 자(니느웨)를 심판하시고 하나님의 구원을 신뢰하는 자(유다)를 위로하시고 회복하실 하나님을 말씀합니다. 백여 년 전 요나서가 회개한 니느웨에 대한 하나님의 사랑과 인애를 강조한다면 나훔서는 계속하여 잔인함과 악으로 나아가는 니느웨에 대한 하나님의 "불" 심판에 초점을 둡니다(1:6; 3:15; 주전 652-626년). 에돔과 열국에 대한 심판도 이미 말씀하신 하나님은 모든 민족들의 주권자이심을 강조합니다(사 13-23장; 렘 46-51장; 겔 25-32장; 암 1:3-2:3; 옵 1장). 열국의 주권자이신 하나님께서 불같은 공의와 사랑으로 새롭게 통치하시는 하나님 나라의 회복을 소망합니다.

언약

나훔서의 하나님 나라는 하나님과의 언약관계를 살펴볼 때보다 잘 알 수 있고 하나님 나라의 회복에 대해서도 잘 이해할 수 있습니

다. 나훔이 활동하던 시대에 하나님 백성으로서 유다가 하나님과 가진 언약관계는 나훔서에서 구체적으로 언급되지는 않습니다. 그러나 하나님께서 언약 백성들에게 어떻게 하실지는 잘 말씀하여 주십니다. 자신에게 피하는 백성들에게 환난 날에도 산성이 되시는 선하고 노하기를 더디 하시는 하나님이시지만 자신과 그의 백성을 대적하는 자들에게는 권능으로 보복하시고 진노하시는 전사이십니다(1:2-11). 하나님 백성을 괴롭히는 악인들을 심판하시고 영광을 회복하시며 화평 가운데 하나님을 예배하게 하시는 분이십니다(1:12-15; 2:2). 아브라함의 언약을 따라 하나님 백성을 저주하는 자들이 저주를 받게 하십니다(창 12:3; 옵 1장). 그러므로 언약 백성은 강한 대적들 가운데서도 하나님을 의지하여 피하며 굳게 서야 합니다(2:1). 이런 가운데 하나님께서는 일반 사람과의 언약관계에서도 공의를 행하십니다. 특별히 앗수르 왕과 니느웨 도시의 악과 잔인함과 우상숭배의 미혹에 대해 심판을 행하십니다(1:11, 14; 3:1, 4). 악에서 회개하고 돌이키는 앗수르의 왕과 니느웨 백성에게 은혜와 인애를 베푸시는 하나님이시지만(욘 3:6-4:2) 회개의 열매를 맺지 못하고 하나님을 대적하여 높아진 자들을 또한 철저히 심판하시는 하나님이기도 하십니다(3:15-19).

그리스도

나훔서에는 하나님 나라를 회복하실 메시아에 대한 직접적인 언급은 없습니다. 그러나 하나님께서 하나님 백성과의 언약관계에서 행하시는 일들을 볼 때 메시아에 대한 예언과 소망을 발견할 수 있습니다. 하나님과 하나님 백성에 대해 대적이 결코 승리하지 못하게 하신다는 말씀이 이러한 소망을 가지게 합니다. 전사이신 하나님을 대적하는 모든 열국의 세력을 "불"로 태우시며 온전한 하나님의 나라와 백성이 결국은 회복되고 영광을 누리게 될 것을 간접적으로 말씀하시기 때문입니다(2:2; 렘 9:7-10; 벧후 3:12). 이런 아름다운 소식과 화평을 전하는 자가 있게 하시고 하나님을 마음껏 예배하며 헌신할 수 있는 때를 약속하시기 때문입니다(1:15; 사 52:7). 이런 하나님의 약속을 따라 하나님 나라의 회복을 가져오시는 분은 전사이신 메시아 예수님입니다. 예수께서 세상의 왕과 모든 악을 이기시고 하나님 백성들로 평안을 누리며 마음껏 담대히 하나님께 나아가 예배할 수 있게 하시기 때문입니다(눅 1:51-54; 골 2:14-15; 계 17-18장; 19:11-21).

〈 적용 〉

그리스도인들은 나훔서를 통해 하나님의 공의와 회복을 믿어야 합니다. 하나님 백성들에게도 공의를 행하시지만, 사탄의 영적이고 육적인 공격에 대해 최후의 심판을 행하실 것을 알아야 합니다. 이 세상의 악에서 승리하신 예수님으로 위로를 얻어야 합니다(롬 8:35-39). 세상과의 타협 없이 자신을 굳게 지키며, 끝까지 사랑과 믿음의 길을 걸어가야 합니다(나 2:1; 유 1:17-21).

> ※ 나훔서 전체의 중심적 내용:
> 하나님의 공의와 위로, 니느웨에 대한 불 심판, 열국의 주권자이신 하나님, 하나님 백성의 회복

 나눔을 위한 질문

1. 나훔서에서 드러나는 하나님 나라는 어떤 모습입니까?

2. 대적하는 세상 속에서 살아가는 그리스도인의 위로와 소망은 무엇입니까?

Note.

하박국 개관

◎ 주요 본문: 하박국 3:12-13

주께서 노를 발하사 땅을 두르셨으며 분을 내사 여러 나라를 밟으셨나이다 주께서 주의 백성을 구원하시려고, 기름 부음 받은 자를 구원하시려고 나오사 악인의 집의 머리를 치시며 그 기초를 바닥까지 드러내셨나이다

하나님 나라

하박국서는 어떠한 하나님 나라의 모습을 모형적으로 보여줄까요? 유다의 폭력과 불의와 관련한 하나님의 공의에 대한 의문과 응답(1-2장), 하나님의 새 출애굽에 대한 하박국의 기도와 확신(3장)을 말씀하는 하박국서는 인애를 기반으로 하는 공의의 하나님 나라를 보여줍니다. 악을 행하는 자에게 벌을 주시지 않고 묵인하는 것처럼 보이는 하나님의 공의의 성품에 대한 의문이나 더 악한 자를 통해 불의한 자를 심판하시는 하나님의 공의에 대한 의문이 강조되고 있습니다. 하나님은 행한 대로 갚으시며 모든 악을 진멸하시지만 진노 중에서도 긍휼을 베푸십니다(3:2). 신적 용사로서 물과 해와 모든 민족을 주관하시고 끝까지 공의와 인애로 다스리시니 온 땅과 세상이 여호와의 영광을 인정하며 새롭게 창조되는 하나님의 나라를 보여주십니다(2:14, 20; 3:1-15).

언약

하박국서의 하나님 나라는 하나님과 언약관계를 살펴볼 때 보다 잘 알 수 있고 하나님 나라의 회복을 위한 상황 이해에도 도움이 됩니다. 하박국이 활동하던 시기(주전 605-599년, 여호야김)의 유다 백성은

하나님과의 언약관계를 저버리고 율법을 불순종하며 폭력과 겁탈과 분쟁과 불의를 행하였습니다(1:2-4). 이렇게 하나님의 백성이 악을 행함으로 기도하여도 응답하지 않으시던 하나님께서는 마침내 갈대아 곧 바벨론 사람을 통해 심판하시겠다고 말씀하십니다(1:5-11). 그러나 하나님께서 이렇게 거짓되고 우상을 섬기는 악인들을 통해 그의 백성을 징계하시고 열국을 멸망하게 하시는 것이 합당한 일인가에 의문을 갖게 됩니다(1:12-17). 하나님께서는 이 교만하고 거짓되어 우상을 섬기는 바벨론 사람도 멸하시고 결국은 시온의 성전에 계실 것이니 하나님 백성은 이런 하나님의 공의를 믿고 신실하게 살아야 한다고 말씀하십니다(2:1-20{4}). 상대적이고 비교적인 공의와 악의 기준이 아니라 오직 하나님의 절대적 의와 기준을 믿고 살아가는 것이 하나님의 언약 백성임을 말씀합니다. 언약의 하나님께서는 그의 백성들을 징계하시지만 긍휼을 잊지 아니하시고 새롭게 창조하시며 구원하실 것입니다(3:2, 13, 15; 출 34:6-7). 징계와 환난의 날에도 이 구원의 하나님을 인하여 즐거워하는 것이 언약백성임을 말씀하십니다.

그리스도

하박국서에는 하나님 나라를 회복하실 메시아에 대한 직접적인 언급은 없습니다. 그러나 하나님께서 인애하심 가운데 행하시는 공의 속에서 메시아에 대한 소망을 발견할 수 있습니다. 교만한 열국을 통해 하나님의 백성을 징계하시지만 우상 숭배자들에게 그의 영광을 주지 않으실 것이고 이방에 공의를 베푸실 것을 약속하셨기 때문입니다(2-3장; 사 42:1-8). 더딜지라도 반드시 바다와 같은 악의 세력을 철저히 밟으시고 시온 성전에서 임재와 영광을 나타내실 것을 약속하셨기 때문입니다(1:11; 2:3, 14, 18; 3:12-13, 15). 전사로서 구원의 말과 병거를 타시고 열국을 심판하시며 진노 가운데서도 그의 백성에게 긍휼을 베푸시어 구원하실 것이기 때문입니다(계 19:11-21). 이러한 약속과 소망은 메시아가 가져오실 새 창조와 제2의 출애굽 사건과 관련된 것입니다(사 66:22; 출 15장).

〈적용〉

그리스도인들은 하박국서를 통해 하나님의 공의를 인식하고 불의에 대해 탄식할 것을 배웁니다. 세상과 교회에 있는 불의에 대해 탄식하며 하나님의 공의를 선포하고 두려워해야 합니다. 또한 징계와 심판의 현실에서도 하나님의 긍휼과 백성을 향한 하나님의 인애를 잊지 않아야 합니다. 결국 새 언약의 백성으로서 하나님의 긍휼과 승리를 믿는 신실한 믿음으로 살아야 합니다(롬 1:17; 히 10:38). 바다와 강과 해와 모든 것을 창조하신 하나님께서 전사로 그의 아들을 보내시어 모든 악과 슬픔과 비극을 정복하게 하시고 모든 세상을 부활의 능력으로 새롭게 창조하시며 그의 백성을 구원하시기 때문입니다. 그러므로 승리의 노래를 부르며 믿음으로 이 힘든 세상에서 살아가야 합니다(히 11장).

> ※ **하박국서 전체의 중심적 내용:**
> 하나님의 공의와 긍휼, 열국을 주관하심, 유다 백성의 폭력과 불의, 악인들을 통한 심판, 하나님의 공의에 대한 믿음

 나눔을 위한 질문

1. 하박국서에서 드러나는 하나님 나라는 어떤 모습입니까?

2. 세상 속에 존재하는 교회가 탄식하며 믿고 기도해야 하는 것은 무엇입니까?

Note.

스바냐 개관

◎ 주요 본문: 스바냐 3:16-17

그 날에 사람이 예루살렘에 이르기를 두려워하지 말라 시온아 네 손을 늘어뜨리지 말라 너의 하나님 여호와가 너의 가운데에 계시니 그는 구원을 베푸실 전능자이시라 그가 너로 말미암아 기쁨을 이기지 못하시며 너를 잠잠히 사랑하시며 너로 말미암아 즐거이 부르며 기뻐하시리라 하리라

하나님 나라

스바냐서는 어떠한 하나님 나라의 모습을 모형적으로 보여줄까요? 유다를 포함한 온 땅에 대한 하나님의 심판과 애곡(1:1-18), 열방과 회개를 거부한 유다에 대한 심판(2:1-3:8), 남은 자들의 회복(3:9-20)을 말씀하는 스바냐서 또한 공의와 인애의 하나님 나라를 보여줍니다. 하나님의 공의를 도전하는 유다를 포함하여 노아의 홍수와 같은 규모로 온 세상을 불로 심판하심을 통해 하나님의 공의가 나타납니다(1:2-3, 12, 18; 2:4-3:8; 창 7:21-23). 그러나 유다의 남은 자들의 회복과 열국의 구원을 통한 하나님의 인애를 말씀하시기도 합니다(2:11; 3:9-20). 특별히 이런 하나님의 공의와 인애는 여호와의 날과 관련하여 일어납니다(1:7, 14, 18; 2:3; 3:11, 16). 반드시 도래할 이날에 여호와께서 왕으로 임하시어 심판과 구원을 베푸실 하나님 나라를 보여줍니다(3:14-20; 학 2:5).

언약

스바냐서의 하나님 나라는 하나님과 유다 백성의 언약관계를 살펴볼 때 더 잘 알 수 있고 하나님 나라 회복을 위한 진행도 잘 이해할 수

있습니다. 스바냐 선지자가 활동하던 시기(주전 623-611, 요시야 왕)의 유다 백성은 바알과 밀곰과 일월성신의 우상을 숭배하며 하나님의 공의를 무시하는 생활을 하였습니다(1:4-6, 12). 방백과 재판장들, 선지자와 제사장들도 우상숭배로 나아가며 하나님의 공의에 관심은 없고 종교 행위만 추구하였습니다(1:4, 9-13; 2:1; 3:1-4). 하나님께서는 이렇게 언약관계를 저버린 백성들을 여호와의 날에 철저히 찾아내어 심판하실 것을 말씀하십니다. 열국의 침략으로 경제가 파탄되며 집과 전답들이 황폐하여 애곡하게 될 것을 말씀하십니다(1:10-13). 그러나 심판하시기 전에 백성들이 모여 회개하며 돌아올 것을 촉구하기도 하십니다(2:1-3). 회개를 거부하는 백성들은 심판을 받겠지만 언약의 말씀을 지켜 공의와 겸손으로 여호와를 찾는 자들은 분노의 날에도 숨김을 얻을 것을 약속하십니다(2:3; 3:7). 이렇게 하나님을 경외하는 남은 자들을 정결하고 의로운 백성으로 보호하시고 칭찬과 명성을 얻게 하실 것을 말씀하십니다(3:18-20). 모압과 암몬과 앗수르와 같은 세상의 나라와 백성들에 대해서도 하나님께서는 창조와 아브라함의 언약을 따라 심판을 하시고 구원도 하십니다(2:4-15). 열국을 남은 언약 백성들의 소유가 되게 하시어 하나님을 경배하게 하십니다.

그리스도

스바냐서에는 하나님의 나라를 회복하실 메시아에 대한 직접적인 언급은 없습니다. 그러나 하나님께서 약속하시는 임재와 남은 자들의 회복과 열국에 대한 구원에서 메시아에 대한 소망을 발견할 수 있습니다(2:11; 3:9-20). 곧 여호와를 경외하고 공의의 교훈을 지키는 겸손한 자들과 이스라엘이 심판 가운데 있을 때 형벌을 제거하고 원수를 쫓아내어 이들을 숨기고 보호하시려고 여호와께서 왕으로 임하실 것을 약속하셨습니다(2:3; 3:12, 15; 슥 9:9-10; 14:9; 말 3:2; 사 24:23).

여호와의 날에 용사이신 하나님 여호와께서 백성들을 사랑하심으로 임하셔서 모으시고 구원하시고 온 세상에서 칭찬과 영광을 얻게 하실 것을 약속하셨습니다. 이런 여호와의 날에 일어나는 하나님 임재와 심판과 구원은 신약에서 메시아이신 예수 그리스도의 날의 임재와 심판과 구원으로 연결되기 때문입니다 (롬 2:16; 고전 1:8; 빌 1:6, 10; 2:16; 딤후 4:8; 계 16:14-16; 갈 3:14, 26-29).

〈 적용 〉

그리스도인들은 스바냐서를 통해 하나님의 공의의 징계와 심판을 보고 그 원인이 되는 교만과 폭력과 불의와 탐욕의 우상숭배에서 떠나야 합니다. 이 새로운 시대의 남은 자들로서 거짓과 교만의 옛 세상의 세력과 싸우며 그리스도의 재림의 날에 이루어질 온전한 구원을 기뻐하며 소망해야 합니다. 한편으로 구원을 베푸시는 용사와 왕으로 오신 하나님이신 그리스도 예수를 통해 이루어지는 온 땅의 변화와 회복을 경험하는 자들로서 하나님의 교훈을 지키며 이웃에게 공의를 행하는 겸손한 삶을 살아야 합니다 (약 4:6-10).

※ 스바냐서 전체의 중심적 내용:
하나님의 공의와 인애, 열국과 유다에 대한 심판, 남은 자들의 회복과 열국의 구원, 여호와의 날

 나눔을 위한 질문

1. 스바냐서에서 드러나는 하나님 나라는 어떤 모습입니까?

2. 새 언약 시대의 남은 자들인 그리스도인들은 이 시대에 무엇을 행해야 합니까?

Note.

학개 개관

◎ 주요 본문: 학개 2:6-7

만군의 여호와가 이같이 말하노라 조금 있으면 내가 하늘과 땅과 바다와 육지를 진동시킬 것이요 또한 모든 나라를 진동시킬 것이며 모든 나라의 보배가 이르리니 내가 이 성전에 영광이 충만하게 하리라 만군의 여호와의 말이니라

하나님 나라

학개서는 어떠한 하나님 나라의 모습을 모형적으로 보여줄까요? 성전 재건으로의 부르심(1장), 성전 재건과 새 성전의 영광(2:1-9), 부정한 백성들과 복(2:10-19), 열국의 심판과 여호와의 인장이 될 스룹바벨(2:20-23)을 보여주는 학개서는 성전의 재건을 통해 공의와 영광의 하나님 나라를 말씀합니다. 열국의 방해로 중단되었던 성전 재건을 독려하시는 하나님께서는 성전 재건보다 자기의 관심을 좇으며 재건을 미루는 백성들에게 이미 심판을 행하셨음을 말씀하십니다(1:6; 2:16, 19). 함께 하심을 통해 성전 재건이 재개되게 하시며 재건된 성전의 이후에 있을 영광과 평안과 백성들의 정결과 복과 열국에 대한 심판과 다윗 후손의 세워짐에 대해 말씀하십니다(1:13-14; 2:7-23). 이렇게 하나님께서 친히 말씀과 임재를 통해 회복하시고 세워가시는 공의와 영광의 하나님 나라를 보여줍니다.

언약

학개서의 하나님 나라는 하나님과 포로에서 돌아온 백성들과의 언약관계를 살펴볼 때 더 잘 알 수 있고 하나님 나라의 회복을 위한 하나님의 일하심도 잘 이해할 수 있습니다. 하나님과 언약관계에 있으

며 1차로 포로에서 돌아온 "남은 백성들"은 하나님의 명령을 따라 주전 537년 2월에 성전 재건을 위한 지대의 기초는 놓았지만, 이 땅에 남아있던 백성들과 페르시아의 방해로 재건을 중단해야 했습니다(스 3:8-13; 4:1-5). 17년 후인 주전 520년 다리오 왕 때에 성전을 재건할 기회를 가졌지만, 이번에는 백성들이 국제적 정세와 가뭄과 흉년을 이유로 재건을 미루었습니다(1:2). 그러나 자신들의 집을 건축하는 데는 신속했습니다. 이런 상황에서 하나님께서는 그들에게 가뭄과 흉년의 재앙은 하나님의 성전 재건을 거부한 것에 대한 언약적 저주라고 말씀하십니다(1:1-11; 신 28:20-48). 이런 말씀을 들은 백성들은 하나님의 감동하게 하심을 통해 성전 재건을 재개하지만 성전 재건은 부질없는 작은 일에 불과하다는 불평으로 3개월간 다시 어려움을 겪습니다(1:14; 2:3; 슥 4:10). 하나님께서는 다시 말씀과 성령으로 계속 함께 하실 것을 강조하시고 이후에 열국을 심판하실 것이며 솔로몬의 성전보다 더 큰 영광과 평강을 성전이 가질 것에 대해 약속하십니다(2:5-9; 출 29:45-46). 성전 재건으로 말미암아 정결함과 복을 주시고 다윗의 후손이 다스리는 나라를 세우실 것을 말씀하십니다.

그리스도

학개서에는 하나님 나라를 회복하실 메시아와 관련된 직접적인 말씀이 있습니다. 하나님께서 하늘과 땅과 바다와 육지와 모든 나라를 진동시키실 때에(2:6-7a, 21-22) 모든 나라의 보배(사모하는 것/자)가 이를 것이고 성전에 큰 영광과 평강이 충만하게 될 것을 말씀하기 때문입니다(2:7-9; 사 2:1-4; 60:5-7; 61:6; 미 4:13; 습 3:10; 슥 14:12-16; 8:22; 고후 4:7 참고). 종말의 "그 날"에 큰 영광과 평강으로 성전을 충만하게 채우는 보배는 스룹바벨과 같은 다윗의 후손이며 여호와께서 택한 종으로서 하나님의 인장 곧 왕권을 가집니다. 하나님께서 열국의 보좌들을 심판하시고 그날에 열국이 사모하는 왕 곧 메시아를 세우실 것을 말씀하십니다(2:21-23). 온 세상이 사모하는 분으로 죄와 죽음의 세력을 심판하시고 성전을 이루시어 큰 영광과 평강으로 채우실 그리스도 예수를 예언하는 말씀입니다(요 1:14; 2:19-21; 계 21:22, 26).

〈적용〉

그리스도인들은 학개서를 통해 보배로운 산 돌이신 예수 그리스도께서 지어가시는 거룩한 성전의 건축에 우선적으로 참여해야 함을 깨달아야 합니다(벧전 2:4-8). 모든 나라의 백성들이 모퉁이 돌이 되신 예수 그리스도와 연결되어 성령이 거하시는 성전으로 건축되도록 수고해야 합니다(엡 2:13-22). 혹 이런 성전(교회)과 하나님 나라 건설에 상황을 탓하거나 자기 관심에만 집중하여 소홀히 하고 있지 않은지 살피고 돌아봐야 합니다. 더 나아가 그리스도께서 성전 된 우리 안에서 이루시고 완성하실 아름다운 복과 하나 되는 평화와 임마누엘의 영광을 흔들림 없이 어둠의 세상에서 선포해야 합니다(벧전 2:9-12).

※ 학개서 전체의 중심적 내용:
하나님의 공의와 영광, 성전 재건과 나중 영광, 언약적 저주, 하나님 백성들의 정결과 복, 열국에 대한 심판

 **나눔을 위한 질문**

1. 학개서에서 드러나는 하나님 나라는 어떤 모습입니까?

2. 그리스도인들이 이 시대에 건축하고 건설해야 하는 것은 무엇입니까?

Note.

스가랴 개관

◎ 주요 본문: 스가랴 14:9

여호와께서 천하의 왕이 되시리니 그 날에는 여호와께서 홀로 한 분이실 것이요 그의 이름이 홀로 하나이실 것이라

하나님 나라

스가랴서는 어떠한 하나님 나라의 모습을 모형적으로 보여줄까요? 환상들을 통해 보여지는 성전 재건과 열국 심판과 새로운 삶(1-8장), 천하의 왕을 통한 하나님 백성의 영광스러운 미래와 열국의 심판과 구원(9-14장)을 보여주는 스가랴서는 공의와 회복과 영광의 하나님 나라를 말씀합니다. 성전 재건을 독려하며 성전 재건은 열국의 심판과 시온의 회복, 더 나아가 하나님이 임하시어 새로운 창조질서의 확립을 가져옴으로써 하나님의 공의를 증거하는 표지가 될 것을 말씀합니다(6:12; 9:9; 14장). 성전 재건과 함께 하나님의 공의가 나타나는 "여호와의 날"인 "그 날"에는 온 천하의 왕이신 하나님께서 시온에 왕으로 돌아오시어 다스리시고 흩어진 남은 백성들을 다시 모으시며 회복하시는 나라를 보여주십니다(8:1-3; 9:9-10; 14:9, 16-17). 또한 그 날에는 열국이 하나님을 경배하는, 평화롭고 영광스러운 하나님 나라에 대해 말씀하십니다(8:20-23; 9:6-7; 12:3-9; 14:16-19).

언약

스가랴서의 하나님 나라는 하나님과 포로에서 귀환한 백성들과의 언약관계를 살펴볼 때 더 잘 알 수 있고 하나님 나라의 회복을 위한 진행도 잘 이해할 수 있습니다. 하나님과 언약관계에 있는 포로 귀환 공동체는 포로에서 돌아왔지만, 옛적 선지자들이 예언한 것처럼 열

국 심판과 시온의 회복과 새 창조질서가 세워지지 않자 하나님의 공의에 의문을 가집니다(1:11). 이런 이유로 성전 재건을 작은 일로 여기며 무관심하다가 돌이킵니다(1:6; 4:10; 학 2:3, 18). 이런 가운데 하나님께서는 성전 재건을 독려하시며 메시아를 통해 이루어질 열국 심판과 시온의 회복에 대한 약속을 강조하십니다. 성전 재건은 옛적 선지자들을 통해 약속하신 것들이 성취되는 시작점임을 말씀하십니다(8-14장; 학 2장). 한편으론 옛적 선지자들이 말했던 것처럼 우상숭배와 탐욕(가나안 사람)에서 인애와 공의와 긍휼로 돌아와야 한다고 경고하십니다(1:4-6; 7:7-12; 8:16-19; 14:21). 귀환자들이 다시 흩어질 것도 예언하심을 통해, 지금의 귀환은 진정한 포로에서의 회복이 아님을 말씀하십니다(8:7-8; 10:9; 12:1-9). 거짓 목자와 열국에 의하여 예루살렘이 환난에 있게 될 것이지만 온 천하의 왕이신 하나님께서 결국 승리하시며 남은 자들을 은혜로 진정 회복하실 것도 약속하십니다(8:1-3; 9장; 11:1-6, 14-17; 14:2, 7-11).

그리스도

스가랴서에는 하나님 나라를 회복할 메시아에 대한 직접적인 말씀들이 많이 있습니다. 무엇보다도 "그 날"에 성전을 건축하며 공의와 회복을 가져올 시온의 왕과 대제사장으로 언급되고 있습니다. "여호와의 종"으로서 하나님이 나게 하시는 "싹"과 "7개의 눈을 가진 돌"로 묘사되며 이 땅의 죄악을 하루에 제거해 버릴 분입니다(3:8-10; 사 4:2; 28:16; 42-53장). 이분은 대제사장 여호수아와 그의 동료들에 의해 예표되며, 죄를 제거하는 그 날은 하나님 백성들이 포도나무와 무화과나무 아래로 초대되는 행복과 평화의 날이 될 것입니다(미 4:4). 이분의 예표인 대제사장 여호수아에게 면류관을 씌우고 "싹이라 이름하는 사람"이 돋아나서 성전을 건축하여 왕과 제사장으로서 영광을 얻고 다스릴 것을 말씀합니다(6:9-15). 죄악이 제거되고 평화 한 가운데 먼 곳의 이방인들도 이 성전 건축에 참여할 것입니다(6:15; 행 2:39). 공의와 구원과 화평을 가져오시는 시온의 왕과 목자(9:9-10, 16)로 나귀 새끼를 타시며 거짓 목자와 열국을 심판하십니다(12:9). 은 30에 팔리며 찔림을 받고 온 땅은 통곡하며 죄 용서를 받습니다 (11:4-13; 12:10; 13:1, 7).

〈 적용 〉

그리스도인들은 스가랴서를 통해 학개서에서와 같이 그리스도 예수께서 이루어 가시는 성전 된 교회와 하나님 나라 건설에 늘 관심을 가지고 살아야 합니다(엡 2:13-22). 혹 현실적으로는 말씀대로 세상이 변하는 것 같지 않아도 제사장적 교회를 통해 예수님이 새 세상을 이루시고 완성해 가심을 믿고 더욱 주의 일에 힘써야 합니다(고전 15:57-58).

※ 스가랴서 전체의 중심적 내용:
하나님의 공의와 회복, 영광, 성전 재건의 의미, 열국의 심판과 시온의 회복, 여호와의 날, 열국의 예배, 새 창조 질서, 인애와 공의와 긍휼

 나눔을 위한 질문

1. 스가랴서에서 드러나는 하나님 나라는 어떤 모습입니까?

2. 그리스도인들이 이 시대에 관심을 가지고 힘써야 하는 일은 무엇입니까?

Note.

말라기 개관

◎ 주요 본문: 말라기 1:11, 14

만군의 여호와가 이르노라 해 뜨는 곳에서부터 해 지는 곳까지의 이방 민족 중에서 내 이름이 크게 될 것이라 각처에서 내 이름을 위하여 분향하며 깨끗한 제물을 드리리니 이는 내 이름이 이방 민족 중에서 크게 될 것임이니라…나는 큰 임금이요 내 이름은 이방 민족 중에서 두려워하는 것이 됨이니라 만군의 여호와의 말이니라

하나님 나라

말라기서는 어떠한 하나님 나라의 모습을 모형적으로 보여줄까요? 하나님의 사랑과 하나님을 향한 올바른 제사(1:1-2:9), 형제와의 올바른 관계와 결혼(2:10-16), 하나님의 공의와 백성들의 불의에 대한 경고(2:17-4:6)를 말씀하는 말라기는 공의와 순종의 하나님 나라를 보여주십니다. 하나님과 포로에서 귀환한 백성들 사이의 여섯 번에 걸친 변론으로 진행되는 말라기 말씀은 하나님의 사랑과 공의에 대한 백성들의 의심과 체념을 반영하고 있습니다(2:17; 3:14). 이런 가운데 하나님은 긍휼과 신실에 기초한 사랑하심(1:1-5; 3:6)과 악과 불의를 심판하시는 날을 약속하십니다(3:1-5; 4:1). 그들에게 불의와 우상숭배를 경고하시며 올바른 제사(1:6-2:9)와 십일조(3:6-12)와 이웃 관계와 결혼(2:10-16)과 같은 율법 순종을 요구하십니다(4:4-6). 크신 왕으로서 열국을 통치하시는 "만군의 여호와"(23회)의 나라가 공의와 인애와 순종으로 이루어지는 나라임을 보여주신 것입니다(1:11, 14).

언약

말라기에서의 하나님 나라는 하나님과 포로에서 귀환한 백성들과의 언약관계를 살펴볼 때 더 잘 알 수 있고 하나님 나라의 회복을 위한 진행도 잘 이해할 수 있습니다. 말라기 시대의 하나님 백성은 성전 재건(주전 515년) 후 느헤미야가 활동하던 때(주전 445-430)에 사람들로서 하나님과의 관계에서 올바로 살지 못했습니다. 성전이 재건되고 제사장들이 있었지만 성전 제사를 멸시하고 물질로 헌신하지 않았습니다(3:8-10). 제사장들은 율법의 말씀을 올바로 가르치지 않고 부패하였습니다(1:6-2:9). 백성들은 거짓과 우상숭배를 행하며 가난한 자를 압제하고 이방인들과의 결혼을 위해 이혼을 하기도 하였습니다(2:10-16; 3:5). 이렇게 언약을 파기하고도 이들은 오히려 하나님이 열국심판과 공의의 언약을 지키지 않는다고 항변하였습니다(2:17; 3:14). 이런 그들에게 하나님은 흠 있는 제사를 기뻐하지 않으니 성전 문을 닫으라 하시며(1:10) 율법을 순종함으로 불의와 언약적 저주에서 돌이키도록 경고하십니다(3:7). 또한 변함없이 주권적으로 사랑하시지만 돌이키지 않으면 여호와의 날에 심판하시고 돌이키는 자들에게는 구원이 있을 것을 말씀하십니다(4:1-2). 크신 왕, 만군의 여호와로서 악인들(열국)을 심판하시지만 열국을 구원하실 것도 약속하십니다(1:13; 3:2-5). 결국 언약에 신실하심으로 공의와 인애를 행하십니다.

그리스도

말라기는 하나님의 나라를 회복할 메시아에 대해 직접적으로 말씀합니다. 하나님이 공의를 행하지 않으신다는 백성들의 주장과는 달리 하나님께서는 여호와의 날에 "언약의 사자" 곧 "주"를 보내시어 백성과 나라를 공의로 심판하시며 정결하고 의로운 제물도 하나님께

바치게 할 것을 말씀하십니다(3:1-5; 1:11, 14; 출 23:17-23; 사 10:16). 이분이 이런 일을 행하시기에 앞서서 엘리야 선지자 같은 하나님의 사자를 미리 보내어 준비하실 것도 말씀하십니다(3:1; 4:5; 사 40:3-5). 또한 하나님을 경외하는 자들에게 이분은 "의의 태양"과 같아서 치료와 기쁨을 주시고 악을 이기게 하시는 분임을 말씀합니다(4:2; 렘 23:5-6; 33:15-16). 이분에 대한 일들은 새 언약의 사자이신 그리스도와 연결이 됩니다(마 3:1-3; 막 1:2-3; 요 1:19-23; 히 8:8-13; 12:24; 눅 1:76-79; 7:18-35).

〈 적용 〉

그리스도인들은 말라기서를 통해 현실을 잘 인식하며 하나님과의 관계를 잘 돌아보아야 합니다. 하나님의 공의가 집행되지 않는 것 같은 현실에서도 크신 주께서 우리의 일상에 관여하고 계심을 믿어야 합니다. 인간적 어려움과 신앙적 무기력 가운데 하나님의 사랑을 의심하거나 하나님을 멸시하는 불의한 길로 나아가서는 안됩니다. 오히려 예수님의 새로운 피조물과 제사장들로서 하나님을 올바로 예배하며 가족과 이웃에게 아름답고 선한 빛 된 생활을 해야 합니다(벧전 2:9). 이런 매일의 삶으로 악을 완전히 제거하시고 온전한 치료와 기쁨과 승리를 가져다주실 예수님의 재림을 잘 준비해야 합니다.

※ **말라기서 전체의 중심적 내용:**
하나님 사랑과 공의와 긍휼, 올바른 제사와 십일조, 이웃 관계와 결혼에 대한 율법 순종, 언약의 사자

 나눔을 위한 질문

1. 말라기서에서 드러나는 하나님 나라는 어떤 모습입니까?

2. 그리스도인들은 예수님의 재림을 어떻게 준비해야 합니까?

Note.

구약개관 정리

하나님 나라

구약은 어떠한 하나님 나라의 모습을 보여줄까요? 온 우주의 창조와 인류의 타락과 구속, 이스라엘의 시작과 구속(모세오경), 이스라엘의 정착과 타락과 포로와 귀환(역사서), 이스라엘의 고통과 기쁨과 지혜와 경외(시가서), 이스라엘에 대한 심판과 회복과 우주의 새 창조(선지서)를 말씀하는 구약은 하나님 나라의 원형과 회복될 하나님 나라의 모형을 보여줍니다. 우주의 창조와 함께 이 땅에 시작된 하나님 나라는 하나님의 말씀의 권능과 통치 질서와 임재와 사랑(복)의 나라를 특징으로 합니다(창 1-2장). 말씀의 통치 질서에 대한 반역으로 파괴된 하나님 나라는 "여호와의 날"에 회복과 완성에 이르기까지 부분적으로 그 나라의 실체를 구약에서 나타냅니다. 우주의 왕이신 하나님의 임재와 말씀(지혜) 통치에 따른 개인적이고도 우주적인 생명과 형통(새 창조와 안식과 회복)과 거룩(공의와 고난과 심판)과 인애의 복(은혜와 영광)이 있을 위대한 나라를 미리 보여줍니다(창 3장-말).

언약

구약에서의 하나님 나라는 사람과 이스라엘과의 언약관계를 통해 전개됩니다. 하나님께서는 창조된 아담과 하와에게 왕권을 부여해 주시고 순종하며 모든 피조물을 가꾸고 돌보는 통치를 하도록 관계하셨습니다(창 1-2장). 그러나 불순종의 반역으로 그 관계를 파괴하여 불법의 왕인 사탄이 죄와 죽음으로 지배하는 세상을 가져왔습니다(창 3장). 그러함에도 하나님께서는 아담과 하와와의 관계를 지속하시고 타락 전의 관계와 그 나라의 회복을 주권적으로 약속해 주십니다(창 3:15). 이런 가운데 선택하신 셋과 아브라함의 후손인 이스라엘을 이집트에서 구원하시어 하나님의 제사장 나라로 세우시고 관계하십니다(출 19:6). 광야의 이스라엘은 우상숭배와 불평으로 관계를 파괴하지만 하나님께서는 제사와 말씀을 통해 관계를 새롭게 회복하시고 약속하신 땅에 정착하게 하십니다(레-수). 그러나 이스라엘은 주신 땅에서도 우상숭배와 불의한 생활로 하나님을 저버림으로써 그 땅에서 쫓겨납니다(삿-대하). 하나님께서는 이런 심판 전에 선지자들을 통해 올바른 예배와 공의와 인애의 삶으로 돌아오도록 경고하셨습니다(사-겔, 호-습). 멸망과 관련하여 회복과 지혜의 말씀도 주시고 포로 상태에 있을 때에는 위로와 귀환의 소망도 주셨습니다(선지서, 시가서). 결국 하나님께서는 이스라엘을 귀환하게 하시고 관계를 복구하시며 시온을 재건하십니다(스-에, 학-말). 아담, 아브라함, 이스라엘과 맺으신 언약에 신실하시기에 하나님 나라의 회복과 완성을 위한 새 언약의 관계에 열심을 보여주십니다.

그리스도

구약에서 메시아에 대한 말씀은 하나님의 나라 회복과 언약관계에서 중심적인 내용을 차지합니다. 아담과 하와의 타락으로 파괴된 언약관계와 하나님 나라는 하나님이 약속하시는 "그 여인의 후손(씨)"에 의하여 온전한 회복이 이루어집니다(창 3:15; 갈 3:16). 이 후손은 아담 이후에는 종말에 아브라함의 후손으로서 유다 계보에서 오실 왕과 선지자와 제사장적 인물로도 약속됩니다(창 22:13-18; 49:8-12; 민 24:7-14; 신 18:15; 삼상 2:35; 시 110편). 더 나아가 다윗의 후손으로서 여호와의 집인 성전을 세우는 하나님의 아들임을 드러냅니다(삼하 7:9-19). 여호와의 날에 임하는 "언약의 사자"요(말 3:1) 고난을 당하는 "여호와의 종"과 "인자"로서 새 출애굽과 새 언약과 새 성전과 새 창조를 가져오는 분입니다(사 52:13-53:12; 렘 31:35-36; 겔 47장; 단 7:13-14). "지혜의 말씀"으로 천하만민의 복을 위해 죽음과 부활로 나아가는 메시아입니다(잠 8장; 시 22편).

〈적용〉

그리스도인들은 구약을 통해 원래의 하나님 나라가 가진 하나님 사랑의 능력과 아름다움을 보며, 그리스도 안에서 이미 회복되고 재림의 날에 완성될 하나님 나라의 은혜와 영광의 실체를 맛볼 수 있습니다. 예수께서 새롭게 이루어주신 하나님과의 관계를 성실하게 가짐으로써 성령 하나님의 인도를 따라 공의와 인애의 백성으로 살아갈 수 있습니다.

※ **구약 전체의 중심적 내용:**
하나님 나라의 원형과 회복될 하나님 나라의 모형들, 여호와의 날, 우주의 왕이신 하나님과 그 말씀의 통치, 생명과 형통, 거룩함과 공의와 인애의 복, 새 창조와 새 언약, 새 출애굽과 새 예루살렘

나눔을 위한 질문

1. 구약에 나타난 하나님 나라는 어떤 모습입니까?

2. 그리스도인들은 예수님 안에서 회복되고 완성되는 하나님 나라를 어떻게 경험하며 그 나라를 위해 무엇을 해야 합니까?

Note.

신약성경 개관

신약개관 서론

◎ **주요 본문: 마태복음 12:28**
그러나 내가 하나님의 성령을 힘입어 귀신을 쫓아내는 것이면 하나님의 나라가 이미 너희에게 임하였느니라

하나님 나라

신약은 어떠한 하나님 나라의 모습을 보여줄까요? 예수님의 하나님 나라 복음과 이 복음을 증거하는 교회의 사역(복음서와 사도행전), 바울을 통해 주신 교회생활(바울서신: 롬-몬), 다른 사도들을 통해 주신 교회생활(공동서신: 히-유), 교회의 믿음과 승리(계)를 말씀하는 신약은 하나님 나라의 회복과 완성과 함께 그 나라 백성의 생활을 보여줍니다. 구약이 하나님 나라의 원형(시작)과 모형으로서 하나님 나라를 보여주었다면 신약은 약속되고 예표되었던 그 하나님 나라가 예수님 안에서 회복되고 실제적으로 나타나는 것을 말씀합니다(마 11:11-13; 눅 7:28). 하나님 나라의 회복은 "때(주의 날)가 차매" 오신 예수님의 선포와 사역에 의해 시작되고 진행됩니다(마 4:17, 23{천국}; 막 1:14-15).

성령으로 모든 병과 약한 것을 고치시고 악한 영(귀신)의 퇴치와 죄의 용서와 죽음에서의 승리인 부활을 통해 그 나라의 실제를 드러내십니다(마 1:21; 4:23; 12:28; 눅 11:20; 행 1:3). 제자들과 교회의 복음 전파와 예수의 영이신 성령 안에서 나타나는 의와 평강과 희락으로 은혜의 나라를 드러내십니다(행 28:31; 롬 14:17; 고전 4:20). 그러나 이런 하나님 나라의 완성은 "주의 날"인 예수님의 재림에 의해 이루어집

니다(벧후 3:10-13). 온 우주가 왕이신 예수님의 나라로서 새롭게 창조된 하늘과 땅과 예루살렘과 백성으로 이루어지며 하나님이 친히 함께하심으로 대면하여 교제하며 질병과 사망이 없이 생명과 의가 충만한 영광의 나라입니다(계 11:15; 21:1-7, 26; 22:1-5).

언약

신약이 보여주는 이런 하나님 나라는 새로운 언약관계에 기초하고 있습니다. 구약을 통해 이미 보여주신 것처럼 하나님께서는 만물을 대표하는 처음 사람 아담이 하나님과의 관계에 실패하자 메시아를 통해 관계를 회복하고 하나님 나라를 회복하며 완성하시길 원하셨습니다. 하나님에 대한 아담 이후의 사람들과 이스라엘의 불순종에 의한 관계 실패를 통해 새롭고도 온전한 관계를 위한 새로운 대안 곧 메시아의 필요성을 계속 알게 하셨습니다(히 8:8-13). 신약은 이 메시아 곧 그리스도이신 예수께서 그의 피를 통해 이루신 새 언약을 통해 하나님과 그의 백성이 새롭고도 온전한 관계를 가지게 되었으며 이를 통해 하나님 나라가 회복되고 있음을 말씀합니다(눅 22:20; 렘 31:31-34). 여기서 그리스도는 새 언약의 중보자로서 왕이신 하나님을 대표하며 또한 그의 백성을 동시에 대표하십니다(롬 5:19; 요 1:18). 그러므로 이 새 언약은 그리스도 예수에 의해 성립되고 영원히 계속되는 화평의 언약입니다(겔 37:24-26). 이 새 언약 관계에서 하나님 나라의 백성은 예수 안에서 예수의 영(성령)을 통해 하나님을 사랑하고 하나님의 말씀과 뜻에 온전히 순종하며 위임하셨던 왕권을 회복하는 백성이 됩니다(롬 8:1-14; 계 22:5). 예수님의 재림을 통해 하나님 나라가 완성될 때까지 경건한 생활 가운데 그 나라를 경험하고 증거하며, 항상 이런 주의 일에 더욱 힘쓰는 자들이 됩니다(고전 15:58).

그리스도

신약에서 하나님 나라와 그 나라 백성의 언약관계는 모두 그리스도이신 예수님을 중심으로 보여집니다. 구약에서 하나님이 약속하신 "그 여인의 후손"과 아브라함과 다윗의 후손으로서 "여호와의 날"에 오신 메시아이신 예수님은 다윗의 후손인 요셉과 약혼한 동정녀 마리아에게서 성령으로 태어나신 그리스도이십니다(마 1:18; 창 3:15). "하나님의 아들"이시지만 인간으로 오셨고 "여호와의 종"으로 십자가에 죽기까지 복종하시고 부활하시어 모든 만물의 "왕"과 "그 인자"가 되신 분이십니다(빌 2:6-11; 사 52:13-53:12; 단 7:13-14; 삼하 7:9-19). 하나님의 지혜와 말씀과 언약의 사자로서 새 구원과 언약과 성전과 창조를 가져오시는 분이십니다(요 1:1-14; 눅 9:31; 고전 1:21-24; 말 3:1).

〈적용〉

그리스도인들은 신약을 통해 하나님 나라의 실제와 중심에 계신 예수님을 온전히 믿고 닮아가야 합니다. 예수께서 회복하시고 완성하실 그 나라를 소망하며 성령의 능력으로 증거하고 맡기신 나라의 일들을 충성되게 감당하며 살아야 합니다(마 6:10, 33; 행 1:8). 이렇게 예수님을 중심으로 살 때 하나님과 온전히 관계할 수 있고 그 나라 백성의 복과 능력을 누릴 수 있습니다.

※ 신약 전체의 중심적 내용:
하나님 나라의 회복과 완성, 예수님의 선포와 사역, 죽음과 부활과 승천, 은혜와 영광의 나라, 새 언약 관계, 주의 날과 재림

 나눔을 위한 질문

1. 신약에 나타난 하나님 나라의 실제적 특징은 무엇입니까?

2. 그리스도인들은 회복되고 완성될 하나님 나라의 실제를 어떻게 경험할 수 있습니까?

Note.

복음서와 사도행전 개관

◎ 주요 본문: 사도행전 1:1-3

…예수께서 행하시며 가르치시기를 시작하심부터 그가 택하신 사도들에게 성령으로 명하시고 승천하신 날까지의 일을 기록하였노라 그가 고난 받으신 후에 또한 그들에게 확실한 많은 증거로 친히 살아 계심을 나타내사 사십일 동안 그들에게 보이시며 하나님 나라의 일을 말씀하시니라

하나님 나라

복음서와 사도행전은 어떠한 하나님 나라의 모습을 보여줄까요? 하나님 나라를 회복하러 오신 예수님의 출생, 사역, 죽음과 부활, 승천의 복음(마-요)과 이 하나님 나라 복음을 위한 하나님 나라 백성인 교회의 증거사역(행)을 말씀하는 네 개의 복음서와 사도행전은 예수님과 성령과 교회를 중심으로 하나님 나라를 보여주십니다(행 1:1-11). 세례 요한과 예수님의 하나님 나라 회복에 대한 선포와 함께 언급되고 예수님의 사역과 메시지(비유)의 중심이 되는 하나님 나라는 인자이신 예수님 자신의 오심과 인격과 사역 속에서 실제적으로 드러납니다(막 1:15; 눅 24:44-48; 행 8:12; 28:23, 31). 이 세상의 역사 속에 오신 하나님의 임재(임마누엘)와 죄에서의 구원(예수, 마 1:21-23), 십자가와 믿음과 사랑(산상수훈, 마 5-7장; 행 14:22), 성령을 통한 치유와 구원의 이적과 능력(행 8:13)을 통해 영접하는 자들에게 영생을 주시는 하나님 나라의 실재를 보여주십니다(요 3:16). 특별히 종말의 때(주의

날)에 심겨지어 현재적으로는 씨와 같이 약하거나 구별의 어려움(비밀)이 있지만 성장하며 미래적으로는 추수로 완성되는 긴장적인 나라(마 13장; 막 4장; 눅 17:20; 마 25:13)입니다. 예수님의 부활과 승천은 이렇게 이미 회복되고 개방되어 확장되는 하나님 나라의 현재와 재림하셔서 완성하실 하나님 나라의 미래를 보여줍니다(마24:36). 성령의 권능을 받고 사도들과 교회가 증거하는 것에서 하나님 나라는 예루살렘에서 로마까지 확장되는 '예수에 관한 복음의 능력'입니다(행 1:8; 28:31; 눅 24:44-48). 곧 하나님 나라는 성령의 능력을 통해 통치되고 증거되어 온 세계에 확장되고 완성되는 하나님 백성들의 나라입니다.

언약

복음서와 사도행전에 나타난 하나님 나라는 하나님과 하나님 백성인 교회의 새 언약관계를 살펴볼 때도 잘 이해할 수 있습니다. 하나님 백성은 하나님의 아들 예수님과 그의 12 사도들의 증거를 통해 이루어진 참 이스라엘이며 교회입니다(마 16:18-19). 이들은 오직 유일한 길과 진리와 생명이신 예수께서 가져오시는 '시대적 생명 곧 영생'을 얻고 하나님 나라의 열쇠를 갖습니다(요 17:3; 마 16:19). 또한 마음이 가난한 자들로서 의에 주리고 목마르며 의를 위해 박해를 받는 자들이기도 합니다(마 5:3-10). 온 세상에 진입한 하나님 나라의 백성으로서 예수님이 맡기신 하나님 나라를 다스리며 세상에서 그 나라를 위해 증인으로 수고합니다(눅 22:29-30; 행 1:8). 그러나 당시의 하나님 백성인 12 사도들과 제자들은 고난이 없거나 영토적이고 민족적이며 즉각적/최종적 이스라엘의 독립과 구원에만 기초한 하나님 나라에 관심을 갖기도 합니다(마 24:3; 행 1:6; 10장; 14:22).

그리스도

복음서와 사도행전은 예수께서 직접 자신이 하나님 나라와 새 언약을 이루시는 구약의 메시아이신 그리스도이심을 증거하시고 교회도 증거하는 것을 보여줍니다(마 16:16-17; 행 2:36). 예수께서는 구약에 예언 되었던 아브라함과 다윗의 자손으로 또한 여호와의 종과 인자로서 죽으시어 자신의 생명을 많은 사람을 위한 대속물로 주셨습니다(마 1:1; 20:28; 단 7장; 사 53장). 부활과 승천을 통해 나라의 권세를 받으시며 그의 교회를 세우시고 대표가 되시어 그 나라의 열쇠와 권세를 맡기십니다(눅 22:29). 재림하실 때까지 주와 그리스도로서 천상에서도 그의 성령과 교회를 통해 하나님 나라를 증거하며 세워가십니다(행 1:1-11; 마 28:20).

〈적용〉

이 시대의 그리스도인들은 세상에 진입한 하나님 나라에 속한 교회로서 예수께서 보여주시고 맡기신 하나님 나라를 보고 들으며 경험한 대로 세상에서 전하며 증거함으로 살아야 합니다. 하나님 나라의 현재와 미래를 바라보면서 세상에서 예수님이 하신 것처럼 씨를 뿌려야 하고 하나의 밀알이 되어야 합니다. 세상의 모든 영역에서 그리스도의 문화와 왕 되심의 통치를 구현해 나가야 합니다(마 28:16-20).

※ 복음서와 사도행전 전체의 중심적 내용:
예수님의 출생, 사역, 죽음과 부활, 승천, 재림을 통해 회복되고 완성되는 하나님 나라, 성령의 능력을 통해 증거되고 확장되는 하나님 나라, 새 언약의 그리스도

 나눔을 위한 질문

1. 복음서와 사도행전에 나타난 하나님 나라는 어떠합니까?

2. 하나님 나라 백성인 그리스도인들, 곧 교회는 세상에서 어떻게 살아야 합니까?

Note.

마태복음 개관

◎ 주요 본문: 마태복음 4:17

이 때부터 예수께서 비로소 전파하여 이르시되 회개하라 천국이 가까이 왔느니라 하시더라

하나님 나라

복음서 중 하나인 마태복음은 어떠한 하나님 나라의 모습을 보여줄까요? 구약의 성취로서 예수님의 탄생과 인격(1:1-4:16), 갈릴리 사역(4:17-16:20), 유대와 예루살렘 사역과 고난과 죽음과 부활(16:21-28:20)을 말씀하는 마태복음은 예수님 안에서 하나님 통치의 능력과 영역과 백성이 실제화되는 하늘나라(천국) 곧 하나님 나라를 보여줍니다.[5] 구약에서의 하나님 나라 회복에 대한 약속이 예수님의 탄생과 세례 요한의 역할(엘리야)을 통해 보여지는 예수님의 인격과 사역 준비로 실제화되어 성취됨을 보여줍니다(1:1, 23; 2:6; 3-4장; 사 40:3). 곧 하나님 나라의 회복이 주의 날에 하나님의 아들의 오심(임마누엘)으로 시작되며 고난과 죽으심과 부활의 사역을 통해 하나님 나라를 훼손한 마귀(악한 영들/귀신들)와 죄와 질병의 세력을 제거하여 긍휼과 풍성한 생명을 공급하는 능력으로 나타납니다(1:21; 5:23; 9:35; 12:28; 14장; 16:21-28; 26-28장). 이런 하나님 나라는 예수님의 비유를 통해 보여지기도 하는데 그 나라는 한 순간에 일어나는 획기적 사건이 아

---

[5] '하나님 나라'와 함께 '하늘 나라'를 상호 교환적으로 독특하게 사용하는데 있어서 마태의 '하늘' 개념에 대한 다양한 이해들에 대해서는 다음의 책들을 참고하라. 강대훈, 「마태복음의 하늘과 하늘 나라」 (서울: 솔로몬, 2022); 양용의, 「마태복음」 (고양: 이레서원, 2022), 126-128; 크리스토퍼 모건·로버트 피터슨, 「하늘」 강대훈 역 (서울: 부흥과개혁사, 2018).

나라 비밀스럽고 작게 시작하지만 성장하고(현재) 결실하며 결국 승리하는(미래) 하나님의 통치입니다(13:1-9, 18-33, 36-43). 그러므로 예수 안에서 이 땅에 이미 세워졌지만 완성을 향해 계속 나아가는 긴장이 있는 하나님의 통치 영역이며 백성이기도 합니다.[6] 이 하나님 나라는 보물(진주)과 같아서 자기의 모든 것을 포기하고 소유할 만한 가치가 있습니다(13:44-46). 이 하나님 나라는 하나님(성부)만 아시는 예수 재림의 "그 날과 그 때"에 이 나라를 거부한 자들에 대한 심판과 준비한 자들의 구원으로 완성됩니다(24:36; 6:10).

언약

마태복음에 나타난 하나님 나라는 구약에서처럼 하나님과 그 나라 백성의 새 언약관계를 살펴볼 때 더 잘 알 수 있습니다. 하나님 나라의 백성은 혈통이나 옛 율법이 아닌 예수님의 오심과 사역의 결과로 주시는 하나님의 은혜의 선택과 부르심으로 되지만 또한 철저히 요구되는 하나님의 통치(뜻/새 율법/더 나은 의)를 순종해야 백성이 됩니다(4:23-25; 5:19-20; 13:44-46; 21:31, 43; 22:1-14; 26:28). 회개하고 하나님이 뜻대로 사는 자가 하나님 나라 백성입니다(4:17; 7:21; 12:50). 이것은 자기의 소유권을 철저히 전적으로 부인하고 포기하는 것에서 가능합니다. 하나님 백성으로 선택받은 자는 자기의 십자가를 지고 자기의 새 주인이신 예수님을 환영하며 끝까지 따르게 됩니다(6:24; 10:37-39; 16:24; 19:27; 22:14; 갈 2:20). 이런 백성을 예수님은 자신의 교회 곧 새로운 참 이스라엘로 부르시며 천국의 열쇠와 사명을 주십니다(5:13-16; 8:11-12; 16:16-19). 이렇게 새 언약 백성인 교회가 순종하며 성장해야 하는 하나님의 뜻/새 율법은 예수님의 산상수훈(5-7

---

[6] 하나님 나라의 현재성과 미래적 성질에 대해서는 양용의, 「마태복음」, 43-44를 참조하라.

장)에서 잘 나타납니다. 이것은 그 나라의 의로운 행위로 표현되는 데 하나님만 온전히 의존하는 하나님 사랑과, 마음으로도 살인, 간음, 보복 없이 긍휼과 화평과 선행을 행하는 진정한 이웃사랑(인간관계 회복)을 의미합니다(22:37-40). 이 백성들은 예수를 믿는 결과로 하나님의 뜻에 순종하는 능력(성령의 선물)을 받아, 하나님의 뜻(나라)이 완성될 때(예수의 재림)까지 사랑과 순종의 마음과 기도로 이 의를 행하여 성장함으로써, 하나님을 보며 위로와 그 나라를 상속받는 복을 누립니다(10:1; 24:37-25:46).

그리스도

마태복음에는 하나님 나라를 회복하시며 하나님 백성의 새 언약관계를 가져오신 예수님을 구약이 바라본 메시아 곧 그리스도로 소개합니다(26:28). 여자의 후손이며 아브라함과 다윗의 후손으로 오신 왕과 인자이신 그리스도이지만 다윗과 구별되는 주님이시며 하나님의 아들이십니다(1:1; 16:16-17, 23; 2:15; 22:42-45; 창 3:15). 참 백성인 교회를 세우시고 천국의 열쇠를 허락하신 분이십니다.

〈적용〉

그리스도인들은 하나님의 아들로서 주와 그리스도 되신 예수님의 오심과 사역으로 가져오신 하나님 나라와 그 백성 됨을 그 어떤 것보다도 소중히 여기며 살아가야 합니다. 하나님 나라의 새 언약의 참 백성(교회)으로서 주님 다시 오실 때까지 성장하도록/하나님을 온전히 닮아 가도록 기도하며 순종하는 삶을 살아야 합니다(6:33; 7:7; 5:48; 19:21).

※ **마태복음 전체의 중심적 내용:**
구약의 성취로서의 그리스도, 하늘나라의 시작과 완성, 천국의 열쇠를 가진 교회

 나눔을 위한 질문

1. 하늘나라(천국)와 하나님 나라는 동일한 것입니까?

2. 하늘나라 백성은 어떻게 살아야 합니까?

마가복음 개관

◎ **주요 본문: 마가복음 1:14-15**

요한이 잡힌 후 예수께서 갈릴리에 오셔서 하나님의 복음을 전파하여 이르시되 때가 찼고 하나님의 나라가 가까이 왔으니 회개하고 복음을 믿으라 하시더라

하나님 나라

마가복음은 어떠한 하나님 나라의 모습을 보여줄까요? 예수님의 탄생으로 시작되는 마태복음과는 달리 세례 요한에 의한 예수님의 세례 받으심을 시작으로(1:1-13) 갈릴리 사역(1:14-9장), 유대와 예루살렘 사역과 고난과 죽음과 부활과 승천(10-16장)을 말씀하는 마가복음은 예수님의 말씀과 행동과 인격을 통해 하나님 나라를 드러냅니다. 마태복음이 하나님 나라의 비밀스러움과 긴장을 강조하여 드러내었다면 마가복음은 예수님의 사역을 통해 하나님 나라의 능력을 반복적으로 나타냅니다. 곧 예수님의 하나님 나라 선포의 시작부터 회당의 귀신 들린 사람에게서 귀신을 나가게 하신 일, 열병, 나병, 혈루증, 중풍병과 같은 각 종 질병의 치료하심을 통해 하나님 나라의 능력을 드러냅니다(1-5장). 질병의 치료와 함께 죄 사함과 바다를 잔잔하게 하심과 걸으심, 맹인을 보게 하심과 죽은 소녀를 살리심, 오병이어와 칠병이어를 통해 수천 명을 먹이신 이적으로 그 나라의 능력과 풍성함과 긍휼을 보여줍니다(4-8장). 예수께서는 이런 하나님 나라의 능력이 자신의 죽으심(인자의 넘겨짐, 8:31; 9:9, 12, 31; 10:33, 45; 14:21)과 부활과 승천과 복음선포를 통해 더욱 크고 영광스럽게 드러날 것을 말씀하십니다(9:1; 13:24-27; 14:62; 16:14-20). 하나님 나라는 이 세

상에 예수님이 가져오시는 새 시대의 "복음"으로서, 예수를 믿어 여기에 들어온 자들은 이미 생명 곧 "영생"(구원)을 가졌지만 거부한 자들은 최종적으로 "지옥"에 던져질 것을 말씀합니다(1:14-15; 2:22; 9:43-47; 10:17, 26, 30). 지옥의 반대 개념인 영생(생명)의 나라가 하나님 나라로 동일시되어 표현됩니다(9:43-47). 마태복음과 같이 마가복음도 예수님의 가르치심에 나타난 하나님 나라의 현재성(비밀스런 시작과 성장)과 미래성(완성)에 대한 긴장을 말씀합니다(4장; 10:14-15, 23-25; 14:25; 15:43). 이렇게 예수님이 하나님 나라 회복의 시작과 완성자이시니, 하나님 나라는 주되신 예수님 안에서 가장 잘 알 수 있습니다.

언약

마가복음에 나타난 하나님 나라는 하나님 백성과 하나님과의 새 언약관계를 살펴볼 때 잘 이해할 수 있습니다. 이 새 언약관계는 많은 사람을 위하여 흘린 예수님의 피 곧 언약의 피를 통하여 이루어집니다(14:24; 출 24:3-8). 예수님의 죽으심을 통해 하나님과 새롭게 관계 맺는 백성은 지금의 하나님이 나라를 어린아이와 같이 받드는 자이며 박해 가운데서도 견디는 자입니다(10:15; 13:13). 현재에 성장하며 세워지고 있는 하나님 나라를 그 나라 백성들인 교회가 예수님의 부르심에 순종하는 책임 있는 삶으로 드러냅니다. 또한 지금은 감추어져 있지만 마지막 날에 다 드러나고 완성될 하나님 나라를 위해 믿음의 연약함이나 낙심이 아닌 깨어서 준비하는 열매 있는 삶으로 살아갑니다(13:32-37; 8:38). 이들은 자기를 부인하며 하나님의 뜻을 따라 하나님과 이웃을 사랑하는 백성들입니다(3:35; 8:34; 11:22-23; 12:28-34; 16:14). 도덕적 기준(원수사랑), 사회적 지위(섬김), 경제적 소유(나눔)에 대해 새로운 가치관을 가지며 이웃에 대한 나눔과 섬김의 삶으로 하나님 나라를 소유합니다(9:33-10:45). 그러나 이런 삶을 거절하는 자들은 하나님 나라에 들어갈 수 없습니다(9:43-47; 10:15, 17-31).

그리스도

마가복음은 세례 요한의 사역을 시작으로 예수님의 그리스도 되심을 드러냅니다. 주의 날이 임하기 전에 먼저 올 것으로 예언된 엘리야인 세례 요한이 하나님 나라를 가져오시는 메시아로 예수님을 소개합니다(1:1-8). 예수님은 죄를 사하는 권세를 가지신 하나님의 아들, 순종하여 죄인을 위해 대속물로 섬기러 오신 인자, 안식일의 주인, 하나님의 우편에 앉으신 왕이십니다(2장; 8:29-31; 9:7; 10:23; 13:24-27; 14:62; 16:19).

〈적용〉

그리스도인들은 마가복음을 통해 예수님이 보여주신 하나님 나라의 능력들을 기억하고 믿어야 합니다. 지금 우리 시대에 그 능력이 현상적으로는 동일하게 나타나지 않고 감추어져 있어도 성령의 인도하심 가운데 그 능력이 이미 나타나고 있음을 신뢰해야 합니다. 예수께서 보이신 믿음의 순종과 섬김과 사랑의 능력을 그 나라의 백성으로서 세상 가운데 나타내야 합니다.

※ 마가복음 전체의 중심적 내용:
예수님의 죽으심과 부활과 승천과 복음선포, 말씀과 행동과 인격, 하나님 나라의 능력과 현재와 미래, 하나님 나라 백성의 책임

상에 예수님이 가져오시는 새 시대의 "복음"으로서, 예수를 믿어 여기에 들어온 자들은 이미 생명 곧 "영생"(구원)을 가졌지만 거부한 자들은 최종적으로 "지옥"에 던져질 것을 말씀합니다(1:14-15; 2:22; 9:43-47; 10:17, 26, 30). 지옥의 반대 개념인 영생(생명)의 나라가 하나님 나라로 동일시되어 표현됩니다(9:43-47). 마태복음과 같이 마가복음도 예수님의 가르치심에 나타난 하나님 나라의 현재성(비밀스런 시작과 성장)과 미래성(완성)에 대한 긴장을 말씀합니다(4장; 10:14-15, 23-25; 14:25; 15:43). 이렇게 예수님이 하나님 나라 회복의 시작과 완성자이시니, 하나님 나라는 주되신 예수님 안에서 가장 잘 알 수 있습니다.

언약

마가복음에 나타난 하나님 나라는 하나님 백성과 하나님과의 새 언약관계를 살펴볼 때 잘 이해할 수 있습니다. 이 새 언약관계는 많은 사람을 위하여 흘린 예수님의 피 곧 언약의 피를 통하여 이루어집니다(14:24; 출 24:3-8). 예수님의 죽으심을 통해 하나님과 새롭게 관계 맺는 백성은 지금의 하나님의 나라를 어린아이와 같이 받는 자이며 박해 가운데서도 견디는 자입니다(10:15; 13:13). 현재에 성장하며 세워지고 있는 하나님 나라를 그 나라 백성들인 교회가 예수님의 부르심에 순종하는 책임 있는 삶으로 드러냅니다. 또한 지금은 감추어져 있지만 마지막 날에 다 드러나고 완성될 하나님 나라를 위해 믿음의 연약함이나 낙심이 아닌 깨어서 준비하는 열매 있는 삶으로 살아갑니다(13:32-37; 8:38). 이들은 자기를 부인하며 하나님의 뜻을 따라 하나님과 이웃을 사랑하는 백성들입니다(3:35; 8:34; 11:22-23; 12:28-34; 16:14). 도덕적 기준(원수사랑), 사회적 지위(섬김), 경제적 소유(나눔)에 대해 새로운 가치관을 가지며 이웃에 대한 나눔과 섬김의 삶으로 하나님 나라를 소유합니다(9:33-10:45). 그러나 이런 삶을 거절하는 자들은 하나님 나라에 들어갈 수 없습니다(9:43-47; 10:15, 17-31).

그리스도

마가복음은 세례 요한의 사역을 시작으로 예수님의 그리스도 되심을 드러냅니다. 주의 날이 임하기 전에 먼저 올 것으로 예언된 엘리야인 세례 요한이 하나님 나라를 가져오시는 메시아로 예수님을 소개합니다(1:1-8). 예수님은 죄를 사하는 권세를 가지신 하나님의 아들, 순종하여 죄인을 위해 대속물로 섬기러 오신 인자, 안식일의 주인, 하나님의 우편에 앉으신 왕이십니다(2장; 8:29-31; 9:7; 10:23; 13:24-27; 14:62; 16:19).

〈적용〉

그리스도인들은 마가복음을 통해 예수님이 보여주신 하나님 나라의 능력들을 기억하고 믿어야 합니다. 지금 우리 시대에 그 능력이 현상적으로는 동일하게 나타나지 않고 감추어져 있어도 성령의 인도하심 가운데 그 능력이 이미 나타나고 있음을 신뢰해야 합니다. 예수께서 보이신 믿음의 순종과 섬김과 사랑의 능력을 그 나라의 백성으로서 세상 가운데 나타내야 합니다.

> ※ **마가복음 전체의 중심적 내용:**
> 예수님의 죽으심과 부활과 승천과 복음선포, 말씀과 행동과 인격, 하나님 나라의 능력과 현재와 미래, 하나님 나라 백성의 책임

 나눔을 위한 질문

1. 마가복음에 나타난 하나님 나라의 특징은 무엇입니까?

2. 하나님 백성인 그리스도인들의 능력은 무엇입니까?

Note.

누가복음 개관

◎ 주요 본문: 누가복음 12:31-33

다만 너희는 그의 나라를 구하라 그리하면 이런 것들을 너희에게 더하시리라 적은 무리여 무서워 말라 너희 아버지께서 그 나라를 너희에게 주시기를 기뻐하시느니라 너희 소유를 팔아 구제하여 낡아지지 아니하는 배낭을 만들라 곧 하늘에 둔 바 다함이 없는 보물이니 거기는 도둑도 가까이 하는 일이 없고 좀도 먹는 일이 없느니라

하나님 나라

누가복음은 어떠한 하나님 나라의 모습을 보여줄까요? 마가복음과 다르고 마태복음과는 유사하게 예수님의 탄생과 세례와 인격(1:1-4:13), 갈릴리(4:14-9:50)와 예루살렘 입성까지의 사역(9:51-19:44), 예루살렘에서의 사역과 고난과 죽음과 부활과 승천(19:45-24:53)을 말씀하는 누가복음 역시 예수님의 오심과 인격과 사역을 통해 하나님 나라를 보여줍니다(1:54). 이것은 예수님께서 하나님 나라가 현상적이고 정치적이며 장소적인 징조보다는 하나님의 통치를 완벽히 수행하시는 예수님을 통해 지금 현존하고 있다는 말씀에서도 보여집니다(17:21). 마태복음이 하나님 나라의 비밀스러움과 긴장을, 마가복음이 하나님 나라의 능력을 강조하였다면 누가복음은 그 나라를 가난한 자들에 대한 긍휼의 나라로 강조합니다(1:54, 72, 78). 그 긍휼은 예수님께서 만민의 안식을 위한 고난을 받기 위하여 예루살렘으로 가시는 사역들에서 잘 드러납니다(9:51이하). 그 만민은 동서남북으로부터 와서 예수께서 가져오신 하나님 나라 잔치에 참여하려는 자들로서 죄에 억눌렸던 자들이요 고난 가운데 있는 가난한 자들입니다(2:31-32; 4:14-44; 13:29; 14:15-24; 22:28-30).[7] 갈릴리에서 예루살렘에 이르

는 예수님의 사역은 이런 가난하고 눈멀고 억눌린 자들에게 자유와 안식을 가져오심으로 긍휼과 해방의 은혜의 하나님 나라를 선포하십니다(4:18-21; 6:20-23; 사 53:5; 61:1-2). 죄인을 위해 지신 십자가의 고난을 통해 죄 사함과 평강을 이루시며 마귀를 쫓아내시어 영생과 권능과 성장하여 미래에 완성되는 심판과 영광의 나라를 보여주십니다(8-9장; 13:18-21; 18:30).

언약

누가복음에 나타난 하나님 나라는 하나님의 백성과 하나님과의 새 언약관계를 살펴볼 때 잘 이해할 수 있습니다. 예수님의 고난과 죽으심을 통해 하나님 나라의 백성으로 회복된 자들은(22:15-20) 회개에 합당한 열매를 맺으며 하나님 말씀을 듣고 순종하며 살아갑니다(3:8; 6:46-49; 7:9; 8:15). 곧 감사와 겸손과 자비와 용서와 원수 사랑이며 무엇보다도 자신과 가족보다도 더 하나님과의 관계를 우선순위에 두며 살아갑니다(6:27-38; 9:60; 14:25-33; 18:9-30; 22:24-27). 고난 가운데서도 완성될 하나님 나라를 바라보며 부활의 자녀로서 기뻐하고 지속적으로 기도하며 깨어 준비하는 자들입니다(11장; 18:1-8; 21:36). 반면에 받은 은혜를 무시하고 이런 열매 맺지 않는 백성은 자신이 받았다고 착각한 은혜를 빼앗기게 될 것입니다(19:11-27). 십자가의 고난을 심어 영생의 열매를 맺으신 예수님을 왕으로 모시길 원하지 않는 자들이기 때문입니다. 이런 자들은 하나님께 인색하여 탐심과 불신 가운데 재물을 섬김으로 심판을 받게 될 것입니다.

---

7) 가난한 자들과 관련한 하나님 나라의 이런 특징에 대해서는 다음의 글을 보라. R. O'Toole, "The Kingdom of God in Luke-Acts," in W. Willis, ed., *The Kingdom of God in 20th Century Interpretation*, 151-152.

그리스도

누가복음은 마태복음보다 더 자세한 예수님의 탄생에 대한 말씀을 통해 아브라함과 다윗의 언약을 성취하여 하나님 나라를 회복하시는 그리스도로서의 예수님을 드러냅니다(1:32, 55, 69). 예수님 자신이 다윗의 주이시고 요나와 솔로몬보다 더 크신 하나님의 아들로서 영원한 안식을 가져오시는 메시아임을 선포하십니다(3:22; 4:16-21; 11:31; 20:44). 모세와 선지자의 말씀을 따라 고난과 영광을 받기 위해 오신 그리스도이심을 말씀하십니다(24:26-44). 특히 누가복음은 예수님을 잃어버린 자를 구원하시기 위한 고난을 받으러 예루살렘을 향하여 가시는 인자와 왕으로 강조합니다(9:51; 17:11; 18:31; 19:28, 38; 21:27-31).

〈적용〉

그리스도인들은 누가복음을 통해 예수께서 보여주신 긍휼의 하나님 나라의 백성임을 기억해야 합니다. 죄의 어둠 가운데 있는 천한 만민을 긍휼히 여기시고 빛으로 아들을 보내신 하나님과 그 뜻을 따라 기꺼이 예루살렘에 올라가시어 고난받고 죽으심으로 우리들을 자유롭게 하신 예수님을 잘 알아야 합니다. 그 긍휼과 사죄와 해방의 은혜를 입은 백성답게 그 은혜를 순종을 통해 누리고, 이웃에게 긍휼과 용서와 사랑을 베풀어 자유롭게 하며, 재림하실 예수님 앞에 서도록 항상 기도하며 깨어 살아가야 합니다(21:36; 약 2:13).

※ 누가복음 전체의 중심적 내용:
예수님의 오심과 인격과 사역, 하나님 나라의 현존과 잔치, 가난한 자들을 위한 긍휼과 해방의 나라, 은혜와 영광의 하나님 나라

 나눔을 위한 질문

1. 누가복음에 나타난 하나님 나라의 특징은 무엇입니까?

2. 그리스도인들이 하나님의 백성으로서 누려야 할 은혜는 무엇입니까?

Note.

요한복음 개관

◎ **주요 본문: 요한복음 18:36-37**

예수께서 대답하시되 내 나라는 이 세상에 속한 것이 아니니라 만일 내 나라가 이 세상에 속한 것이었더라면 내 종들이 싸워 나로 유대인들에게 넘겨지지 않게 하였으리라 이제 내 나라는 여기에 속한 것이 아니니라 빌라도가 이르되 그러면 네가 왕이 아니냐 예수께서 대답하시되 네 말과 같이 내가 왕이니라 내가 이를 위하여 태어났으며 이를 위하여 세상에 왔나니 곧 진리에 대하여 증언하려 함이로라 무릇 진리에 속한 자는 내 음성을 듣느니라 하신대

하나님 나라

요한복음은 어떠한 하나님 나라의 모습을 보여줄까요? 예수님의 오심(탄생)과 세례 요한의 증언(1장), 예수님의 표적적인 사역들(2-12장), 예루살렘에서의 예수님의 고난과 죽음과 부활(13-21장)을 말씀하는 요한복음은 예수님이 어떤 분이신 가에 초점을 맞춘 사역과 가르침을 통해 하나님 나라를 보여줍니다. 성부 하나님과 함께하셨던 말씀이신 예수님은 성부의 보내심을 받아 독생하신 성자 하나님으로서 이 세상에 오셔서 영광과 은혜와 진리가 충만한 하나님 나라를 드러내십니다(1:1, 14, 18; 16:14). 세상의 혈육적인 것이 아니라 영원한 생명이신 하나님 아버지와 예수님을 알고 믿어야 하나님 백성과 자녀가 되고 하나님이 주시는 영생과 영광을 얻습니다(1:12; 3:16; 5:24-26; 17:3). 이 나라는 세상이 아닌 하나님으로부터 오는 것이며 예수님의 성령으로 새로 태어날 때 볼 수 있으며 들어갈 수 있습니다(3:3-8; 18:36-37). 일곱 개의 표적들로 나타나는 예수님의 사역들을 통해 유대적 혈통과 제도를 뛰어넘는 치유와 회복과 공급, 죄와 죽음에서

의 자유와 안식과 부활생명의 하나님 나라를 드러내십니다(2-12장; 5:25; 6:33; 7:23). 특별히 예수께서 십자가에 들림을 받아 죽으신 것 곧 하나님의 영광과 사랑(3:14; 8:28; 12:21, 34; 13:31)과 부활의 승리를 통해 흩어졌던 하나님 백성을 모아 하나로 창조하시고, 세상의 왕을 쫓아내시어 영광의 나라를 회복하십니다(11:52; 12:16, 24, 30-31; 14:30; 16:11, 33; 17:2, 5; 20:17). 하나님 백성이 삼위일체 하나님과 연합하며 박해 속에서도 기쁨과 평안을 누리는 하나님 나라를 이루십니다(16:20; 20:19, 26).

언약

요한복음에 나타난 하나님 나라는 하나님 백성과 하나님과의 새 언약관계를 살펴볼 때 더 잘 알 수 있습니다. 하나님의 사랑을 따라 십자가에서 죽으심으로 자신의 살과 피로 새 언약의 제사를 드린 예수님을 하나님의 아들 곧 그리스도로 영접하며 믿는 자들이 하나님의 새 언약 백성이 됩니다(1:11, 29, 51; 20:31). 성부 하나님으로부터 오시고 돌아가셔서 하나님께로 가는 그 길과 진리와 생명이 되신 예수님을 따라가야 하나님의 자녀가 됩니다(14:6). 이런 자들은 출교와 죽임의 박해 속에서도 분별력을 가지고 하나님의 일과 영광을 구하며 살아갑니다(5:44; 6:29; 7:17; 9:22; 12:42-43; 16:1-2). 예수 안에서 하나님의 사랑을 입고 새 계명대로 서로 사랑하는 자들입니다(8:42; 13:1, 11-17; 13-15장; 16:27). 예수께서 보내신 보혜사 성령을 통해 진리를 알고 참되게 예배하며 연합하여 복음을 전합니다(4:23; 14:20; 15:27; 20:21). 이런 믿음을 가지고 살아가는 자들을 하나님께서 찾으시고 영생과 구원과 평안과 영광의 복을 주십니다(3:15; 4:23, 36; 11장; 20:29, 31). 그러나 이렇게 예수 믿는 것을 거부하고 마귀의 백성이 되어 욕심과 거짓과 사람의 영광을 구하는 자들에게는 심판이 있습니다(3:16-21, 36; 8:44).

그리스도

요한복음은 다른 복음서들보다도 하나님의 아들로서 그리스도이신 예수님을 전체적으로 강조하여 드러냅니다(20:31). 예수님은 하나님 나라인 세상의 창조와 회복 곧 새 창조를 이루신 말씀이시며 성자 하나님이십니다(1:1, 18; 8:28; 10:30; 18:5, 6; 20:28). 하나님의 보내심을 받아 모든 구약성경의 예언대로 고난을 통한 구원과 심판을 위해 이 땅에 오신 메시아와 그 선지자이십니다(1:45; 5:22, 27, 39; 6:14; 7:40; 16:32; 사 53:1 이하; 슥 12:10). '하늘과 땅 사이를 오르락내리락하는(연결하는)' 참 이스라엘로서 하나님 백성들에게 회복하신 하나님 나라를 받게 하시는 인자이십니다(1:51; 창 28:12; 단 7:13).

〈적용〉

그리스도인들은 요한복음을 통해 은혜와 영광과 영생의 하나님 나라를 얻게 하시며 그 나라 백성이 되게 하신 하나님이시며 그리스도이신 예수님을 잘 믿고 따라가야 합니다. 온갖 세상의 현실적 어려움 속에서도 자기 십자가를 지며, 함께하시며 인도하시도록 예수께서 보내신 성령을 따라 사랑과 진리를 추구하는 풍성한 하나님 나라 백성으로 살아야 합니다.

※ 요한복음 전체의 중심적 내용:
예수님의 표적들과 십자가 고난과 영광, 하나님 나라의 영광과 은혜와 진리, 하나님과의 연합, 하나님의 아들과 새 계명

 나눔을 위한 질문

1. 요한복음에 나타난 하나님 나라의 특징은 무엇입니까?

2. 그리스도인으로서 내가 지고 가야 하는 영광의 십자가는 무엇입니까?

Note.

사도행전 개관

◎ **주요 본문: 사도행전 28:23**

그들이 날짜를 정하고 그가 유숙하는 집에 많이 오니 바울이 아침부터 저녁까지 강론하여 하나님의 나라를 증언하고 모세의 율법과 선지자의 말을 가지고 예수에 대하여 권하더라

하나님 나라

사도행전은 어떠한 하나님 나라의 모습을 보여줄까요? 부활 후 하나님 나라를 위한 예수님의 사역과 성령강림(1:1-2:13), 교회의 예루살렘에서의 증거(2:14-5:42), 유대와 사마리아에서의 증거(6:1-11:18), 땅 끝을 향한 증거(11:19-28:31)를 말씀하는 사도행전은 하나님 나라의 성장을 보여줍니다. 갈릴리 예수님의 사역과 죽음과 부활을 통해 회복되는 하나님의 나라가 승천하여 보내신 그분의 영 곧 성령의 권능을 받은 초대 교회를 통해 예루살렘에서 로마까지 증거되며 확장되는 것을 말씀합니다(1:3, 8; 8:12; 20:25; 28:23, 30-31). 특별히 예수 믿는 하나님 나라 백성들에게 임하신 성령은 "마지막 날들"(주의 날들)에 일어난 예수님의 하나님 나라의 회복을 권능(방언/세례/환상/치유/심판)으로 알리며 최종적인 "주의 크고 영화로운 날"(만물이 새롭게 회복되는 날)에 완성될 하나님 나라의 도래 이전에 있을 환난과 구원도 선포합니다(2:16-21; 3:19-21; 5:41; 14:22; 욜 2:28-32). 이런 성령으로 증거되는 하나님의 나라는 말씀의 왕성함과 백성들의 기도와 교제와 증언과 함께 진행됩니다(2:47; 6:7; 9:31; 12:5, 24; 16:5; 19:20). 이렇게 그 나라는 현재적으로 부활하시어 주와 그리스도가 되신 천상의 예수께서 성령과 말씀과 충성된 증인들인 교회를 통해 유대인들로부터 세상 모든 먼 곳 사람들(이방인)까지 불러 구원하시고 백성으로 삼으시

는 나라입니다(2:5-11, 36, 39; 10:35-36).[8] 현재의 하나님 나라 백성들은 세상 나라들로부터 박해도 받지만 여전히 세상 제도와 권력자들 속에서도 일하시는 하나님을 끝까지 믿음으로써 최종적인 구원을 얻는 백성들입니다(2:21; 9:16; 12:1-2; 14:22).

언약

사도행전에 나타난 하나님 나라는 하나님 백성과 하나님과의 새 언약관계를 살펴볼 때 더 잘 알 수 있습니다. 하나님 백성은 예수님의 제자들로서 죄의 회개와 세례와 보내신 성령을 받아 교회를 이루며 하나님 아들과 그리스도이신 예수님의 사역과 부활을 통해 회복된 하나님 나라를 증언해야 합니다(1:8; 2:1-36; 눅 22:29-30; 24:44-48). 예수께서 고난과 죽음을 통해 이루신 희년(은혜의 해)의 정신으로 각 사람의 필요를 따라 물건을 공유하며 하나로 연합하여 교제합니다(2:43-47; 4:32-37; 눅 4:8-19). 성령의 인도를 따라 살기 위해 예배하고 기도하며 제자의 삶을 살아감으로써 전인적인 치유가 일어나는 새로운 교회 공동체입니다. 타락한 세상 속에서도 통치하시고 일하시는 성령의 인도를 따르며 세상 가운데 하나님 나라 비전에 충실한 증인으로 살아가야 합니다. 끊임없는 환난과 박해 속에서도 인내하여 주의 이름을 부르며 굳건히 서서 전인격적으로 예배해야 합니다(22:16; 5-7장, 12-14장, 16-28장). 예수님의 죽으심과 부활로 이루어지는 구원과 최종적인 심판에 대해 의와 절제의 메시지로 경고하며 하나님 나라의 복음을 전해야 합니다(2:20-21; 25:25). 이런 하나님 나라 복음과

---

[8] 이런 관점에서 김세윤도 사도행전은 만물이 회복될 미래의 하나님 나라를 바라보지만 초점은 현재의 하나님 나라를 위한 삼위 하나님과 교회의 사역에 있다고 말한다. 김세윤, "사도행전에 나타난 하나님 나라," 황싱일 외 편저, 「신학과 경건」 (광주: 광신대학교, 2002), 131-137.

교회를 인도하시는 성령을 속이거나 대적하고 거절하는 자들은 심판을 받습니다(5:1-11; 12:23).

그리스도

사도행전은 예수께서 하나님 나라를 회복하신 하나님의 아들이시며 그리스도이심을 증거합니다(9:20, 22). 특별히 성령을 선물로 받은 하나님 나라 일꾼들의 설교와 증언들을 통해 예수께서 유일한 만유의 구주(재판장)와 인자와 다윗의 왕위에 즉위하신 왕이시며 그리스도이심을 선포합니다(2:30, 33, 36, 38; 3:22-23; 4:10-12; 5:31; 7:55-56; 9:22; 10:36-43; 13:23, 32-39; 15:16-17; 17:7). 사도 바울은 하나님께서 예수님을 조상들에게 그리스도로 약속하셨고 그의 오심을 세례 요한을 통해 증언하셨으며 말씀대로 그리스도가 고난받아 죽으시자 부활하게 하셨다고 구약을 요약하여 증거합니다(13:16-41; 시 2:7; 89:20-37; 사 55:3; 말 3:1; 4:5).

〈적용〉

그리스도인들은 사도행전을 통해 천상의 예수님이 그의 성령과 백성을 통해 하나님 나라를 확장하시는 것을 봅니다. 그러므로 그의 백성인 교회는 많은 어려움이 있겠지만 성령을 힘입어 하나님 나라를 세상에 증거하고 확장하는 일에 적극 참여해야 합니다. 그리스도인들이 교회를 중심으로 하나 되어 교제하고 기도하며 증언하는 일에 힘써야 합니다.

※ 사도행전 전체의 중심적 내용:
하나님 나라의 성장, 성령의 권능과 교회의 증거, 하나님 나라의 회복과 확장과 완성, 세상 나라들의 박해, 교회의 연합과 교제와 기도

 나눔을 위한 질문

1. 사도행전에 나타난 하나님 나라의 특징은 무엇입니까?

2. 교회의 그리스도인들은 세상에서 하나님 나라를 어떻게 증거할 수 있습니까?

바울서신서 개관

◎ **주요 본문: 에베소서 1:20-23**

그의 능력이 그리스도 안에서 역사하사 죽은 자들 가운데서 다시 살리시고 하늘에서 자기의 오른편에 앉히사 모든 통치와 권세와 능력과 주권과 이 세상뿐 아니라 오는 세상에 일컫는 모든 이름 위에 뛰어나게 하시고 또 만물을 그의 발 아래에 복종하게 하시고 그를 만물 위에 교회의 머리로 삼으셨느니라 교회는 그의 몸이니 만물 안에서 만물을 충만하게 하시는 이의 충만함이니라

하나님 나라

사도 바울의 서신서들은 어떠한 하나님 나라의 모습을 보여줄까요? 하나님 나라 복음의 의미와 증거(롬), 하나님 나라의 능력(고전, 고후), 하나님 나라 복음과 성령(갈), 하나님 나라에 속하여 하나로 확장되는 교회와 그리스도인의 생활(엡, 골), 감사와 기쁨과 겸손의 하나님 나라(빌), 긴장 가운데 있는 하나님 나라 백성의 삶(살전, 살후), 하나님 나라를 위한 바른 교회와 일꾼(딤전, 딤후, 딛), 용서의 하나님 나라(몬)을 말씀하고 있는 바울 서신서들은 교회와 관련하여 하나님 나라를 보여줍니다. 하나님께서 어둠의 권세에 있던 자들을 빛이시며 사랑하시는 아들이신 예수님의 나라로 옮겨서 살게 하신 곳이 교회입니다(골 1:13). 예수님을 믿어 하나님 나라 백성들의 모임이 된 교회는 하나님(아들) 나라의 한 부분으로서 죄와 사망이 아닌 은혜와 의(신실하심)가 다스리는 나라이며 또한 예수의 부활생명(영생) 안에서 세상

을 다스리는 나라임을 말씀합니다(롬 5:17-21; 6:12-23; 엡 1:22-23; 창 1:28). 그 나라는 먹고 마시는 것과 혈과 육을 위해 싸우며 불의를 행하는 것이 아니라 성령 안에서 교회에 이루어지는 의와 평강과 희락입니다(롬 14:17; 고전 6:9-10). 세상 지혜와 말 잘하는 재주보다는 오직 예수의 영과 사랑(십자가)의 능력으로 하나 되어 증거할 때 그 나라의 통치는 잘 드러납니다(고전 2:4-5; 4:8, 20-21; 롬 8장). 이 하나님 나라는 부활하시어 지금도 통치하시고, 마지막 날에는 재림하시어 모든 권세와 원수(사망)를 멸하시고 하나님 아버지께 그 나라를 바치시는 예수님에 의해 완성됩니다(고전 6:9; 15:23-28, 50; 갈 5:21).[9] 그리스도의 재림 때에 만물이 그 다스림에 복종하고 모든 믿는 자들도 썩지 않는 몸으로 부활하며 예수님조차 성부께 복종함으로써 그 나라에 참여합니다(고전 15:28). 유일하신 주권자이시며 영원히 만왕의 왕이신 하나님이 다스리시는 영원한 생명과 복과 의와 존귀와 영광과 권능의 나라입니다(딤전 1:17; 딤후 6:15-16; 살전 2:12; 살후 1:5).

언약

바울 서신서들이 보여주는 하나님 나라는 하나님과 하나님의 새 백성인 교회와의 새 언약관계를 살펴볼 때 더 잘 알 수 있습니다. 하나님께서는 죄와 사망의 권세 아래 있던 자들을 예수 안에서 불러내시어 하나님 백성(자녀) 삼으시고 교회를 이루어 세상에서 살아가게 하십니다. 이들은 그 은혜 아래에서 죄를 용서받고 부활생명을 얻은 의인들로서 예수님과 연합(세례)하여 옛 사람은 죽고 새 사람으로 하

---

[9] 바울서신에 나타난 하나님 나라의 현재성과 미래성에 대한 관찰은 K.P. Donfried, "The Kingdom of God in Paul," in W. Willis, ed., *The Kingdom of God in 20th Century Interpretation*, 175-190을 보라.

나님께 순종하여 의 곧 거룩함과 영생에 이르러야 합니다(롬 6장). 성령의 인도를 따라 세상 속에서 하나님 말씀의 요구를 이루는 하나님의 자녀들로 살아야 합니다(롬 8장, 12장; 갈 5장). 하나님 나라 백성들로서 하나님 나라를 위해 함께 복음을 증거하며 고난받음과 인내로써 그 나라에 합당하게 살아야 합니다(살전 2:12; 살후 1:3-5; 골 4:11; 롬 8:17; 딤후 4:1). 이런 백성들에게 하나님께서는 모든 능력을 주시고 공의로 모든 악에서 건지시어 영원한 하나님 나라를 유업으로 얻게 하십니다(골 1:11-12; 딤후 4:17-18). 그러나 육체의 욕심을 따라 음행과 우상숭배와 분쟁과 분열과 이단과 시기와 도둑질과 속임과 방탕을 행하는 불의한 자들은 하나님 나라를 유업으로 상속받지 못합니다(고전 6:1-10; 15:50; 갈 5:20-21; 엡 5:5).

그리스도

바울 서신서들은 예수님이 하나님께서 미리 선지자들을 통해 약속하신 메시아로서 다윗의 혈통에서 나셨고 고난받고 죽은 자들 가운데 부활하셔서 하나님 아들과 주와 그리스도로 선포되신 분이라고 말씀합니다(롬 1:2-4; 엡 1장; 빌 2장). 하나님 나라를 회복하시며, 그 나라를 완성하실 마지막 날에는 재림하셔서 산 자와 죽은 자를 모두 심판하실 그리스도이심을 보여줍니다(딤후 4:1).

〈적용〉

그리스도인들은 바울 서신서들을 통해 이 세상 속에서 살지만 하나님 나라에 속한 백성과 자녀로서 어떻게 살아야 하는 지를 잘 배워야 합니다. 그 나라의 의와 능력과 생명과 기쁨과 완성을 알면서 성령의 인도를 따라 그 나라를 증거하며 순종함으로 살아야 합니다.

※ **바울서신 전체의 중심적 내용:**
하나님 나라와 교회, 그리스도의 은혜와 의와 부활생명의 교회, 영생과 의와 평강과 희락의 하나님 나라, 그리스도의 재림과 하나님 나라의 완성, 성령과 육체

 나눔을 위한 질문

1. 바울서신들에 나타난 하나님 나라의 특징은 무엇입니까?

2. 세상에서 하나님 나라를 증거하기 위해 교회에 필요한 것은 무엇입니까?

로마서 개관

◎ **주요 본문: 로마서 14:17**

하나님의 나라는 먹는 것과 마시는 것이 아니요 오직 성령 안에 있는 의와 평강과 희락이라

하나님 나라

로마서는 어떠한 하나님 나라의 모습을 보여줄까요? 하나님 나라의 복음과 의를 통한 유대인과 이방인의 하나님 백성됨과 선교(1:1-17), 하나님과 예수님의 의와 새 언약백성의 의(1:18-15:13), 유대인과 이방인의 하나 됨과 선교(15:14-16:27)를 말씀하는 로마서는 로마교회와 관련하여 하나님 나라를 보여주십니다. 로마교회 방문과 스페인 선교를 계획하며(1:13-15; 15:14-33) 분열과 불화 가운데 있는 로마교회를 하나님 나라 회복이라는 복음 설명으로 연합(평화)하게 합니다(15:5-13). 복음은 구약에서 약속하신 대로 종말(그 날)에 다윗의 혈통으로 오시어 죽으시고 부활하셔서 하나님의 아들(왕/주)로 선포되시어 만물을 통치(심판과 구원)하시는 능력 있는 예수님의 나라 곧 하나님 나라에 대한 것입니다(1:1-4; 2:16; 8:3; 15:12). 이러한 복음을 가진 그 나라는 하나님의 언약적 신실하심(의)에 따른 예수님의 신실하신 순종(의)으로 죄에서 해방된 "의"(은혜)의 나라입니다(1:16-17). 이 나라의 주/왕이신 예수님을 단지 받아들이는(믿는) 모든 유대인과 이방인들은 차별이 없이 하나님 백성(의인/구원)이 되어 왕이신 예수님과 함께 만물을 통치(대행/왕 노릇)하는 나라입니다(2:22; 3:21-31; 4:1-25; 5:17, 21; 8:19-25; 10:9-10; 16:20). 곧 이 백성들은 율법을 통한 죄(사망/육신의 욕심)의 지배를 받지 않고 은혜를 통한 성령(새 생명/의/화평/희락/영광/소망/인내/환난/사랑)의 통치를 받아 평화를 이루며

율법을 순종하는 능력이 있는 신실한 백성입니다(5-8장; 5:1-11과 8장; 14:17-15:33).

언약

로마서의 하나님 나라는 하나님과 하나님 백성의 새 언약관계를 살펴볼 때 더 잘 이해할 수 있습니다. 아담에서 시작된 죄의 지배와 심판 아래 있던 모든 자들(종들)이(1:18-3:20; 5:12; 8:15, 21) 하나님의 언약적 신실하심과 예수님의 신실하신 순종(속량/속죄)으로 회복된 하나님 나라와 예수의 왕 되심을 받아들임(시인/믿음/선물)으로 그 나라의 새 언약백성(양자/상속자/자유인)이 됩니다(3:24-25; 4:3-17; 10:9-10; 8:15-17; 창 15:6). 이 백성들은 하나님과 주 예수의 통치를 받는 "언약적 신실함(의)"으로 계속적인 반응을 보여야 합니다(1:17; 10:9-10). 이것은 예수의 영이신 성령 하나님의 인도를 따라 주 예수께 "믿음의 순종"을 하는 삶이요 죄를 통한 사탄의 통치를 거부하는 삶입니다(1:5; 16:26). 곧 "이 세대"에 속한 몸(혈육적/윤리적 율법)의 행실이 아닌 "오는 세대"(영생)의 능력인 성령으로 하나님의 뜻인 의와 평화(화목)와 희락을 추구하는 삶입니다(14:17; 8:13; 12:2). 이렇게 삶에서 믿음의 순종으로 예배하는 모든 언약백성을 하나님께서는 능히 견고하게 하시고 지키십니다(8:31-39; 16:26). 그러나 주 예수의 통치를 거부하고 죄의 지배에 돌아가는 자들은 그 행위에 따라 유대인이든 이방인이든 최후의 종말에 심판을 받을 것입니다(2:2, 5-10; 6-7장; 8:13; 14:10-12).

그리스도

예수님은 하나님 나라를 회복하시기 위해 구약의 약속대로 오신 하나님의 아들 곧 그리스도이십니다(1:3-4; 15:12; 시 40:9; 52:7; 삼하 7:14; 시 2:7). 다윗의 씨로서 오시어 죽으시고 부활을 통해 만물 위에 계신 하나님의 아들과 주(여호와)로서 선포되신 메시아이십니다(10:13). 부활하시어 죽은 자와 산 자의 주님으로서 모든 자를 심판하실 자이십니다(14:9-12).

〈적용〉

그리스도인들은 로마서를 통해 만물의 주이시며 의로우신 하나님과 예수님을 믿어야 합니다(4:24-25; 8:32). 하나님의 새 백성 되게 하심을 감사하며 함께하시는 성령의 능력으로 신실하게 순종하는 의를 행하여야 합니다. 평화의 하나님 나라를 구해야 합니다. 하나님으로 가장하여 나타날 수 있는 이 세대의 지배자인 사탄의 영향력(돈/권력/명성)을 분별하여 굴복하지 않아야 합니다. 하나님께서 예수님을 통해 이미 이런 것에서 해방하시고, 성령을 통해 하나님의 통치에 순종하는 능력을 주셨기 때문입니다.

※ 로마서 전체의 중심적 내용:
하나님 나라 복음과 교회, 교회의 연합과 믿음의 순종, 은혜와 의와 평화의 나라, 성령과 율법을 순종하는 백성, 하나님의 의와 예수님의 순종

 나눔을 위한 질문

1. 로마서에 나타난 하나님 나라의 특징은 무엇입니까?

2. 교회가 하나님께 해야 하는 계속적인 반응은 무엇입니까?

Note.

고린도전후서 개관

◎ 주요 본문: 고린도전서 4:20
하나님의 나라는 말에 있지 아니하고 오직 능력에 있음이라

하나님 나라

고린도전후서는 어떠한 하나님 나라의 모습을 보여줄까요? 교회의 분열(고전 1:1-4:21), 성적 타락(5:1-13; 6:12-20), 법정 소송(6:1-11), 결혼문제(7장), 우상의 제물 음식(8:1-11:1), 예배와 남녀의 질서(11:2-16), 성찬식의 문제(11:7-34), 성령의 은사분별과 활용(12-14장), 부활과 특별헌금(15-16장), 사역에 대한 변호와 교회의 반응(고후 1-7장), 특별헌금(8-9장), 대적자들에 대한 경고와 사역 변호(10-13장)를 말씀하는 고린도전후서는 교회생활과 관련하여 하나님 나라를 보여줍니다. 하나님 나라의 왕이신 그리스도의 통치를 받는 교회는 세상 통치자들과 같이 세상의 지혜와 말 잘하는 재주와 교만과 자랑(강함/외모)과 분열로 왕 노릇하지 않습니다(고전 2:6; 4:8, 20). 오직 그리스도의 성령과 사랑(십자가/세상적 약함/덕)과 말씀의 능력으로 마음과 뜻이 하나되어 질서 있게 교회를 세우며 그 나라를 증거하고 세상을 통치합니다(고전 1:10, 18-24; 2:4-5; 4:19-21; 6:2-3; 14장; 고후 5:12; 11-12장; 롬 14:17). 혼란과 음행과 우상숭배와 탐욕과 도둑질과 모욕하는 불의를 행하고 속이는 자들은 하나님 나라를 유업으로 받지 못합니다(고전 6:8-10; 고후 12:20-21). 특별히 이 하나님 나라는 우리 죄를 위해 죽으신 예수께서 부활하시어 왕으로 지금도 만물을 통치하신다는 복음으로 드러납니다(고전 15:1-25). 이 예수께서 마지막 날에 재림하시어 모든 권세와 원수(사망)까지 멸하시고 성부 하나님께 이 나라를 바치심으로 하나님 나라는 완성됩니다(고전 15:23-28). 그 때에 모든 믿는

자들도 썩지 않는 몸으로 부활하여 그 나라를 유업으로 받습니다(고전 15:51-53). 회복과 완성 사이에 존재하는 하나님 나라의 긴장으로 인하여 직면하는 환난과 대적세력 앞에서도 백성들이 오직 예수께 복종하여 그 안에서의 위로와 화목과 섬김과 참음과 근심(약함)을 행할 때 온전한 능력이 나타나는 나라입니다(고후 1:4-9; 5:11-21; 7:9-11; 8-9장; 10:1-6; 12:7-12).

언약

고린도전후서의 하나님 나라는 하나님과 하나님 백성의 새 언약관계를 살펴볼 때 더 잘 이해할 수 있습니다. 주 예수의 이름과 성령 안에서 죄 씻음과 거룩함과 의롭다 하심을 받은 고린도의 그리스도인들은 새로운 피조물들로서 새 언약의 백성들입니다(고전 1:30; 6:11; 고후 5:17). 성령이 계시는 하나님의 성전 된 백성들로서 거룩함을 지키며 더러운 것에서 자신을 깨끗하게 해야 합니다(고전 3:16-17; 고후 6:14-7:1; 12:20-21; 13:5) 하나님의 영으로 마음에 그리스도의 말씀이 새겨진 그리스도의 편지와 사신들, 새 언약의 일꾼들로서 자신을 위하여 살지 않고 예수님을 위해 살아가야 합니다(고후 3:3-18; 5:14-21). 이런 면에서 새 백성들은 세상 법정에서 분쟁하는 것보다 오히려 형제에게 속고 불의를 당하는 것을 선택하고 화목하게 하는 직분을 감당해야 합니다(고전 6:7; 고후 5:18-20). 교회를 세우기 위해 연약한 성도들을 헌금으로 도우며 사랑으로 모든 은사들을 활용해 지체들을 섬겨야 합니다(고전 8:1; 10:23; 13-14장; 고후 8-9장; 10:8; 12:19; 13:10). 자랑과 분쟁과 분열과 교만과 음행과 우상 숭배와 탐욕과 술 중독과 모욕, 도둑질과 속여 빼앗는 행위를 하지 않아야 합니다(고전 6:9-10; 고후 12:20-21). 부활하신 그리스도에 속하여 죄와 죽음에서 승리하고 부활할 자들로서 항상 감사하며 고난 가운데서도 소망을 가지고 하나님 나라의 일에 더욱 힘쓰며 증거하는 자들이 되어야 합니다(고전 15:58; 고후 1:8-10). 부활이 없다거나 이미 이루어졌다고 오해하여 세상에서의 왕 노릇과 풍성함을 자랑하지 않아야 합니다(고전 4:6-8; 15:12-14; 참조, 딤후 2:11-12, 18).

그리스도

고린도전후서에서 예수님은 믿는 자들을 구원하시는 하나님의 능력이요 지혜와 의로움과 거룩함이 되십니다(고전 1:18-31). 만물을 다스리시며 모든 사람을 선악 간에 그 행한 대로 심판하실 왕이요 그리스도이십니다(고전 3:21-23; 4:4-5; 15:25-27; 고후 5:10).

〈적용〉

그리스도인들은 고린도전후서를 통해 예수님의 성령과 말씀과 사랑으로 화목하고 거룩하며 서로 돌보는 질서 있는 교회를 세움으로 하나님 나라를 세상에 드러내야 합니다. 그리스도와 그의 복음을 위하기에 세상적으로는 약하여도 오히려 하나님의 강하신 역사를 믿음으로 교회를 세우는 덕을 발휘해야 합니다.

※ 고린도전후서 전체의 중심적 내용:
성령과 사랑과 말씀으로 하나 된 교회, 만물의 통치자이신 그리스도, 하나님 나라의 능력과 완성, 새 언약의 일꾼

 나눔을 위한 질문

1. 고린도전후서에 나타난 하나님 나라의 특징은 무엇입니까?

2. 교회의 하나님 백성들이 행해야 하는 덕은 무엇입니까?

Note.

갈라디아서 개관

◎ 주요 본문: 갈라디아서 5:18-21

너희가 만일 성령의 인도하시는 바가 되면 율법 아래에 있지 아니하리라 육체의 일은 분명하니 곧 음행과 더러운 것과 호색과 우상 숭배와 주술과 원수 맺는 것과 분쟁과 시기와 분냄과 당 짓는 것과 분열함과 이단과 투기와 술 취함과 방탕함과 또 그와 같은 것들이라 전에 너희에게 경계한 것 같이 경계하노니 이런 일을 하는 자들은 하나님의 나라를 유업으로 받지 못할 것이요

하나님 나라

갈라디아서는 어떠한 하나님 나라의 모습을 보여줄까요? 그리스도의 복음과 다른 복음(1:1-10), 그리스도의 계시와 사명에 따른 바울의 복음과 사도직(1:11-2:21), 율법의 행위가 아닌 믿음에 따른 의와 자유(3:1-4:31), 육체가 아닌 성령을 따르는 자유로운 삶(5:1-6:18)에 대해 말씀하는 갈라디아서는 갈라디아 교회의 혼란과 관련하여 하나님 나라를 보여줍니다. 자신들을 섬기게 하려는 목적으로 또한 그리스도의 십자가로 인한 박해를 면하는 방법으로 거짓 형제들이 교회 성도들에게 할례를 억지로 받게 한 것입니다(2:3-4; 4:17; 6:12). 이렇게 육체에 모양내는 것을 자랑하는 것과 같은 율법의 행위(날/달/절기/해/음식을 지킴)를 통해 의롭게 되며 구원을 얻는다고 하여 누룩과 같이 온 교회를 이간시키고 어지럽게 한 것입니다(1:6-7; 4:10; 5:9-12; 6:13). 이런 변형된 거짓 복음에 대항하여 하나님 나라 복음은 그리스도께서 율법 아래 나시어 저주를 받으시는 속량하심으로 백성들을 율법의 종노릇에서 해방시키시고 자유로운 하나님의 아들들이 되게 하셨음을 말씀합니다(2:4; 3:13; 4:1-9, 21-28). 정죄하는 율법에 대해

예수와 함께 죽고 부활하신 예수와 함께 믿음으로 연합하여 하나님의 통치를 받으며 약속대로 하나님 나라를 유업으로 상속받을 아들들입니다(2:19-21; 3:18, 26-29; 4:5-7, 23). 그 나라의 통치는 믿음으로 하나님 아들의 영이시며 능력이신 성령의 인도를 받아 진리에 순종함으로써 이루어집니다(3:5; 4:6; 5:5-6). 성령이 아닌 율법 아래에서 육체의 욕심(분쟁과 분열 등)과 자랑을 따르는 자들은 하나님의 나라를 유업으로 받지 못합니다(5:18-21). 이 나라는 그리스도를 통해 얻은 자유를 가지고 사랑으로 서로 섬기기 때문입니다(5:13).

언약

갈라디아서의 하나님 나라는 하나님과 하나님 백성의 새 언약관계를 살펴볼 때 더 잘 이해할 수 있습니다. 그리스도와 믿음으로 연합하는 세례를 받음으로 하나님의 아들들이 된 하나님의 새 언약 백성들(이스라엘)은 그리스도의 법을 성취합니다(3:13, 27-4:6; 5:6, 14; 6:2, 15-16). 곧 율법 형식이 아닌 믿음으로 받은 성령의 인도를 따름으로, 오직 사랑으로 서로 종노릇하여 주어질 의에 소망을 가집니다(5:5, 13). 희락과 화평과 오래 참음과 자비와 양선과 충성과 온유와 절제의 생활을 합니다(5:22-23). 범죄를 바로잡고 자기를 돌아보며 자기와 다른 사람의 짐을 집니다(6:1-5). 기회 있는 대로 말씀을 전하는 자와 믿음의 가정들과 가난한 자와 모든 이에게 선한 일을 행합니다(2:10; 4:13-15; 6:6-10). 낙심하거나 포기하지 않고 이렇게 행하는 백성들에게 때가 되면 예수께서 완성하시는 새 시대의 삶 곧 영생을 주십니다(6:8). 그러나 십자가를 부끄러워하고 육신의 욕심과 자랑(모양)을 따라 음행과 우상숭배와 분쟁과 시기와 분열과 방탕을 행하는 자들에게는 썩어질 것을 거두게 하시고 하나님 나라를 유업으로 주시지 않습니다(5:10, 21; 6:8).

그리스도

예수님은 하나님의 약속에 따라 때가 차매 이 악한 세대에서 하나님 백성들을 건지러 오신 그리스도이십니다(1:4; 4:4). 아브라함의 복이 이방인에게 미치게 하며 믿음으로 성령의 약속을 받게 하려고 아브라함의 씨로 오시며 율법의 저주를 받으신 하나님의 아들이십니다(3:14-16; 창 12:3). 이렇게 하나님의 백성들을 율법의 저주와 죄에서 해방하시어 새 언약 관계를 이루시고 성령을 통해 함께 사시는 주님이십니다(2:20; 3:10-14).

〈적용〉

그리스도인들은 갈라디아서를 통해 율법을 근거로 정죄하는 죄의 지배 아래에서 예수를 믿음으로 자유롭게 된 자들임을 알아야 합니다. 이렇게 자유로운 백성들로서 함께 하시는 성령의 능력을 통해 육신의 정욕과 자랑(경건의 모양)을 이기며 하나님 말씀대로 순종하여 살 수 있는 자들임을 믿어야 합니다. 성령의 인도를 따라 사랑하며 선을 행하고 의의 나라를 소망하며 경건의 능력으로 사는 하나님 나라 백성들이 되어야 합니다.

※ **갈라디아서 전체의 중심적 내용:**
할례와 율법의 행위, 거짓 복음과 그리스도의 복음, 성령의 인도와 자유로운 하나님의 아들들, 그리스도 예수의 법, 하나님의 이스라엘, 성령의 열매

 나눔을 위한 질문

1. 갈라디아서에 나타난 하나님 나라의 특징은 무엇입니까?

2. 성령의 인도를 따르는 그리스도인들이 맺는 열매들은 무엇들입니까?

Note.

에베소서 개관

◎ 주요 본문: 에베소서 2:19

그러므로 이제부터 너희는 외인도 아니요 나그네도 아니요 오직 성도들과 동일한 시민이요 하나님의 권속이라

하나님 나라

에베소서는 어떠한 하나님 나라의 모습을 보여줄까요? 하나님 백성의 구원(1-3장)과 하나님 백성의 삶(4-6장)에 대해 말씀하는 에베소서는 에베소교회 성도들이 받은 구원과 삶을 통해 하나님 나라를 보여줍니다. 그들은 창세 전부터 예정하시고 선택하신 하나님의 은혜를 따라오신 예수님의 속량과 부활, 그들의 믿음을 통해 공중의 권세 잡은 영에게서 해방되어 만물의 머리이신 예수님과 함께 하늘에 앉혀지고 예수님의 몸이 되는 구원을 받았습니다(1:5-2:6). 이 구원은 부활하여 만물을 하나로 통일하시는(충만/복종/새 창조) 하나님 나라의 왕이신 그리스도와 함께 부활하여 현재에도 하늘에서 왕 노릇하며 유업을 받는 영광스러움에 있습니다(1:10, 14, 20-23; 2:5-6; 롬 5:17; 계 3:21; 시 8:6). 그들이 받은 이런 구원의 영광스러움과 복(유업)에 대한 인식을 통해 하나님 나라의 풍성한 은혜와 영광과 능력을 드러냅니다(1:3-23). 그리스도와 하나님의 나라는 그리스도와 하나님을 닮아 의(거룩함)와 용서와 사랑이 있고 음행과 탐욕과 비방과 불순종과는 상관이 없습니다(4:24, 32-5:9). 그 나라는 화평이신 그리스도의 십자가와 부활안에서 이방인과 유대인들이 하나 되어 새롭게 창조되고 하나님의 소유로 성령의 인치심을 받는 백성으로 구성되는 나라입니다(1:10-14, 18; 2:10-22; 4:23-24).

언약

에베소서의 하나님 나라는 하나님과 하나님 백성의 새 언약관계를 살펴볼 때 더 잘 이해할 수 있습니다. 긍휼이 풍성하신 하나님께서는 허물과 죄로 죽은 자들을 그리스도의 피로 죄 사함과 부활을 통해 하나님의 새 백성들로 삼아주셨습니다. 그러므로 새롭게 창조 된 언약백성들로서 예수 그리스도 안에서 하나님 나라의 시민이자 가족과 성전이 된 교회의 성도들은(2:1-10, 19-22) 구원하심에 대해 감사하며 찬양해야 합니다(1:3-14). 더 나아가 하나님 백성으로 부르신 부름에 합당하게 행하여야 합니다(4:1). 사랑을 받는 빛의 자녀로서 행하여야 합니다(5:1, 8-9). 곧 성령께서 하나 되게 하신 그리스도의 몸으로서의 교회의 연합을 힘써 지키며 교회를 세우고 성장해야 합니다(4:1-16). 만물이 예수 안에서 하나로 통일(충만/온전)되는 것을 소망하며 지향해야 합니다(1:10, 18-23; 4:4). 새 사람들로서 거짓을 버리고 참된 것을 말하며 용서와 사랑으로 살아야 합니다(4:25-5:2). 구원을 보증하시며 새롭게 하시는 하나님의 성령을 근심하게 하지 말아야 합니다(4:30). 성령이 충만하여 주의 뜻을 분별하며 음행과 탐욕의 우상을 버리고 죄악 된 일들은 폭로하며 의로움과 진실함과 지혜와 감사로 살아야 합니다(5:3-20). 가정에서는 그리스도를 경외함으로 서로 복종해야 합니다(5:21). 곧 남편과 아내는 사랑과 복종으로, 부모와 자녀는 주의 훈계와 순종으로, 주인과 종도 그리스도 안에서 사랑과 순종으로 서로 관계해야 합니다(5:22-6:9). 어둠에 있어 하나님을 알지 못하는 이방의 불순종의 아들들이거나 옛 사람이 아니니 더 이상은 잘못된 사고와 생활방식으로 살아서는 안 됩니다(2:2, 12; 4:17-24). 때가 악하니 악한 영들을 대적하고 온 세상 사람들에게 이런 하나님 나라의 비밀과 영광을 알리기 위해 하나님의 전신 갑주로 무장해야 합니다(2:7; 3:10; 5:16; 6:10-20).

그리스도

에베소서에서 예수님은 때가 찬 하나님의 은혜의 경륜 가운데 오셔서 허물과 죄로 죽었던 자들을 살리신 그리스도이십니다(1:9; 2:1; 3:2). 하나님의 기쁘신 뜻을 따라 공중의 권세 잡은 악한 영들과 마귀를 정복하시고 새롭게 창조하신 오는 세상에서 모든 이름 위에 뛰어나신 분이며 교회의 머리와 모퉁잇돌이십니다(1:21-23; 2:20).

〈적용〉

그리스도인들은 에베소서를 통해 예수를 믿음으로 복되고 영광스러운 하나님 나라의 새롭게 창조된 백성이며 교회라는 인식과 확신을 항상 가져야 합니다. 이런 확신 속에서 감사와 찬양 그리고 그 나라의 영광과 복된 가치를 세상에 보여주며 선포해야 합니다. 하나님과 예수님을 본받아 사랑 가운데서 연합하여 교회의 하나 됨과 세움과 성장을 위해 힘써야 합니다. 세상의 부끄러운 일들에 동참하지 말고 빛으로서 하나님의 창조(통치)질서를 드러내야 합니다. 예수 안에서 가정과 교회와 직장의 하나 됨을 통해 만유의 하나 됨을 이루며 소망해야 합니다(골 1:18-23).

※ 에베소서 전체의 중심적 내용:
만물을 충만하게 하시는 예수님, 영광스러운 교회, 의와 용서와 사랑, 예수님 안에서 하나 된 교회와 하나님 나라, 하나님의 새 백성

 나눔을 위한 질문

1. 에베소서에 나타난 하나님 나라의 특징은 무엇입니까?

2. 그리스도의 교회가 행하는 전쟁은 어떠한 전쟁입니까?

Note.

빌립보서 개관

◎ 주요 본문: 빌립보서 3:20-21

그러나 우리의 시민권은 하늘에 있는지라 거기로부터 구원하는 자 곧 주 예수 그리스도를 기다리노니 그는 만물을 자기에게 복종하게 하실 수 있는 자의 역사로 우리의 낮은 몸을 자기 영광의 몸의 형체와 같이 변하게 하시리라

하나님 나라

빌립보서는 어떠한 하나님 나라의 모습을 보여줄까요? 하나님 나라 복음의 진보(1:1-26), 복음에 합당한 삶(1:27-2:30), 하늘 시민인 하나님 백성의 의와 상, 기쁨과 열매(3:1-4:23)를 말씀하는 빌립보서는 교회 곧 하나님 백성의 삶과 관련하여 하나님 나라를 보여줍니다. 먼저 하나님 나라는 그리스도 예수의 재림의 날까지 완성을 향하여 나아감을 알려줍니다(1:6, 10; 2:16). 이런 하나님 나라는 하늘 시민인 교회가 그 나라 복음을 전하는 일에 참여함을 통해 진행되며 나아갑니다(1:5-6; 4:10-18). 빌립보 교회는 복음을 들은 후부터 이 일(은혜)에 참여하여 바울과 교제하였습니다(1:7). 하나님 나라 복음을 위해 감옥에 있는 바울의 쓸 것을 돕기 위해 에바브로디도를 파견하며 여러 번 헌금한 것입니다(2:25; 4:14-16). 또한 바울의 고난을 통해서 하나님 나라의 복음이 큰 진전을 이루게 됨을 보여줍니다(1:12-18). 이렇게 하나님 나라는 이미 온전히 이루어진 것이 아니라 완성을 향해 나아가는 긴장 가운데 아직 있기에 그 나라에는 은혜뿐 아니라 고난도 있습니다(1:29-30; 3:12, 15). 하나님 백성은 이런 긴장적 고난 가운데서도 재림하여 그 나라를 완성하실 예수님을 기다리며 그들의 부활을 향해 달려갑니다(3:10-14). 하나님께서 고난을 주시지만 성령(부활

의 권능)과 긍휼과 평안으로 함께 하시어 그 나라의 복음 전파에 기쁨으로 협력하게 하십니다(1:19, 21; 2:27-30; 3:10; 4:4-9, 19). 백성들을 생명책에 기록하시며 만물을 통치하시는 예수님의 권능을 통해 부활의 영광의 몸으로 변하게 하십니다(3:20-21; 4:3). 그 나라 백성은 예수의 능력으로 세상(땅)과 자기 의(육신/할례)가 아닌 믿음과 겸손과 기쁨과 평안과 자족을 누립니다(3:2-7; 17-19; 4:11-13).

언약

빌립보서의 하나님 나라는 하나님과 하나님 백성의 새 언약관계를 살펴볼 때 더 잘 알 수 있습니다. 오직 예수를 믿음으로 의로운 하나님 백성(자녀) 된 자들은 하나님 나라 복음을 전하는 일에 적극 참여해야 합니다(1:5-6; 3:9; 4:15-16). 한마음과 한뜻으로 이 "그리스도 예수의 일"에 협력하며 어떻게든 복음이 전파되는 것을 기뻐해야 합니다(1:18, 27; 2:21-22, 30; 3:1; 4:3). 대적자들과 고난을 두려워하지 않고 기도와 자족으로 그리스도가 존귀하게 되게 해야 합니다(1:20, 28-30; 4:6-13). 선한 것을 분별하여 진실하며 허물(흠) 없이 사랑과 의의 열매가 가득하여 예수의 날까지 이르고 하나님의 영광과 찬송이 되어야 합니다(1:9-11; 2:15). 예수님 마음으로 겸손하여 같은 마음과 위로와 긍휼과 자비(관용)로 남을 낮게 여기고 자기 일과 다른 사람들의 일을 돌보아야 합니다(2:1-5; 4:3, 5). 성령으로 봉사하며 거스르는 어두운 세상에서 빛들로서 부활생명의 말씀을 밝히고 복종해야 합니다(2:12, 16; 3:3). 이 세상에서 완성된 만족과 구원(부활)을 이미 얻은 것이 아니라 재림의 날에 이루어질 부활의 소망을 가지고 살아갑니다(3:10-14). 그러나 십자가의 원수로서 다툼과 허영, 원망과 시비, 세상적 영광과 땅의 일, 할례와 육체, 율법의 의를 자랑하는 자들은 멸망을 당합니다(1:28; 2:3, 14; 3:18-19).

그리스도

빌립보서에서 예수님은 동등하신 삼위의 하나님 가운데 한 분이시지만 자신을 비워 사람이 되셨습니다(2:6-7). 자기를 낮추시어 종으로서 십자가에 죽기까지 복종하셨습니다. 하나님에 의해 부활하시어 지극히 높이 되신 그리스도로서 하늘과 땅의 모든 자들의 주권자가 되셨습니다(2:8-11). 하나님 나라를 완성하시기 위해 예수 그리스도의 날에 다시 오실 구주이십니다(3:20; 4:20).

〈 적용 〉

그리스도인들은 빌립보서를 통해 긴장 가운데 있는 하나님 나라 백성으로서 완성될 하나님 나라를 위한 복음 전파에 적극 참여해야 합니다. 부활에 대한 소망으로 인하여 땅이 아닌 하늘에 속한 기쁨과 겸손한 마음과 사랑과 관용과 자족과 기도로 살아야 합니다.

※ 빌립보서 전체의 중심적 내용:
긴장적 하나님 나라, 복음과 고난에 참여하는 하늘 시민, 주 안에서, 그리스도 예수의 일, 부활의 소망과 기쁨

 나눔을 위한 질문

1. 긴장적 하나님 나라는 어떠한 나라입니까?

2. 이 땅에서 하늘 시민은 어떻게 살아야 합니까?

Note.

골로새서 개관

◎ 주요 본문: 골로새서 1:13-14

그가 우리를 흑암의 권세에서 건져내사 그의 사랑의 아들의 나라로 옮기셨으니 그 아들 안에서 우리가 속량 곧 죄 사함을 얻었도다

하나님 나라

골로새서는 어떠한 하나님 나라의 모습을 보여줄까요? 하나님 나라를 위한 그리스도의 사역과 바울의 기도와 사역(1:1-2:5), 하나님 나라 백성의 합당한 삶(2:6-4:6), 하나님 나라를 위한 동역자들(4:7-18)을 말씀하는 골로새서는 예수님과 바울 사도의 사역을 통해 하나님 나라를 보여줍니다. 하나님 나라는 '하나님이 사랑하시는 아들 예수의 나라'로 언급되며 그의 속량 곧 죄 사함의 대가를 통해 흑암의 권세 아래 있던 자들을 빛의 권세 자이신 예수의 나라로 옮기신 일과 관련합니다(1:13-14). 예수께서 원수였던 자들과 만물을 십자가의 피로 거룩하게 하여 하나님과 화목하게 하시고 부활로 모든 권세들을 이기신 화평과 승리의 나라입니다(1:20-22; 2:10, 15). 예수의 나라 백성들은 그리스도의 할례 곧 믿음의 세례를 통해 예수와 함께 죽고 부활한 자들로서 예수 재림의 날에도 흠과 책망할 것이 없이 영광 가운데 나타납니다(1:22, 2:12-13; 3:4). 그리스도로 말미암아 차별 없이 연합되어 성장하고 새로 창조된 하나님의 형상들로서 지식과 생각까지 새로워집니다(2:19; 3:10-11). 골로새 교회 성도들이 하나님과 그의 뜻을 알도록 기도하는 바울 사도를 통해 하나님의 나라는 백성들이 하나님(그리스도)과 그의 뜻을 알고 순종하며 성장하는 나라임을 알게 합니다(1:9-10; 2:2; 4:12). 하나님의 능력으로 그리스도의 비밀(복음)을 말하는 사도 바울과 그의 동역자들을 통해 그 나라는 확장되며

백성들이 그리스도 안에서 완전한 자로 세워져 갑니다(1:5-8, 23-29; 4:3-4, 7-15).

언약

골로새서의 하나님 나라는 하나님과 하나님 백성인 교회와의 새 언약관계를 살펴볼 때 더 잘 알 수 있습니다. 하나님의 은혜로 선택되어 사랑받고 예수와 함께 죽고 새롭게 창조된(부활한) 하나님 백성들로서 교회는 위에 속한 것 곧 믿음, 사랑, 소망과 감사로 살아야 합니다(1:3-8, 12, 23; 2:7; 3:1-3, 12-17; 4:2). 주 예수의 나라 백성답게 선한 일의 열매를 맺으며 그 나라를 위해 받는 고난을 인내하며 기쁨으로 감당해야 합니다(1:10-11, 24; 2:5-7). 그리스도의 평강과 사랑으로 연합하여 한 몸을 이루며 긍휼과 자비와 겸손과 온유와 용서와 오래 참음으로 살아야 합니다(2:2; 3:12-15). 그리스도의 말씀으로 서로 권면하며 기도와 찬양을 부르고 외부인에게 전도해야 합니다(3:16; 4:2-6). 그리스도인 아내, 자녀들, 종들은 남편과 부모와 주인들에게 순종하며 남편, 부모, 주인들은 사랑을 베풀어 불의와 외모로 노엽게 하지 않아야 합니다(3:18-4:1). 하나님 나라의 회복과 완성과 교회를 세우시는 말씀을 이루시려고 교회에 주신 직분들을 잘 감당하며 함께 도와야 합니다(1:25-29; 4:7-17). 먹고 마시는 것, 법조문, 할례와 절기와 안식일과 같은 사람의 전통(그림자)이나 세상적 기초학문과 철학과 신앙, 자의적 숭배와 겸손과 학대의 인간적 가르침(지혜)과 속임수를 따르지 말고 이것에 의해 판단 받지 말아야 합니다(2:8-23). 옛 사람의 행위인 땅의 것 곧 음란, 부정, 사욕, 악한 정욕, 탐심의 우상숭배, 분노, 악의, 비방, 부끄러운 말, 거짓말을 하지 않아야 합니다(3:5-9). 하나님은 백성답게 사는 자들에게 유업을 상으로 주시며 불의한 자들에게는 진노로 보응하십니다(3:6, 24-25).

그리스도

골로새서에서 예수님은 보이지 않는 하나님의 형상(신성)으로 우편에 계시며 만물보다 먼저 계신 분입니다(1:15-17; 2:9; 3:1). 만물의 새 창조의 시작이요 으뜸으로서 모든 권세와 교회의 머리이십니다(1:16, 18; 2:10). 하나님 나라를 회복하시고 완성하실 하나님의 비밀과 지혜와 율법의 실체와 영광이신 그리스도이십니다(1:26-29; 2:2-3, 11-17).

〈적용〉

그리스도인들은 골로새서를 통해 인간적 가르침들을 분별하여 따르지 않고 땅의 것이 아닌 하나님 나라를 생각하며 그 나라를 위해 주신 직분들을 잘 감당해야 합니다. 영적이거나 인간적인 권세에 굴복하지 않고, 가시적이며 형식적인 신앙과 이론과도 타협하지 않으면서 오직 그리스도의 사람들로서 믿음과 사랑, 고난과 소망 가운데 연합하며 살아야 합니다.

> ※ **골로새서 전체의 중심적 내용:**
> 화평과 승리의 예수 나라, 새로 창조된 하나님의 형상들, 그리스도의 비밀, 믿음과 소망과 사랑과 감사

 나눔을 위한 질문

1. 골로새서에 나타난 하나님 나라의 특징은 무엇입니까?

2. 그리스도인들이 땅의 것이 아닌 위의 것을 생각하고 추구한다는 것은 무엇입니까?

Note.

데살로니가전후서 개관

◎ 주요 본문: 데살로니가후서 1:4-5

그러므로 너희가 견디고 있는 모든 박해와 환난 중에서 너희 인내와 믿음으로 말미암아 하나님의 여러 교회에서 우리가 친히 자랑하노라 이는 하나님의 공의로운 심판의 표요 너희로 하여금 하나님의 나라에 합당한 자로 여김을 받게 하려 함이니 그 나라를 위하여 너희가 또한 고난을 받느니라

하나님 나라

데살로니가전후서는 어떠한 하나님 나라의 모습을 보여줄까요? 복음 전파와 환난 중의 교회(살전 1-3장), 그리스도인의 생활과 소망(4-5장), 환난과 그리스도의 재림과 불법의 사람(살후 1-2장), 그리스도인의 책임(3장)을 말씀하는 데살로니가전후서는 데살로니가 교회의 상황과 관련하여 하나님 나라를 보여줍니다. 하나님 나라 복음을 믿음으로 고난 가운데 있는 데살로니가 교회 성도들은 하나님 나라에 합당한 백성들임을 증명합니다(살전 2:12-14; 3:4; 살후 1:4-5). 그러므로 하나님께서 사랑하시고 택하시어 복음으로 부르신 백성들은 그 나라를 위해 고난을 받는 것을 당연하고 합당하게 여겨야 합니다. 하나님 나라 복음 자체가 옳게 여김을 받은 자들의 말과 능력과 큰 확신과 성령을 통해 역사하며 많은 고난과 싸움 가운데서 전해집니다(살전 1:5; 2:2; 3:4). 이런 하나님 나라는 예수께서 재림하시는 날에 완성됩니다. 그 날에는 하나님께서 박해한 자들과 불신자와 불순종한 자들을 심판하시어 예수의 얼굴과 영광에서 영원히 떠나게 하십니다(살후 1:9). 반면에 믿음으로 영광을 돌리며 환난을 받은 자들에게는 안식과 예수의 영광을 주시는 공의로 보응하십니다(살전 4:6; 살

후 1:5-12; 2:14). 그 주의 날은 불신자들에게는 갑작스럽지만 이미 부활의 주님과 함께 산 자들에게는 평안의 날이요 흠 없이 거룩하여 구원을 받는 날이 됩니다(살전 5:9-10, 23-24). 그 날에는 죽은 자들이 먼저 부활하여 불(능력) 가운데 강림하실 예수님과 함께하고, 살아있는 자들도 부활하여 주님과 영원히 함께 합니다(살전 3:13-17; 4:14-17; 5:23; 살후 1:7). 이 예수님의 재림 전에는 배교와 불법의 사람(멸망의 아들/대적자/자칭 하나님)이 나타나 주의 날이 왔다고 미혹하겠지만 예수께서 통제하시고 강림하셔서 폐하십니다(살후 2:1-12).

언약

데살로니가전후서의 하나님 나라는 하나님과 하나님 백성인 교회와의 새 언약관계를 살펴볼 때 더 잘 알 수 있습니다. 하나님의 택하심과 복음으로 부르시어 성령의 거룩하게 하심과 진리를 믿음으로 구원을 받은 하나님 백성들은 이에 합당하게 살아야 합니다(살후 2:13). 곧 많은 환난과 고난에서도 흔들리지 않고 예수를 본받아 믿음, 소망, 사랑, 인내, 기도, 감사, 기쁨으로 살아야 합니다(살전 1:3-10; 3:2-13; 5:8, 16-18; 살후 1:3-4; 3:5). 불신자들처럼 죽은 자들에 대해 지나치게 슬퍼하지 않고 재림과 부활의 소망으로 위로해야 합니다(살전 4:13, 18). 잘못된 재림신앙으로 미혹하는 자를 멀리하여 말씀의 전통대로 주의 재림을 기다리며, 거룩함과 화목으로 서로를 세우고 권면하며, 자기 일을 행하여 궁핍함이 없음으로 하나님을 기쁘시게 해야 합니다(살전 1:10; 3:12-13; 4:1-12; 5:11-14; 살후 2:2-15; 3:6-15). 악에 악으로 갚지 말고 실망함 없이 모든 사람에게 선과 사랑을 행해야 합니다(살전 5:15, 22; 살후 3:13). 이런 자들에게는 영원한 위로와 소망을 주시고 악한 자에게서 건지십니다(살후 2:16-17; 3:3). 반면에 간사함, 성적 타락, 속임수, 아첨, 탐심, 게으름(무질서), 불신과 불의, 사람의 영광을 구하며 대적하는 자들은 구원받지 못하고 심판을 받습니다(살전 2:3-6, 16; 4:3; 5:14; 살후 2:10-12; 3:6).

그리스도

데살로니가전후서에서 예수님은 죽으셨다가 다시 살아나신 주와 그리스도이시며 모든 성도와 함께 재림하실 분이십니다(살전 3:13; 4:14). 장래에 하나님 노하심에서 믿는 자들을 건지시는 분이십니다(살전 1:10). 불법의 사람을 통제하시고 폐하십니다(살후 2:7-8).

〈적용〉

그리스도인들은 데살로니가전후서를 통해 하나님 백성에게 있어서 고난은 정상적인 것이며 합당한 것임을 깨닫습니다. 그러므로 이런 가운데서도 인내하여 말씀의 전통을 믿고 서로 사랑하며 공의로 의신 주님의 재림에 대한 소망으로 힘써 일하며 살아가야 합니다. 죽음과 재림에 대한 잘못된 이해나 거짓된 믿음과 유혹에 속지 않아야 합니다.

※ 데살로니가전후서 전체의 중심적 내용:
하나님 백성의 고난과 복음 전파, 하나님 나라의 완성, 주의 날과 안식과 영광으로 보응하심, 배교와 불법의 사람의 유혹, 부활의 소망과 위로

 **나눔을 위한 질문**

1. 데살로니가전후서에 나타난 하나님 나라의 특징은 무엇입니까?

2. 하나님 나라 백성은 주어지는 고난을 어떻게 이해해야 합니까?

Note.

디모데전후서 개관

◎ 주요 본문: 디모데후서 4:1-2

하나님 앞과 살아 있는 자와 죽은 자를 심판하실 그리스도 예수 앞에서 그가 나타나실 것과 그의 나라를 두고 엄히 명하노니 너는 말씀을 전파하라 때를 얻든지 못 얻든지 항상 힘쓰라 범사에 오래 참음과 가르침으로 경책하며 경계하며 권하라

하나님 나라

디모데전후서는 어떠한 하나님 나라의 모습을 보여줄까요? 바른 교훈을 위한 싸움(딤전 1장), 교회 질서와 직분(2:1-3:13), 바른 경건과 목회(3:14-6:21), 복음과 고난(딤후 1:1-2:13), 바른 교훈을 위한 싸움(2:14-4:22)을 말씀하는 디모데전후서는 에베소 교회의 상황과 관련하여 하나님 나라를 보여줍니다. 신화와 족보, 금욕주의와 부활의 지나감에 기초한 거짓된 교훈들은 진리를 버리고 분쟁함으로 믿음을 무너뜨립니다(딤전 1:3-4, 8-10; 4:1-3; 6:4-5, 21; 딤후 2:18; 3:8). 그러나 예수의 복음에 기초한 바른 교훈은 믿음 안에서 사랑, 긍휼, 오래 참음과 경건으로 예수의 나라에 이르게 합니다(딤전 1:5, 11, 16; 4:5; 6:3; 딤후 4:1). 이 나라의 영원한 왕이신 하나님은 성경의 바른 교훈을 통해 믿음으로 구원을 받으며 온전한 하나님의 사람으로 선한 일을 행할 능력도 주십니다(딤전 1:17; 딤후 3:15-17). 이렇게 하나님 나라는 진리와 믿음으로 세워진 교회를 통해 거짓 교훈과 선한 싸움을 하며 진행됩니다(딤전 1:18; 딤후 4:7). 이 나라는 예수의 오심으로 회복된 생명의 나라이며 복음의 진리가 전파되며 지켜지는 나라입니다(딤후 1:10, 12; 4:17). 예수와 함께 죽고 부활하여 왕 노릇하지만 복음과 함께 고난도 받고 모든 악에서 건져주시어 들어가게 하시는 나라입니

다(딤후 1:8; 2:11-12; 3:11; 4:18). 왕이신 하나님께서 예수의 재림 때에 완성하시며 백성들에게 참된 생명과 모든 것을 후히 누리게 하시는 나라입니다(딤전 6:14-19; 딤후 4:1).

언약

디모데전후서에서의 하나님 나라는 하나님과 하나님 백성인 교회와의 새 언약관계를 살펴볼 때 더 잘 이해할 수 있습니다. 예수 안에서 은혜로 부르신 하나님 백성들은 하나님 앞에서 왕과 지도자들과 모든 사람을 위해 기도를 드려야 합니다(딤전 2:1-3; 5:5; 딤후 1:9). 남자들은 다투지 않고 기도하며 여자들은 하나님 나라 질서 속에서 순종하며 거룩해야 합니다(딤전 2:8-15). 감독과 집사들은 교만하거나 다투지 않으며 선한 양심과 믿음으로 충성해야 합니다(딤전 3:1-13). 거짓 교훈을 피하고 하나님의 말씀과 기도와 자족으로 거룩해지는 경건에 이르도록 해야 합니다(딤전 4:5-8; 6:6-8; 딤후 1:13; 4:2). 곧 성경을 통해 말과 선한 행실과 사랑과 믿음과 정절과 온유와 인내에 있어 본이 되며 복음을 위한 고난에 참여해야 합니다(딤전 1:16; 4:12; 5:22; 딤후 1:8; 2:3, 9; 4:5; 행 19상). 젊은이를 형제자매로 대하고 자녀를 양육하며 효를 행하여 가족과 친족을 돌보고 말씀에 수고하는 자들, 늙은이와 참 과부를 존대해야 합니다(딤전 5:1-17). 이런 새 언약 백성들인 교회에는 하나님께서 예수 안에 있는 구원과 의의 면류관의 영광을 받게 하십니다(딤후 2:10; 4:8). 거짓 교훈과 믿음(경건의 모양), 고난을 피하고 교만과 게으름과 정욕과 분쟁과 돈과 자기만을 사랑함으로 믿음을 버린 자들은 사탄과 세상에 돌아간 자들이며 하나님의 심판을 받습니다(딤전 5:11-14; 6:4-10, 21; 딤후 1:5; 2:18; 3:8).

그리스도

 디모데전후서에서 예수님은 죄인을 구원하시려고 세상에 임하신 사람이시며 모든 사람을 위해 대속물로 자신을 주신 중보자이십니다(딤전 1:15; 2:5-6). 본디오 빌라도 앞에서 선한 증언을 하신 모든 사람과 믿는 자들의 구주이십니다(딤전 4:10; 6:13). 복음의 말씀대로 다윗의 씨로 죽은 자 가운데서 다시 살아나신 그리스도이십니다(딤후 2:8). 만국에 전파되시고 세상에 믿은 바 되시며 영광 가운데 올려지신 경건의 비밀이십니다(딤전 3:16). 재림의 날에 나타나셔서 산 자와 죽은 자를 심판하실 그리스도이십니다(딤후 4:1).

〈적용〉

 그리스도인들은 디모데전후서를 통해 거짓된 신앙과 가르침들을 분별해야 함을 배웁니다. 오직 성경의 바른 교훈 안에서 하나님과 예수님을 닮아가는 경건에 이르러야 합니다. 하나님 나라 복음을 부끄러워하지 않고 전파하며 고난에 잘 참여해야 합니다.

> ※ **디모데전후서 전체의 중심적 내용:**
> 믿음과 부활에 대한 거짓된 교훈들과 바른 교훈, 생명과 복음의 진리가 있는 하나님 나라, 말씀과 기도의 경건,

 나눔을 위한 질문

1. 디모데전후서에 나타난 하나님 나라의 특징은 무엇입니까?

2. 그리스도인들에게 있어서 경건의 능력은 무엇입니까?

Note.

디도서와 빌레몬서 개관

◎ 주요 본문: 디도서 2:14

그가 우리를 대신하여 자신을 주심은 모든 불법에서 우리를 속량하시고 우리를 깨끗하게 하사 선한 일을 열심히 하는 자기 백성이 되게 하려 하심이라

하나님 나라

디도서와 빌레몬서는 어떠한 하나님 나라의 모습을 보여줄까요? 장로들을 임명하고 거짓 교사들을 책망하는 디도의 직무(딛 1장)와 바른 교훈과 경건한 삶(2-3장), 빌레몬의 사랑에 대한 감사와 용서에 대한 권면(몬 1장)을 말씀하는 디도서와 빌레몬서는 그레데와 골로새의 교회 상황과 그리스도인의 삶과 교제를 통해 하나님 나라를 보여줍니다. 거짓말과 자기 이익과 게으름으로 악한 짐승과 같은 그레데인들의 세상에서 교회는 방탕하지 않고 더러운 이득을 탐하지 않으며 선행을 좋아하는 지도자들을 통해 바른 교훈으로 권면을 받는 하나님 나라를 드러냅니다(딛 1:6-13). 그 나라는 여러 정욕과 쾌락과 불법에 종 노릇하던 자들이 자신을 주신 예수를 통해 속량을 받고 성령의 충만을 받아 하나님의 선한 일에 열심을 내는 영생/부활의 상속자들이 되는 것으로 나타납니다(딛 2:14; 3:3, 6-7). 곧 모든 사람에게 구원을 주시는 하나님의 은혜와 사랑의 나라로서 믿음과 경건함으로 사는 자들이 예수님의 영광의 재림을 기다리며 사는 나라입니다(딛 2:11-13). 할례파 유대인들의 족보와 율법에 대한 이단적 가르침은 분쟁과 불순종을 일으키고 더러운 이득을 추구함으로써 교회와 가정을 무너뜨리지만, 하나님의 바른 교훈의 말씀은 사람들에게 유익한 선한 일에 열심을 내는 하나님의 "특별한(자기 소유의)" 백성들로 양육합

니다(딛 1:9-11; 2:1-15; 출 19:5). 이 나라는 노예제도의 세상에서 도망친 종을 용서하고 형제로 받아들여 교제함으로써 예수 안에서 평안과 기쁨을 누리는 나라입니다(몬 1:7, 20).

언약

디도서와 빌레몬서에서의 하나님 나라는 하나님과 하나님 백성인 교회와의 새 언약관계를 살펴볼 때 좀 더 잘 이해할 수 있습니다. 하나님께서는 자비와 사랑과 긍휼과 성령의 새롭게 하심으로써 어리석고 순종하지 아니하던 자들을 예수님을 통해 의로운 "자기" 백성으로 삼으셨습니다(딛 3:4-7). 더욱이 성령을 풍성히 부어주사 선한 일을 힘쓰게 하셨습니다(딛 1:16; 2:7, 14; 3:8, 14). 그러므로 하나님의 새 언약 백성인 교회는 제 고집대로 하지 않고 분내지 않으며 선행을 좋아하는 거룩한 자들(장로들)이 되어야 합니다(딛 1:5-8). 택함 받은 자들로서 온전한 믿음과 경건에 대한 지식과 영생의 소망을 가지고 살아야 합니다(딛 1:1-2, 13). 하나님의 바른 교훈에 합당한 절제와 사랑, 인내, 선함과 신중함, 순종과 바른 말을 함으로써 범사에 하나님의 교훈을 빛나게 해야 합니다(늙거나 젊은 남자와 여자, 종들, 딛 2:1-10). 하나님 백성은 통치자들에게도 복종하며 관용하며 범사에 온유함을 모든 사람에게 나타냅니다(딛 3:1-2). 제도와 지위를 넘어선 믿음과 사랑으로 성도들과 교제함으로써 선을 알고, 자원하여 선을 행하여 그리스도께 이르러 갑니다(몬 1:6; 16). 그러나 더러운 양심으로 이익과 정욕을 추구하며 불순종과 헛된 말로 다투고 서로 비방하며 미워하는 자들은 부패하여 죄를 짓고 하나님을 행위로 부인하는 자들입니다(딛 1:16; 3:3, 11).

그리스도

디도서와 빌레몬서에서 예수님은 크신 하나님이시며 구주와 주님이신 그리스도이십니다(딛 2:13; 3:6; 몬 1:3, 6, 25). 우리를 대신하여 자신을 주시고 모든 불의에서 속량하시어 깨끗하게 하신 분이십니다. 영광 가운데 다시 오셔서 하나님 나라를 완성하실 분이십니다(딛 2:13).

〈적용〉

그리스도인들은 디도서와 빌레몬서에서 하나님의 바른 교훈에 합당한 삶을 배웁니다. 말로는 하나님을 시인하지만, 행위로는 하나님이 원하시는 선한 일에 불순종하는 것이 아니라 하나님 말씀에 따른 모든 선한 일을 힘써 행해야 함을 깨닫습니다. 주님이신 예수님의 속량을 입고 하나님 나라를 완성하실 재림을 기다리는 장로와 청년과 장년의 모든 하나님의 특별한 성도들로서 아름답고 경건한 삶에 모범이 되어야 합니다.

※ 디도서와 빌레몬서 전체의 중심적 내용:
바른 교훈과 경건, 선한 일에 열심 있는 하나님 백성

 나눔을 위한 질문

1. 디도서와 빌레몬서에 나타난 하나님 나라의 특징은 무엇입니까?

2. 그리스도인들이 힘써야 하는 선한 일은 무엇입니까?

Note.

공동서신서 개관

◎ 주요 본문: 베드로전서 2:9

그러나 너희는 택하신 족속이요 왕 같은 제사장들이요 거룩한 나라요 그의 소유가 된 백성이니 이는 너희를 어두운 데서 불러 내어 그의 기이한 빛에 들어가게 하신 이의 아름다운 덕을 선포하게 하려 하심이라

하나님 나라

공동서신서는 어떠한 하나님 나라의 모습을 보여줄까요? 흔들리지 않는 예수의 나라(히), 세상과 홀로 주재(主宰)이신 예수의 영원한 나라(약, 벧전후, 요일, 요이, 요삼, 유)를 말씀하는 공동서신서는 세상으로부터의 고난과 유혹에 직면한 교회와 관련하여 하나님 나라를 보여줍니다. 하나님 나라의 복음과 그 능력을 맛보았지만 소유를 빼앗기며 비방과 감옥에 갇히는 환난으로 타락하여 다시 유대교나 세상으로 돌아가려는 교회에 예수의 나라의 영원함을 말씀합니다(히 6:4-6; 약 4:4; 요일 2:15-17). 하나님 백성인 예수 믿는 자들은 이미 살아계신 하나님의 영원한 도성인 하늘의 예루살렘(시온)과 천사와 의인들과 하나님과 영광과 존귀와 공평으로 통치하시는 영원한 왕 예수님과 함께 있는 자들입니다(히 12:22-24). 거룩하신 하나님의 소유된 거룩한 나라와 백성으로서 여러 시험 가운데서도 기뻐하며 말씀을 따라 선을 행하는 제사장들입니다(벧전 2:9-10; 3:13-18). 세상적 유혹에서도 두 마음이 아닌 경건과 믿음과 사랑과 인내로 그리스도의 나라에 넉넉히 들어가는 자들입니다(벧후 1:2-11; 약; 요일). 이렇게 하나

님 나라는 세상에는 가난하지만 믿음에는 부요하여 하나님을 사랑하는 자들에게 약속된 나라입니다(약 2:5). 성령으로 하나님과의 교제를 알고 사랑이신 하나님을 아는 나라입니다(요일 4:8-18). 그 나라는 세상을 이기신 예수님의 부활의 새 생명과 창조로 회복된 소망의 나라이며, 썩지 않고 더럽지 않고 쇠하지 아니하는 영광과 유업으로서 예수의 재림 때에 의가 있는 새 하늘과 새 땅으로 완성될 것입니다(벧전 1:3-9; 3:21; 5:1-10; 벧후 3장; 요일 4:4; 유 24-25).

언약

공동서신서가 보여주는 하나님 나라는 하나님과 하나님의 새 백성인 교회와의 새 언약 관계를 살펴볼 때 더 잘 알 수 있습니다. 예수께서 값 주고 사신(속량) 자들로서 하나님 백성이 된 자들은 고난과 유혹 속에서도 인내와 거룩과 경건함으로 하나님의 날이 임하기를 간절히 사모해야 합니다(약 1:3; 5장; 벧전 2:1; 벧후 3:11-12). 곧 하나님이 택하신 제사장과 선한 청지기들로서 세상 정욕이 아닌 하나님의 뜻을 따라 사랑과 봉사로 살아야 합니다(벧전 2:9; 4:8-10). 고난 가운데서도 온전케 하시는 예수를 믿음으로 인내하며 하나님의 성품에 참여해야 합니다(히 12장; 벧전 1:2-4). 육신의 정욕과 어둠인 세상과의 교제가 아닌 생명과 화평과 빛이신 삼위 하나님과 교제하는 교회와 사랑으로 연합해야 합니다(요일). 세상 우상을 멀리하여 믿음으로 이기며 생명과 진리의 말씀이신 예수 그리스도의 사랑으로 사랑을 실천하여 주의 날에도 담대함을 가져야 합니다(요일 3:16; 4:18; 5:4, 21; 요이; 요삼). 시련을 견딘 이런 백성들에게 하나님께서는 세상보다 더 낫고 영구한 소유와 칭찬과 영광과 존귀와 생명의 면류관을 주십니다(벧전 1:7; 히 10:34; 약 1:12). 그러나 예수께서 그리스도이심을 부인하거나 예수님을 알아 세상의 더러움을 피한 후에 다시 세상에 돌아가 두 마음을 가지면 어두움과 영원한 불의 형벌이 예비되어 있습니다(히 6:4-8; 10:26-31; 벧후 2:17-22; 요일 2장; 요이 7; 유 4-13). 원망과 불만과 분열과 정욕과 이익대로 행하는 자들에게 심판이 있습니다(유 16-19).

그리스도

공동서신에서 예수님은 새 언약의 중보자와 왕과 대제사장이시며 어제나 오늘이나 영원토록 동일하신 분이십니다(히 2:17-18; 7:13-16; 12:24; 13:8). 부활과 승천하시어 하나님 우편의 영원한 보좌에서 영광과 존귀의 관을 쓰시고 공평으로 통치하시는 왕이십니다(히 1:8; 2:9; 벧전 3:22). 하나님께서 사랑하는 아들이요 기뻐하시는 종으로서 창조의 대행자이며 성전의 살아있는 돌이십니다(히 1-2장; 벧전 2:21-25; 벧후 1:17).

〈적용〉

그리스도인들은 공동서신들을 통해 세상이 주는 고난과 유혹(시험)에서도 자신을 지키며 온전히 승리하는 하나님 나라의 새 언약 백성들을 바라봅니다. 행동하는 믿음의 지혜를 깨닫습니다. 이 시대의 그리스도인들도 유혹과 핍박의 세상 속에서 하나님의 성품과 선한 생활로 승리해야 합니다.

> ※ **공동서신 전체의 중심적 내용:**
> 예수의 영원한 나라, 세상에서 미혹과 고난에 직면한 교회, 선을 행하는 제사장들, 사랑이신 하나님, 새 하늘과 새 땅, 하나님의 날과 하나님의 성품, 사랑의 실천

 **나눔을 위한 질문**

1. 공동서신에 나타난 하나님 나라의 특징은 무엇입니까?

2. 도전하는 세상 속에서 그리스도인들은 어떻게 승리할 수 있습니까?

Note.

히브리서 개관

◎ 주요 본문: 히브리서 12:28-29

그러므로 우리가 흔들리지 않는 나라를 받았은즉 은혜를 받자 이로 말미암아 경건함과 두려움으로 하나님을 기쁘시게 섬길지니 우리 하나님은 소멸하는 불이심이라

하나님 나라

히브리서는 어떠한 하나님 나라의 모습을 보여줄까요? 선지자와 천사보다 뛰어나신 하나님의 아들 예수님(1-2장), 모세와 레위적 대제사장들보다 뛰어나신 대제사장 예수님(3-7장), 구약 제사보다 뛰어난 그리스도의 희생 제사(8-10장), 하나님 백성의 믿음과 인내(11-13장)를 말씀하는 히브리서는 예수님과 하나님 백성들과 관련하여 하나님 나라를 보여줍니다. 하나님 나라는 하나님이 기름 부어 세우신 아들 예수님이 왕이 되시며 공평으로 영원히 다스리시는 나라입니다(1:8-9; 시 45:6-7). 예수님은 하나님의 은혜로 모든 사람 위하여 죽음의 고난을 받으시고 영광과 존귀로 그 나라의 왕관을 쓰신 분이십니다(2:9). 이 나라는 예수님의 대제사장적 죽음과 부활과 승천을 통해 이루어진 새 창조의 나라이며 흔들리지 않는 영존의 나라입니다(12:27-28; 13:20-21; 단 7:14; 학 2:6). 이 나라의 하나님 백성들은 그리스도의 완전한 희생 제사를 통해서 미래에 살게 될 하나님의 성인 하늘의 예루살렘과 시온 산에 이미 들어와 수많은 천사와 하나님과 모든 상속자(장자)들의 교회와 의인들의 영들과 예수님과 함께 현재에도 살고 있습니다(10:19-22; 11:10, 16; 12:22-24; 13:14). 이 나라는 모든 원수들을 멸하시고 그의 백성을 구원하시기 위해 재림을 기다리시는 예수님에 의해 완성될 것입니다(9:28;

10:13, 37).

언약

히브리서의 하나님 나라는 하나님과 새 언약 백성인 교회와의 관계를 살펴볼 때 더 잘 이해할 수 있습니다. '더 좋은 언약' 곧 새 언약의 중보자이신 예수님을 통해 하나님의 새 백성이 된 교회는 믿음으로 살아야 합니다(7:22; 8:6; 10:38-39; 11:6; 12:24). 하나님 나라에 대한 하나님의 약속에 소망을 가지고 신뢰하며 순종해야 합니다(11:1; 6:12-18). 믿음 생활 가운데 여러 어려움으로 단련하실 때에도 인내와 참된 예배로 나아가야 합니다(10:36; 12:4-13; 13:1-19). 들은 하나님 나라 말씀에 둔하여 미숙하지 않고 철저한 주의를 기울이며, 죄의 유혹으로 마음을 완고하게 하지 않아야 합니다(2:1-4; 3:7-4:13; 5:11-6:12). 소유를 빼앗기며 비방과 감옥에 갇히는 고난 때문에 유대교의 모세와 천사와 제사(음식)와 세상으로 되돌아가지 않아야 합니다(10:26-31; 13:9). 하나님의 말씀을 배반하며 하나님의 아들과 성령을 욕되게 하지 않아야 합니다(6:6; 10:29; 12:25). 음행과 돈 사랑이 아닌 형제 사랑으로 손님을 대접하며 학대받는 자를 기억해야 합니다(13:1-6). 교회는 모이기에 힘쓰며 말씀을 전하며 인도하는 자들을 주의하여 본받고 순종하며 찬송과 나눔과 선행으로 예배해야 합니다(10:24-25; 13:7-19). 이런 교회와 백성들을 예수께서 위로하시며 도우시고, 하나님께서 예비하신 영원한 안식과 더 좋은 부활과 완성된 나라를 유업으로 주십니다(2:18; 4:15-16; 11:6, 26). 그러나 끝까지 믿음과 소망을 굳게 잡지 않고 뒤로 물러가 큰 구원을 가볍게 여긴 자들에게는 다시 회개할 기회가 주어지지 않고 불의 심판으로 보응하십니다(2:3; 6:6-8; 10:26-31; 12:29; 13:4).

그리스도

히브리서에서 예수님은 하나님의 아들로서 창조의 대행자이시고, 하나님 본체의 형상으로서 만유의 주가 되시며 모든 천사의 경배를 받으십니다(1장; 시 2:7; 삼하 7:14). 그리스도로서 인간이 되시어 고난과 시험을 순종하여 받으심으로 부활하여 하나님 우편에 앉으신 만물과 구원과 믿음의 창시자요 형님이십니다(2장; 4:14; 12:2). 멜기세덱의 계열을 따른 왕적 대제사장으로 자신을 희생 제물로 드려 영원한 속죄를 이루신 새 언약의 중보자이십니다(5:10; 7-10장). 재림하여 원수들을 멸망시키실 자이십니다(10:12-13).

〈적용〉

그리스도인들은 히브리서를 통해 예수께서 행하신 고귀한 희생적 사랑과 그로 인한 하나님 나라 백성의 영광스러움을 봅니다. 그러므로 처한 온갖 어려움에도 불구하고 뒤로 물러가지 않고 믿음을 지키며 인내로 연단 받으며 소망으로 나아갈 이유를 발견합니다.

※ 히브리서 전체의 중심적 내용:
흔들리지 않는 영존의 하나님 나라, 새 언약의 중보자, 더 좋은 언약과 부활과 영원한 안식, 만물과 구원과 믿음의 창시자, 믿음과 인내와 참된 예배, 하늘의 예루살렘

 나눔을 위한 질문

1. 히브리서에 나타난 하나님 나라의 특징은 무엇입니까?

2. 그리스도인들이 세상에서의 고난에도 불구하고 믿음을 지켜야 할 이유는 무엇입니까?

Note.

야고보서 개관

◎ 주요 본문: 야고보서 2:8-9

너희가 만일 성경에 기록된 대로 네 이웃 사랑하기를 네 몸과 같이 하라 하신 최고(그 나라)의 법을 지키면 잘하는 것이거니와 만일 너희가 사람을 차별하여 대하면 죄를 짓는 것이니 율법이 너희를 범법자로 정죄하리라

하나님 나라

야고보서는 어떠한 하나님 나라의 모습을 보여줄까요? 진리의 말씀을 행하는 인내(경건/지혜)와 부의 욕심에 기초한 두 마음(시험, 1장), 참 경건인 이웃에 대한 긍휼과 제어된 말과 세속으로부터의 순결(2:1-5:6), 진리 안에서의 인내(5:7-20)를 말씀하는 야고보서는 세상과의 관계에서 하나님 나라를 보여줍니다. 시리아나 소아시아 지역에 "흩어져 있는 열두 지파" 곧 유대적 그리스도인들에게 세상 나라는 세속적인 부와 물질적인 탐욕으로 위협을 가합니다(1:1, 9-11, 27; 2장; 4:1-5, 13-17; 5:1-6). 궁핍한 자의 소외와 부를 추구하는 신앙, 빈부의 차별, 가난한 자가 부자에 의해 법정에 회부되거나 임금을 착취당하는 시험과 고난을 가져옵니다. 이렇게 위협하는 세상과는 대조적으로 하나님 나라는 풍성하신 하나님께서 가난한 자를 택하시어 믿음으로 부하게 하신 자들의 나라임을 말씀합니다(1:5; 2:5). 긍휼의 하나님께서 진리의 말씀으로 태어나게 하시고(새 창조) 마음에 말씀을 새기시어 구원하시며, 온유함으로 말씀을 행하며 하나님을 사랑하는 자들에게 복 주시고 약속하신 생명의 면류관(의/화평)과 나라를 상속받게 하시는 나라입니다(1:12, 18, 21, 25; 2:5; 3:18). 그 나라는 자유롭게 하며 순결과 긍휼을 특징으로 하는 온전한 진리의 말씀(율법/지혜/

성령)으로 다스리고 심판하며, 인내와 온유함('한 마음')으로 '그(하나님) 나라의 법'을 성취하며 "한 분"이신 하나님께 순종하는 백성들이 있는 나라입니다(1:4, 25; 2:8, 12, 19; 3:13-18; 4:12; 5:11).

언약

야고보서의 하나님 나라는 하나님과 하나님 나라의 새 언약 백성인 교회와의 관계를 살펴볼 때 더 잘 이해할 수 있습니다. 예수께서 온전히 성취하신 '그 나라의 법'을 따라 맺어진 새 언약 관계에서 백성들은 마음에 새겨진 새 계명들을 온유함으로 성취해야 합니다(1:21-25; 2:8, 12). 하나님을 등지고 돈으로 유혹하는 세상과 짝하여 두 마음으로 살지 않아야 합니다. '그 나라 법'의 요구대로 한 마음 곧 전심으로 하나님을 사랑하며 이웃에게 긍휼을 행해야 합니다(1:27; 2:8, 13; 3:13, 17). 믿음과 행함의 나뉨이 없어야 합니다(2:14-26). 말씀의 지혜로움과 절제를 통해 혼돈과 거짓 가운데 있는 세상을 돌이키게 하고 교회를 세워야 합니다(3장; 5:19-20). 세속에 물들지 않고 순결하여 참된 경건을 소유해야 합니다(1:27; 4:1-17). 하나님 나라를 완성하실 예수님의 재림을 소망하며 세상적 시험 가운데서도 인내해야 합니다(1:3-12; 5:7-20). 이렇게 하나님 백성들이 살아갈 때 생명의 면류관을 주십니다(1:12). 세상에서의 미혹과 시험 가운데서 하나님께 지혜를 구하거나 겸손히 돌이키면 한결같은 사랑과 은혜로 풍성하게 채워주십니다(1:5; 4:6-10). 그러나 '한' 하나님과 교회와의 언약 관계에서 나뉘어진 '두' 마음으로 계속적으로 행하거나 '신앙고백(말)과 행함의 나뉨'은 죄가 됩니다(4:17; 엡 4:1-6). 차별하며 긍휼을 행하지 않는 자들은 긍휼이 없는 심판을 받게 됩니다(2:13). 두 마음에서 나오는 말로 끝까지 서로 원망하고 비방함으로 교회 공동체를 파괴하는 자들은 지옥 불에 들어가게 하십니다(3:6; 4:11; 5:9). 세상에 대한 사랑과 부에 대한 추구와 욕심으로 세상과 벗이 되어 하나님과 원수 된 자들은 아무것도 얻지 못하고 멸망합니다(1:7; 4:2, 4).

그리스도

예수께서는 구약의 율법을 온전히 성취하시어 죄인을 자유롭게 하시는 '그 나라의 율법' 곧 새 계명을 주신 그리스도이십니다(1:25; 2:7). 약속하신 나라를 완성하여 주시거나 심판하시려고 강림하시며 "아름다운 이름"을 가지신 영광의 주이십니다(2:1, 7; 5:7).

〈적용〉

예수께서 재림하시는 마지막 날 곧 종말이 다가오고 있는 이 날들에서 세상이 아닌 하늘 위에서 오는 지혜를 가져야 합니다. 하나님 말씀으로 세상을 이겨야 합니다. 이것은 말씀이 요구하는 '세상에서의 순결과 긍휼과 인내'를 온유와 겸손의 한마음으로 순종하는 삶입니다.

※ **야고보서 전체의 중심적 내용:**
두 마음과 온유한 마음, 믿음에 부요한 자들, 하나님 나라의 법과 새 계명, 긍휼과 인내, 한 분이신 하나님, 행함이 있는 믿음과 지혜

 나눔을 위한 질문

1. 야고보서에 나타난 하나님 나라의 특징은 무엇입니까?

2. 그리스도인들이 세상 속에서 두 마음이 아닌 한마음으로 살아갈 수 있게 하는 지혜는 어떠한 것입니까?

Note.

베드로전후서 개관

◎ 주요 본문: 베드로후서 1:10-11

그러므로 형제들아 더욱 힘써 너희 부르심과 택하심을 굳게 하라 너희가 이것을 행한즉 언제든지 실족하지 아니하리라 이같이 하면 우리 주 곧 구주 예수 그리스도의 영원한 나라에 들어감을 넉넉히 너희에게 주시리라

하나님 나라

베드로전후서는 어떠한 하나님 나라의 모습을 보여줄까요? 세상에서 택함과 거듭남을 받은 교회(벧전 1:1-12), 세상에서 하늘 하나님 앞으로 나아가는 교회(1:13-3:22), 세상의 고난에서 복음으로 승리하는 교회(4-5장), 하나님의 성품과 말씀(벧후 1장), 세상적 거짓 교사들과 하나님 말씀(2-3장)을 언급하는 베드로전후서는 세상과의 관계에서 하나님 나라를 보여줍니다.[10] 소아시아를 포함한 아나톨리아 여러 지역에 흩어져 있는 하나님의 백성들은 사회적으로 소외되고 차별받는 나그네들(임시 체류 외국인과 여행자)과 같았습니다(벧전 1:1; 2:11; 창 23:4). 헬라와 로마의 영향력 가운데 있는 이 지역 주민들로부터 종교적, 문화적, 도덕적인 비방과 '불같은 시험'을 받았습니다(벧전 1:7; 4:4, 12; 5:9-10). 세상적 철학과 탐욕과 타락으로 말씀에 무식하며 무율법주의적인 거짓 교사들이 교회를 미혹하는 어려움이 있었습니다(벧후 1:16, 20; 2:1-3, 10-19; 3:1-4, 16-17). 거짓 교사들이 예수께서 재림하실 것과 그가 행하실 최종적 심판과 구원을 부정하며 현실적이

---

[10] 베드로전후서의 구조나 세상과의 관점은 채영삼, 「공동서신의 신학」 (서울: 이레서원, 2019), 211-568을 참조하였음을 밝힌다.

고 세속적인 지혜와 쾌락으로 나아가도록 유혹한 것입니다. 베드로전후서는 '썩고 더럽고 쇠할 세상'의 이런 도전 속에서도 그리스도 안에서 택함 받고 새롭게 창조되어 세상을 부인(否認)하고, 약속된 새 하늘과 새 땅을 바라보고 가는, 예수님과 하나님을 아는 지식(말씀)에 기초하여 선한 제사장적 생활과 하나님 성품에 참여하는 백성들로 이루어지는 나라를 말씀합니다(벧전 1:2-4, 15, 23-25; 2:9; 3:17; 벧후 1:4-7; 3:2, 13, 18). 그 나라는 '부활 생명과 거룩함(경건/덕)'으로 주의 날에 완성될 "구주 예수 그리스도의 영원한 나라"입니다(벧전 1:3-4, 15; 2:9; 벧후 1:3, 11; 3:10-11). 삼위 하나님에 의해 회복되고 모든 은혜로 진행되며 완성되는 나라입니다(벧전 1:2, 13; 4:10; 5:5, 10; 벧후 1:2-3; 3:18).

언약

베드로전후서의 하나님 나라는 하나님과 하나님의 새 백성들인 교회와의 언약 관계를 살펴볼 때 좀 더 잘 알 수 있습니다. 하나님의 새 백성들은 세상에 흩어져 소외된 자들로 살지만 세상을 하나님 앞으로 인도하는 제사장적 사명을 가집니다(벧전 2:9, 12; 3:18; 출 19:6). 불의한 자를 위하여 십자가에서 죽으시고 승천하신 그리스도와 연합(세례)하였으니 '선한 양심과 행함'으로 고난받으며 세상 사람들을 하늘 하나님께 인도하며 나아가야 합니다(벧전 2:19-21; 3:16). 이 십자가의 그리스도를 아는 은혜와 믿음에 굳게 서며 겸손하여 봉사와 거룩함과 사랑으로 성도의 모범이 되어야 합니다(벧전 1:15-16; 2:19-20; 4:8-11; 5:3-9). 주의 날에 오셔서 심판하시고 구원하실 예수님의 재림을 바로 알고 믿어 이미 주신 하나님의 성품에 참여해야 합니다(벧후 1:1-11; 2:20; 3:18). 이렇게 고난의 나그네길을 가는 자들에게 하나님께서는 예수 안에 있는 은혜와 보호와 능력(성령)으로 승리하며 하늘에 간직한 유업을 받고 영광과 은혜를 누리며 기뻐하게 하십니다 (벧전 1:4-5, 7-8; 2:19, 20; 5:1, 4, 10, 12). 약속하신 예수님의 영원한 의의 나라를 넉넉히 공급하십니다(벧후 3:13). 그러나 고난과 육체의 탐욕과 거짓 교훈으로 말미암아 썩어지고 더럽고 쇠하는 세상과 타협하거나 재림하실 주를 부인하는 자들은 하나님의 불 심판이 있습니다(벧전 4:17; 벧후 2:1-3; 3:1-7, 10, 12).

그리스도

베드로전후서에서 예수님은 구약에서 예언된 하나님의 아들, 그리스도와 산 돌(성전)이시며 구주와 주이십니다(벧전 1:10-12, 20; 2:4-6; 3:15; 벧후 1:17-19; 2:1; 3:2, 18). 죄인을 위한 의로운 대제사장으로서 고난받아 죽고 부활하시며, 승천하여 존귀와 영광을 받으시고 재림하실 분이십니다(벧전 1:1-3, 13; 3:13, 18, 22; 벧후 1:1; 2:21; 3:2, 18). 하나님의 날에 옛 세상을 심판하시고 새 하늘과 새 땅을 주시는 분이십니다(벧후 3:13).

〈적용〉

베드로전후서를 통해 그리스도인들은 예수님과 연합된 자들로서, 고난 가운데 살아도 썩어지고 더럽고 쇠할 세상이 아니라 하나님 나라를 소망하며 나아가야 합니다. 곧 하늘에 간직된 영원하고 영광스러운 유업과 부활의 산 소망을 가진 나그네들로서 세상이 주는 잠깐의 시험과 어려움을 하나님 은혜로 잘 감당해야 합니다(롬 8:17-18). 세상의 정착민이 아닌 하늘 나그네로서 세상을 하나님께 인도하는 제사장적인 선한 삶과 예수님과 하나님을 아는 성품(형상)으로 하나님 앞에 나아가야 합니다(갈 4:19).

※ 베드로전후서 전체의 중심적 내용:
선한 제사장 나라, 하나님의 성품에 참여, 하나님의 은혜, 선한 양심과 행함의 하늘 나그네

 나눔을 위한 질문

1. 베드로전후서에서 보여주는 하나님 나라의 특징은 무엇입니까?

2. 시험과 유혹의 세상을 이기는 하나님 나라 백성의 삶은 무엇입니까?

요한서신서 개관

◎ 주요 본문: 요한1서 2:16-17

이는 세상에 있는 모든 것이 육신의 정욕과 안목의 정욕과 이생의 자랑이니 다 아버지께로부터 온 것이 아니요 세상으로부터 온 것이라 이 세상도, 그 정욕도 지나가되 오직 하나님의 뜻을 행하는 자는 영원히 거하느니라

하나님 나라

요한 1, 2, 3서는 어떠한 하나님 나라의 모습을 보여줄까요? 삼위 하나님과의 사귐으로 생명과 빛과 기쁨이 있는 교회(요일 1장), 말씀이신 성자와 사랑이신 성부와 진리이신 성령과의 교제(2-4장), 믿음과 사랑의 교제를 통한 승리(5장), 진리와 사랑의 교제(요이, 요삼)를 말씀하는 요한의 서신들은 세상과 관련하여 하나님 나라를 보여줍니다. 요한 서신들에서 "세상"은 "지나가며" 제한적으로 통치하는 악한 자인 마귀와 죄(정욕/증오와 미움/거짓/불의/파괴)와 사망의 어둠 가운데 있는 영역이며 교회에서 나간 자들을 의미합니다(요일 1:6; 2:8, 13-19; 3:8, 12-14; 4:5; 5:19). 원죄와 자기 죄를 부인하며 사랑의 계명을 지키지 않고 예수께서 육체로 오신 것을 부정하고 미혹하는 적그리스도요 우상들입니다(요일 1:8, 10; 2:4-11, 18-23; 4:1-6; 5:21; 요이 7; 요삼 9-10). 이런 세상에서 하나님의 나라는 온 세상의 죄를 위한 화목제물로 예수님을 보내신 하나님의 사랑과 죄 사함의 화평이 있는 나라입니다(요일 2:1-2, 15; 4:10, 14). 세상에 속했던 자들이 성령의 기름부음을 통해 영생과 진리와 육체로 오신 하나님의 아들을 알며 거듭나 성부와 사귐이 있는 기쁨의 나라입니다(요일 1:1-4; 2:20-29). 하나님은 세상의 악한 자보다 크시어 마귀의 일을 멸하시고 이렇게 사귀시는

교회 가운데 거하십니다(요일 2:17; 3:8; 4:4). 그러므로 이 나라는 진리 안에서의 믿음과 사랑의 교제로 세상이 주는 두려움을 이기고 담대히 승리하는 백성들의 나라입니다(요일 2:13-14; 4:18; 5:4-5; 요이 3-5; 요삼 8, 11).

언약

요한 서신들에 나타난 하나님 나라는 하나님과 새 언약 백성들인 교회와의 언약관계를 살펴볼 때 더 잘 이해할 수 있습니다. 하나님께서는 그 아들을 세상에 보내시어 악한 마귀를 멸하시고 세상 사람들을 하나님 나라 백성으로 회복하셨습니다. 이렇게 보내신 아들을 세상의 구주로 믿어 새로 태어난 백성들에게 새 나라 백성이 지켜야 할 새 계명(법)을 주셨습니다(요일 2:7-8, 29; 3:9; 4:7, 14, 15; 5:1, 4, 18; 요이 5-6). 곧 아버지의 사랑 안에 있는 온전한 사귐 가운데서 세상을 사랑하신 아들처럼 아버지의 사랑을 받은 교회는 형제 사랑의 교제를 통해 아버지의 그 사랑을 온전하게 해야 합니다(요일 2:5; 4:12, 18). 세상을 위해 목숨을 버리시기까지 사랑하신 그 사랑으로 교회는 행함과 진실함으로 사랑해야 합니다(요일 3:16-18; 요이; 요삼). 예수님 안에서 받을 영광(부활)과 거룩함에 대한 소망이 있는 자로서 죄와 불의를 행하지 않아야 합니다(요일 3:1-11). 이렇게 행하는 백성들에게 하나님께서는 서로 사랑함을 통해 하나님과 새 언약 백성과의 연합과 교제가 이루어지게 하시고 영생의 기쁨을 누리게 하십니다(요일 1장; 2:17, 25; 4:16; 요 17:26). 이것을 성령을 통해 또한 알게도 하십니다(요일 3:24; 4:13). 세상을 이기게 하십니다(요일 2:13-14; 5:4-5). 그러나 미혹되어 세상에 다시 속함으로 정욕/미움/거짓/불의/무관심/살인으로 나아가면 부끄러움과 두려움과 죽음의 형벌을 받게 하십니다(요일 2:28; 3:14-15; 4:18; 5:16).

그리스도

요한 서신들에서 예수님은 하나님께서 세상을 위한 화목제물로 보내신 하나님의 아들과 그리스도이시며 세상의 구주이십니다(요일 2:1-2; 4:10, 14-15). 하나님이 육체로 오신 분이며 사랑과 진리와 생명의 말씀이십니다(요일 1:1; 2:14; 3:9; 4:2; 5:20; 요이 7). 부활하시어 악한 자의 통치를 멸하시고 이기시어, 하나님의 통치를 회복하신 분이십니다(요일 3:8; 5:5-6).

〈적용〉

요한 서신들을 통해 그리스도인들은 예수께서 육체를 입으시고 생명과 화목제물로 오신 것을 진리로 받아들이고 믿어야 합니다. 이 진리 안에 나타난 하나님의 사랑을 깨닫고 성령을 통해 그 사랑을 이웃과 교회 사랑으로 온전히 이루어가야 합니다. 이렇게 행함으로써 자기 사랑/거짓/미움/정욕/무관심으로 미혹하는 악한 마귀의 세상과 싸우며 승리해야 합니다.

※ 요한서신서 전체의 중심적 내용:
하나님과의 교제, 육체로 오셔서 화목제물이 되신 예수님, 진리 안에서의 사랑, 마귀의 세상

 나눔을 위한 질문

1. 요한서신서에 나타난 하나님 나라의 특징은 무엇입니까?

2. 거짓과 미움의 세상을 이기는 하나님 나라 백성의 삶은 무엇입니까?

Note.

유다서 개관

◎ **주요 본문: 유다서 1:20-21**

사랑하는 자들아 너희는 너희의 지극히 거룩한 믿음 위에 자신을 세우며 성령으로 기도하며 하나님의 사랑 안에서 자신을 지키며 영생에 이르도록 우리 주 예수 그리스도의 긍휼을 기다리라

하나님 나라

유다서는 어떠한 하나님 나라의 모습을 보여줄까요? 믿음의 도를 위하여 힘써 싸우며 자신을 지키고 세워감(1-25절)에 대해 말씀하는 유다서는 세상적 거짓 교사들과 관련하여 하나님 나라를 보여줍니다. 베드로후서에서 언급되는 거짓 교사들과 비슷하게 유다서의 거짓교사들도 하나님의 율법과 은혜를 왜곡하여 성적으로 방탕하며 정욕대로 행하여 주 예수 그리스도를 부인하는 자들입니다(1:4-19; 벧후 2-3장). 더 나아가 이들은 '꿈꾸는 자들'로서 신비한 체험과 직접적인 특별 계시 받음을 강조하는 자들입니다(1:8). 떠돌아다니다가 교회에 가만히 들어와 함께 먹는 육에 속한 자들로서 성령이 없으며 분열과 원망과 이익을 위한 아첨의 말을 합니다(1:12, 16, 19). 타락한 천사들, 가인, 발람, 고라, 불신의 이스라엘과 같이 하나님의 통치 아래에 있는 '자기 지위를 지키지 않고' 천상의 권위를 무시하는 자들입니다. 사도들에 의해 주어진 말씀을 의심하여 비방함으로써 하나님 백성들의 믿음을 무너뜨리려고 합니다(1:3, 6, 8, 17-18, 22; 벧후 2:10-11). 그러나 홀로 주재(主宰)이신 주 예수 그리스도의 나라는 방탕하지 않은 경건한 백성들의 나라입니다(1:4, 25). 그 나라 백성은 하나님 아버지께서 사랑하여 부르시고 '예수를 통해 지키시는' 백성들입니다(1:1, 24). 또한 지극히 거룩한 믿음으로 자신을 세우며 하나님의 사랑인 예

수님 안에서 '자신을 지키는' 백성들의 나라이기도 합니다(1:20-21; 요 3:16; 요일 4:14). 이와 같이 주재이신 예수님을 통한 하나님의 다스리심 아래에서 주어진 지위와 위치에 굳게 서 있는 백성들을 하나님께서 완성될 영생의 날까지 지키시고 흠 없이 즐거움으로 서게 하시는 나라입니다(1:24-25).

언약

유다서가 보여주는 하나님 나라는 하나님과 하나님의 새 언약 백성들인 교회와의 언약 관계를 살펴볼 때 더 잘 이해할 수 있습니다. 주 예수 안에서 하나님의 부르심을 받아 사랑받고 보호받는 하나님 백성들은 계속적으로 믿음 위에 자신을 세워야 합니다(1:1, 20, 24). 성적으로 타락하지 않고 거룩한 믿음을 위하여 싸우며 그 기초 위에서 자신을 건축하고 지켜야 합니다(1:3, 20-21; 벧전 2:1-10 참조). 곧 하나님의 주권적 통치와 은혜 안에 거하여 말씀을 지키는 믿음의 자리와 자신의 지위를 지켜야 합니다. 거룩한 성령으로 기도하여 경건과 사랑의 열매를 맺어야 합니다(1:20). 완성될 하나님 나라의 영생에 이르도록 예수 그리스도의 긍휼을 기다리고 미혹 가운데 있는 자들을 또한 긍휼히 여겨야 합니다(1:21-23). 이런 백성들을 하나님께서는 마지막 날까지 최종적으로 지키시며 그 영광 앞에 흠 없이 기쁨으로 서게 하십니다(1:24). 그러나 거짓 교사들과 같이 자기 지위를 지키지 않으며 교만하여 의심하는 자들은 과거에도 그렇게 하신 것처럼 확실히 심판하십니다(1:5-16, 22). 정죄와 결박을 당하여 영원히 예비된 흑암에 가두어 지키십니다(1:6, 13-15). 하나님의 율법을 무시하고 하나님의 은혜를 방탕한 것으로 바꾼 자들이기에 불의 형벌로 멸망 받게 하십니다(1:4-7, 23).

그리스도

유다서에서 예수님은 홀로 하나이신 주재 곧 주와 그리스도이십니다(1:4). 하나님 백성들에 대한 하나님의 사랑과 은혜의 표현이시며 그 안에서 지키시고 영광과 권세를 받으시는 분이십니다(1:1, 21, 25). 사도들로 말씀하셨으며 영생의 날에 그의 백성들에게는 긍휼을 베푸시지만 경건하지 않은 자들을 심판하실 분이십니다(1:14-15, 21).

〈 적용 〉

그리스도인들은 유다서를 통해 말씀을 왜곡하여 믿음을 허무는 거짓과 미혹에 맞서서 싸워야 함을 깨닫습니다. 말씀을 잘 분별하여 믿음의 자리를 지키고 믿음에서 긍휼의 사랑으로 자신을 세우며 성장시켜 나가야 합니다. 타락한 세상에서 오는 유혹으로 방탕하지 않고 성령을 따라 더욱 거룩한 삶의 열매와 이웃을 구원하는 행위로 살아야 합니다.

> ※ 유다서 전체의 중심적 내용:
> 하나님의 율법과 은혜를 왜곡하는 거짓 교사들, 육에 속한 꿈 꾸는 자들, 하나님이 지키시는 경건한 백성들, 거룩한 믿음, 경건과 사랑과 긍휼, 불의 형벌과 심판

 나눔을 위한 질문

1. 유다서에 나타난 하나님 나라의 특징은 무엇입니까?

2. 그리스도인들은 무엇으로 자신을 지키며 세워나가야 합니까?

Note.

요한계시록 개관

◎ 주요 본문: 요한계시록 11:15

일곱째 천사가 나팔을 불매 하늘에 큰 음성들이 나서 이르되 세상 나라가 우리 주와 그의 그리스도의 나라가 되어 그가 세세토록 왕 노릇 하시리로다 하니

하나님 나라

요한계시록은 어떠한 하나님 나라의 모습을 보여줄까요? 일곱 교회에게 보낸 편지(1-3장), 하늘 성전(4-5장), 일곱 인/나팔/대접 심판(6-16장), 바벨론의 멸망(17:1-19:10), 최후심판(19:11-20:15), 새 창조(예루살렘)와 예수님의 재림(21-22장)을 말씀하는 요한계시록은 세상과 교회와 관련하여 하나님 나라를 보여줍니다. 용과 두 짐승(음녀 바벨론과 땅의 임금들)으로 상징화된 사탄과 로마황제(제국)과 총독들(거짓 선지자들/제사장들)의 세상은 외부적인 핍박과 내부적인 유혹으로써 여자로 상징화된 땅의 교회를 힘들게 합니다(12:15; 12-13장, 17-20장). 이런 가운데 요한계시록은 예수께서 교회를 사랑하시어 그의 피로 죄에서 해방하시고 하나님을 위한 제사장 나라로 삼으셨다고 말씀합니다(1:6; 5:9-10). 이미 어린 양의 피로 승리하여 하늘성전에서 경배하는 이십사 장로로도 상징화된 이 교회는 지상의 하나님의 나라로서 하늘과 땅에서 제사장과 왕으로 노릇할 뿐 아니라 예수 안에 있는 환난과 참음에 동참하는 나라이기도 합니다(1:9; 4:4; 5:10). 교회에 남겨 주신 고난에 순교와 기도로 동참하며 복음을 증거하는 싸움을 통해 천 년 동안 '새벽 별'로서 만국 심판의 권세를 가지신 예수님의 영원한 통치에 참여합니다(2:26-28; 8:1-5; 11:1-15; 15:3-4; 20:4-6; 22:5). 이를 통해 교회는 보호받으며 만국의 대 주재이신 하나님과

어린 양 예수의 통치와 영광을 드러내는 나라입니다(5:12-13; 6:10; 7장; 11장). 이 나라는 만왕의 왕이신 예수님이 하나님 백성들을 유혹하고 고소하던 사탄과 세상을 심판하시고 완전히 심판하실 재림 때에 완성되는 나라입니다(11:15, 17-18; 12:9-10; 17:14-17; 19-22장). 부르심 받아 예수님과 신실이 함께한 백성들이 승리하여 이 완성된 나라에 참여하는 나라입니다(17:14; 11:15, 17; 22:5). 결국 온 세상이 새 하늘과 새 땅으로 새롭게 되어, 하나님이 거하시는 성전의 지성소가 되는 나라입니다(21장).

언약

요한계시록에 나타난 하나님의 나라는 하나님과 교회와의 언약관계를 살펴볼 때 더 잘 이해할 수 있습니다. 어린 양 예수의 피로 하나님의 백성이 된 교회는 직면하는 환란을 두려워하지 말고 죽기까지 복음의 말씀을 지켜야 합니다(2:10; 3:8, 10). 예수의 이름을 굳게 잡고 사랑과 인내와 순결함으로 믿음을 저버리지 않아야 합니다(2:2-13, 19). 여러 이단과 발람/니골라/이세벨과 같은 거짓 사도와 선지자들의 교훈들과 유혹들을 용납하지 않아야 하고 용납했으면 회개해야 합니다(2:2, 14-16, 20-21). 처음 사랑을 잃었거나 죽은 신앙으로 행위가 온전하지 못하거나 차지도 덥지도 않은 미지근한 상태의 신앙은 회개해야 하며, 사랑을 회복하고 받은 말씀을 순종하며 열심을 내어 교제해야 합니다(2:4-5; 3:2-3; 3:15-20). 무엇보다도 새 언약의 중보자이신 예수님의 복음 선포와 고난과 죽음과 부활과 승천을 새 언약 백성인 교회는 증인의 삶을 통해 본받고 경험해야 합니다(11:1-13; 고후 4:10-14 참고). 이렇게 승리한 교회는 보호받고 죽음이 없는 생명나무 열매/생명의 면류관/만나/이름이 새겨진 흰 돌과 생명책/권세/새벽 별/흰 옷/성전 기둥/예수님의 보좌에 앉음/이마에 인침을 약속으로 받습니다(2:7, 10-11, 17, 26-28; 3:5, 21; 7장). 그러나 회개하지 않고 세상에 절한 자들은 하나님 백성의 신분이나 복음의 은혜를 상실하고, 예수님으로부터 징계와 갑작스런 심판과 큰 환란을 받습니다(2:5, 16, 22; 3:3, 19).

그리스도

요한계시록에서 예수님은 교회를 사랑하시어 죄에서 해방하시고 제사장과 나라를 삼으신 분이십니다. 어린 양으로 신실하고 충성된 증인이시며 죽은 자 가운데서 부활하시어 땅의 임금들의 머리가 되신 분이십니다. 하나님의 아들로서 다윗의 열쇠를 가지시며 교회와 사망을 주관하시는 인자이시고 다시 오시어 만물을 심판하시고 새롭게 하시어 영원히 통치하실 분으로 시작과 끝이 되십니다(1-4장, 17-22장).

〈적용〉

요한계시록을 통해서 그리스도인들은 세상 나라를 이기셨고 완전히 심판하시며 영원히 왕 노릇하실 예수님을 기억해야 합니다. 이 예수님과 함께 승리했고 승리할 교회와 나라로서 권세 있는 사단과 세상(돈/안전)의 핍박과 유혹에 굴복하거나 타협하지 않고 끝까지 견디는 믿음(인내와 예배)과 사랑과 소망으로 살아가야 합니다. 이렇게 예수님의 발자취를 따르는 담대한 증인의 삶을 살아야 합니다(벧전 2:19-25).

> ※ 요한계시록 전체의 중심적 내용:
> 교회를 향한 핍박과 유혹, 예수님의 통치에 참여하는 교회, 예수님의 재림과 최후심판, 새 하늘과 새 땅

📖 나눔을 위한 질문

1. 천년왕국과 예수님이 재림하신 시대의 하나님 나라는 어떠합니까?

2. 속히 오시고 계신 예수님을 믿고 기억하는 자들은 어떻게 살아야 합니까?

Note.

신약개관 정리

하나님 나라

　신약은 어떠한 하나님 나라의 모습을 보여줄까요? 신약은 구약에서 약속되고 모형으로 예표되었던 하나님 나라의 회복과 성장과 완성을 보여줍니다. 하나님의 때가 차매 오신 예수님의 선포와 사역에 의해 하나님 나라가 회복되고 성령의 오심과 교회의 복음전파를 통해 성장하며 확장되는 것을 보여줍니다(복음서와 행). 이와 함께 그 나라의 실제와 능력이 마귀와 죄와 죽음에서의 해방과 질병의 치유, 은혜와 의, 평안, 기쁨, 사랑(긍휼), 용서와 심판, 승리, 영생과 영광으로 나타납니다. 특별히 하나님 나라에 속하여 그 나라 복음을 증거하는 교회와 관련하여 다툼과 분열이 아닌 연합과 화평, 세상적 지혜와 강함과 자랑이 아닌 말씀과 십자가의 능력과 덕과 질서, 율법과 할례가 아닌 성령과 사랑, 죄와 사망의 비참함이 아닌 자유와 부활생명의 영광, 땅에 안주함이 아닌 하늘 시민의 긴장적 고난, 철학적 금욕(율법)주의가 아닌 만물의 주이신 예수의 속량과 새 창조, 미혹과 배교와 불법이 아닌 고난과 인내와 올바른 소망, 거짓 교훈(신화/족보/금욕/율법/부활과 재림의 지나감/이득/방탕/분쟁)이 아닌 바른 교훈(사랑/경건/인내/진리/선행/용서/기쁨)의 나라를 말씀합니다(바울서신). 또한 세상(마귀와 정치/경제적/거짓의 유혹과 핍박)이 흔들어도(유대교) 흔들리지 않는 예수의 영원한 나라, 두 마음이 아닌 말씀이 새겨진 온유의 한 마음, 악으로 공격해도 선으로 갚는 하늘 나그네, 거짓 교훈(무식/무법)에 하나님을 아는 지식과 성품에 참여하는, 거짓과 미움과 파괴의 유혹에 진리와 사랑의 교제로 대응하는, 거짓된 신비의 체험에 믿음과 말씀으로 자신을 지키고 성장하는, 온갖 유혹과 핍박에도 승리를 확신하며 제사장적 사명과 소망으로 고난에 참여하는 백성들의 나라입니다(공동서신과 계). 이 나라는 마침내 주 예수 그리스도의 재림의 날에 하나님과 대면하여 교제하는 나라로 완성됩니다(계, 복음서와 서신서들).

언약

신약이 보여주는 이 하나님 나라에서 하나님과 하나님의 새 백성인 교회와의 새 언약관계는 어떻게 나타나고 있습니까? 신약은 그리스도이시며 중보자이신 예수님의 속죄와 속량의 피를 통해 하나님과 예수를 믿는 하나님 백성 곧 새 이스라엘인 교회와의 새롭고도 온전한 화목의 언약관계가 이루어졌음을 선언합니다(복음서와 서신서). 이 새 언약관계에서 하나님 나라 백성은 성령을 통해 회개의 열매를 맺고 그리스도와 연합하여 새 계명에 온전히 순종하는 백성입니다. 그리하여 하나님 백성들과 연합하여 교제하며, 하나님의 성품을 닮고 하나님과 이웃을 사랑하는 의를 이루어야 합니다. 제사장적인 새 언약의 일꾼들로서 그 나라를 증거하며 고난 가운데서도 흔들리지 않고 인내하여 재림과 부활의 소망 가운데 선을 행하며 그 나라의 완성을 준비해야 합니다(서신서, 행, 계). 이런 백성들에게 하나님께서 위로와 영생과 하나님 나라의 열쇠를 주십니다. 예수의 나라가 완성될 때 그 나라를 상속받게 하십니다. 이 나라를 거절하고 은혜를 무시하는 세상 백성들은 최후의 종말에 불신과 불의와 탐심과 분쟁과 거짓과 음행의 죄로 말미암아 심판을 받게 됩니다.

그리스도

신약에서 예수님은 구약에서 약속하신 그 여인의 후손과 아브라함과 다윗의 자손이며 성령으로 태어나신 그리스도이십니다. 새 언약의 중보자와 하나님의 아들과 그 인자로서 죽기까지 복종하시고 부활하시어 하나님 나라를 회복하시고 모든 만물의 왕이 되신 분이십니다. 재림하시어 하나님 나라를 완성하실 분이십니다.

〈 적용 〉

신약을 통해 그리스도인들은 예수께서 회복하시고 성장시키시는 하나님 나라의 실제를 경험하여 그 나라를 증거하며 소망함으로 살아가야 합니다. 이 세상에 굴복하지 않고 잘 분별하면서, 하늘 나그네의 삶을 소중히 여길 뿐 아니라 하나님 나라의 통치를 잘 구현하며 살아야 합니다.

※ 신약 전체의 중심적 내용:
하나님 나라의 회복과 성장과 완성, 예수의 영원한 나라의 실제와 능력, 새 언약의 중보자와 하나님의 새 백성으로서의 교회, 은혜와 영광의 하나님 나라

 나눔을 위한 질문

1. 신약 전체에 나타난 하나님 나라의 실제적 특징은 무엇입니까?

2. 그리스도인들은 하나님 나라의 실제를 어떻게 경험하며 살아갈 수 있습니까?

Note.

성경개관 정리

성경개관 정리:
하나님 나라

구약

성경은 전체적으로 어떠한 하나님 나라의 모습을 보여줄까요? 성경에 나타난 하나님의 나라는 먼저 그 시작과 사람의 타락으로 인해 파괴되기 전까지의 말씀을 볼 때 그 나라의 특징을 알 수 있습니다(창 1-3장). 이 시기의 하나님 나라는 하나님 말씀의 직접적이고 즉각적인 권능과 통치를 보여줍니다. 이 땅의 하나님 나라를 이루게 되는 우주 만물이 하나님 말씀의 권능으로 창조되어 시작되고, 이 만물이 하나님 형상인 사람을 대표로 하는 하나님 말씀의 통치를 통해 하나님뿐 아니라 서로 간에도 관계하는 나라이기 때문입니다. 여기에는 하나님의 복 주심과 함께하심 그리고 생명의 충만함이 있습니다. 하나님 말씀의 통치에 따른 질서와 안식(교제)과 거룩함과 노동(문화)과 가정(생육/양식)이 있습니다. 그러나 이 땅의 하나님 나라에는 말씀의 통치를 거부하는 자(뱀의 세력)와 거부할 수 있는 인간의 자유의지도 존재합니다.

만물의 대표인 인간은 뱀의 배후에 있는 타락한 천사인 마귀의 유혹으로 말씀을 거부합니다. 이런 인간의 반역과 마귀의 불법적인 우주의 점거를 통해 하나님 나라는 훼손되며 파괴됩니다. 하나님 말씀의 거부에 따른 하나님과의 분리로 인간의 수치와 두려움과 책임 전가와 고통과 죽음, 땅과 만물의 저주와 고통과 썩어짐이 함께 존재하게 됩니다. 그러나 하나님의 보호하심과 하나님 나라 회복에 대한 말씀도 있습니다. 불법으로 자기 세상을 건설한 마귀를 저주하시고 여인의 후손을 통해 사탄과 원수 되게 하실 것을 약속하십니다. 곧 셋과 아브라함과 다윗의 후손이 오는 여호와의 날에 하나님 나라의 회복과 완성의 실체가 드러날 것을 말씀합니다. 그 날까지 하나님께서는 선택하신 자들과 그 후손들인 이스라엘을 보호하시고 언약하신 말씀으로 관계하십니다. 이렇게 구약은 여인의 후손을 통해 회복되고 완성될 그 나라를 이스라엘과의 관계를 통해 부분적이거나 모형적으로 보여주십니다. 이 나라는 백성들이 하나님의 선택과 구원과 함께하심의 은혜와 사랑을 받아 하나님을 믿고 그 말씀의 의와 공의를 행하는 거룩한 나라입니다. 하나님 사랑과 이웃 사랑을 통해 만민에게 하나님의 복을 가져오는 빛과 제사장들의 나라입니다. 그러나 하나님과 그 말씀을 거부함에는 고통과 멸망의 심판이 따르는 나라이기도 합니다. 이 나라는 종말의 예루살렘에 만민이 모여 율법을 배우고 제사장이 되어 예배함으로 나아가며 사망이 없는 새 하늘과 새 땅과 새 성전의 나라로 완성될 나라입니다(창 3장-말).

신약

인류의 타락 후 하나님의 택하신 자들과 이스라엘 나라를 통해 계시된 하나님의 나라는 하나님의 언약에 따라 그 여인의 후손으로 오신 예수님에 의하여 실체적으로 회복됩니다. 신약은 예수께서 하나님의 때인 여호와의 날에 오시고 선포와 고난의 사역과 부활을 통해 하나님 나라를 불법으로 점거한 마귀와 죄와 죽음의 세력들을 이기신 것을 보여줍니다. 예수님은 하나님 말씀을 순종하는 사역을 통해 은혜와 의와 평안, 사랑과 긍휼, 용서와 영생(새 창조)을 하나님 나라의 실제와 능력으로서 드러내십니다. 선택과 구원과 성령의 함께하심의 은혜를 받아 하나님 나라 속한 예수님의 교회 또한 하나님 나라 복음전파를 통해 성령의 역사인 연합과 화평의 교제, 사랑과 질서, 진리와 자유, 자족과 절제, 치유와 선행, 믿음과 기쁨, 인내와 소망과 보호로써 흔들리지 않고 성장하는 영원한 하나님 나라를 보여줍니다. 그러나 여전히 마귀와 세상의 세력이 잔존하여 영향력을 발휘함으로 유혹과 핍박, 넘어짐과 고난이 있는 긴장의 나라이기도 합니다. 최종적으로 이 나라는 속히 오고 계시는 예수님의 재림을 통해 영광스럽게 완성되는 나라입니다. 완성된 하나님 나라는 이미 이루어져 있던 하늘의 하나님 나라와 새롭게 된 이 땅의 하나님 나라가 하나 된 나라로 더 이상 마귀와 죄와 죽음의 세력이 존재하지 않는 생명으로 충만한 나라며, 하나님과 대면하는 친밀한 교제와 영광이 있는 나라입니다(마-계).

※ 성경 전체에 나타난 하나님 나라의 중심적 내용

하나님의 권능의 말씀으로 통치되는 나라, 신실하신 언약과 은혜로 나타나며 회복되는 나라, 예수 안에서 실제가 되고 성장하며 영광스럽게 완성되는 나라

 나눔을 위한 질문

1. 성경 전체에 나타난 하나님 나라는 어떠합니까?

2. 하나님 나라 백성인 그리스도인들은 이 하나님 나라를 위해 어떻게 살아야 합니까?

Note.

성경개관 정리: 언약

구약

성경은 하나님 나라에서 하나님과 하나님 백성의 관계를 어떻게 보여주고 있습니까? 성경 전체에 나타나는 하나님 나라는 하나님과 하나님 백성 간의 관계를 통해 전개되며 이 관계를 통해 하나님 나라의 본질을 더욱 잘 보여줍니다. 인간 타락 전의 하나님 나라에서 왕이신 하나님께서는 하나님 백성의 대표인 아담과 하와에게 함께 하시고 왕권을 주셔서 모든 피조물을 돌보며 다스리게 하셨습니다. 이런 관계는 '에덴동산의 선악과를 먹지 말라'는 하나님의 금지명령에서 분명히 나타납니다. '금하신 선악과를 먹으면 반드시 죽으리라'는 구체적인 말씀을 통해 절대 왕이신 하나님과 종속된 왕으로서의 백성과의 관계가 언약적임을 또한 알게 합니다. 이 언약의 말씀을 거부하면 하나님과의 관계가 파괴되고 분리됩니다(창 1-3장).

하나님의 말씀에 기초한 언약관계를 아담과 하와가 거부함으로써 하나님 백성들은 하나님으로부터 분리되며 가졌던 관계는 파괴되었습니다. 인간 타락 후 지상의 하나님 나라가 마귀에게 불법으로 점거됨으로 하나님과의 관계도 파괴되었지만, 하나님께서는 아담과 하와에 은혜의 말씀을 통해 언약의 관계를 부분적으로 유지하십니다. 미래에는 마귀와 하나님 백성들이 대대로 원수 되는 관계를 이루실 것을 말씀하십니다. 결국 마귀에 대한 하와 곧 여자 후손의 승리로써 하나님과의 온전한 관계가 회복될 것을 약속하십니다. 이런 가운데 하나님께서는 언약의 자손들인 셋, 노아, 셈, 아브라함 등과 관계하시며 다른 모든 피조물들과도 관계하십니다. 그 관계는 무지개와 피와 할례와 후손과 땅으로 표현되며 예배와 믿음의 순종이 요구됩니다. 아브라함의 후손인 모세와 이스라엘 백성들과는 상세한 언약의 말씀들을 통해 관계를 맺고 하나님의 구원하신 은혜에 기초한 믿음의 순종이 요구됩니다. 모든 민족 가운데서 하나님의 소유인 거룩한 백성과 제사장으로서 거룩한 독점적 예배와 공의와 인애의 삶이 요구됩니다. 그 관계가 피의 제사와 성막과 성전과 땅을 통해 증거되고 표현됩니다. 하나님께서는 이스라엘의 불순종과 관계 파괴를 심판하시지만, 언약 관계에서의 주권과 신실한 은혜로써 이 관계를 지속하시며 온전하고 새로운 관계를 가져올 여인과 아브라함의 후손으로서의 다윗의 후손을 계속적으로 약속하십니다. 타락한 아담 이후의 이 관계들은 새로운 아담을 통해 가져오실 새로운 차원의 관계를 바라보게 합니다(창 3장-말).

신약

하나님 백성들로 하나님과의 온전하고 새로운 관계를 갖게 할 다윗의 후손으로 약속되었던 예수님의 오심으로 하나님의 새로운 백성이 창조됩니다. 곧 그의 새 언약 관계를 위한 피와 그의 영을 통해 그의 교회가 세워진 것입니다. 말씀이 육신이 되신 예수님에 근거하고 있는 이 새로운 언약관계는 타락 전 하나님과의 화목한 관계의 회복입니다. 더 나아가 예수님을 통해 삼위 하나님과 교제하는 관계이며 성령이 거하시는 성전으로서의 하나님의 백성과 제사장적 일꾼에게 합당한 믿음의 순종을 행하며 살 수 있는 관계입니다. 물론 아직 하나님과의 완전한 연합의 관계에 이른 것이 아니기에 마귀에 의한 세상의 핍박과 죄와 유혹 가운데서 하나님으로부터 멀리 갈 수 있는 관계이기도 합니다. 그러나 이런 긴장 가운데서도 함께하시며 도우시는 성령을 통해 회개와 인내와 의와 평화와 사랑의 열매로 하나님 나라를 증거하도록 요구받는 백성들입니다. 회개하지 않고 관계를 저버리는 백성들에게는 성령의 시기와 탄식과 경고와 징계와 멸망의 심판으로 관계하십니다. 승천하신 예수님의 재림을 통하여 이 하나님의 새 백성인 교회는 하나님과 완전한 연합의 관계로 나아갑니다. 유업으로 상속받은 새 하늘과 새 땅에서 부활의 영광스러운 몸을 입고 하나님과 온전히 연합하는 혼인의 잔치에 참여합니다. 하나님과 연합된 왕들로서 새롭게 창조된 모든 피조물을 돌보며 다스리는 영생의 삶을 살아갑니다(마-계).

> ※ 성경 전체에 나타난 언약의 중심적 내용
>
> 행위의 말씀을 통한 언약 관계, 은혜의 말씀을 통한 언약 관계, 말씀이신 예수 안에서 새로워지고 온전해지는 언약 관계

 나눔을 위한 질문

1. 성경 전체에 나타난 언약은 무엇입니까?

2. 그리스도인들은 예수 안에서 갖게 된 하나님과의 새로운 언약 관계를 어떻게 온전히 유지해 갈 수 있습니까?

Note.

성경개관 정리: 그리스도

구약

성경은 하나님 나라와 관련하여 그리스도(메시아)를 어떻게 보여주고 있습니까? 하나님 나라로서 창조된 우주 만물은 하나님의 말씀과 지혜와 관련되어 있습니다. 그리스도이신 예수님은 태초에 있던 우주 만물의 창조에 성부와 성령 하나님과 함께 참여하신 하나님의 아들이며 하나님의 말씀과 지혜이십니다. 이렇게 이루어진 하나님 나라가 아담과 하와의 타락으로 파괴되었지만 하나님께서는 "그 여인의 후손(씨)"를 통한 하나님 나라의 회복을 약속하십니다. 새롭게 우주만물을 창조하며 하나님께서 세우신 하나님의 형상인 새 아담으로서 만물을 통치하실 메시아 곧 그리스도를 약속하신 것입니다(창 1-3장).

메시아를 통한 하나님 나라의 회복에 대한 언약 가운데 이 메시아는 가인이 아닌 셋의 계열과 관련되고 에녹, 노아, 셈, 아브라함의 후손으로 올 것을 말씀합니다. 구체적으로 유다 지파에 속한 다윗의 후손으로 셈의 장막에 오실 것을 말씀하십니다. 이 메시아는 종말인 "여호와의 날"에 왕과 선지자와 제사장, 여호와의 종과 하나님의 아들, 인자와 언약의 사자로 오십니다. 이런 직분으로 오시어 하나님 말씀을 전하며 고난과 죽임을 당하지만 부활하여 왕으로 통치하십니다. 특별히 처녀 여인이 잉태하여 낳은 하나님의 아들로 많은 이들의 죄를 위한 대속적 고난과 죽음과 부활을 통해 그들을 마귀의 나라에서 회복하시는 하나님의 나라로 이끄십니다. 이 새로운 출애굽을 통해 마음까지 새로워진(할례) 하나님 백성들이 하나님과 새로운 언약의 관계를 가지게 할 것입니다. 하나님의 영을 부어주심으로 그들의 마음에 새겨진 말씀을 순종할 수 있게 하실 것입니다. 지상에 하나님의 집인 새 성전과 하나님의 도성인 새 예루살렘을 세우시고 그 가운데 서서 새롭게 창조된 하늘과 땅과 온 만물을 다스리실 것입니다. 권능과 의와 공의와 지혜와 신실로 통치하시어 악인과 모든 대적들을 멸하심으로 복과 풍성함과 평화와 질서가 있는 나라를 이루실 것입니다(창 4장-말).

신약

이렇게 구약에서 하나님의 언약으로 약속되셨던 그리스도가 바로 예수님이심을 신약은 말씀합니다. 예수님은 만물을 창조하신 성자 하나님이지만 성부 하나님의 뜻과 때를 따라 성령으로 잉태되어 동정녀 마리아의 후손으로, 아브라함과 다윗의 후손으로 유다 땅(셈의 장막)에 오신 분입니다. 선지자로서 하나님 나라의 회복에 대한 복음과 지혜의 말씀을 전하셨습니다. 보이지 아니하는 하나님의 형상과 새로운 아담으로서 죽기까지 온전히 순종하셨습니다. 하나님의 종과 대제사장과 인자로서 죄인들을 위해 대속하는 고난과 죽음과 부활을 통해 새 출애굽과 새로운 창조를 이 땅에 가져오셨습니다. 하나님 백성들로 하나님과 새로운 언약의 관계를 가지게 하는 새 언약의 중보자가 되셨습니다. 그리스도를 믿는 하나님의 새 백성에게 성령을 부어주심으로 새 성전인 교회를 세우시고 하나님의 말씀을 순종할 수 있게 하셨습니다. 부활하여 승천하시고 하나님 보좌 우편에 앉으신 인자로서 교회의 머리와 만물의 왕이 되시어 의와 은혜로 통치하시며, 나라의 백성들에게 영원한 부활의 생명과 풍성하고 신령한 하늘의 복을 얻어 누리게 하십니다. 이렇게 예수께서 그리스도가 되셔서 마귀와 죄와 죽음을 제어하시고 이기시어 이 땅에 하나님 나라를 이미 회복하셨고 지금도 이루어가십니다.

이제 "그리스도 예수의 날"인 재림의 날에 예수께서 다시 속히 오셔서, 회복하시고 있는 하나님 나라를 마침내 완성하실 것입니다. 새 하늘과 새 땅과 새 예루살렘과 새 에덴을 이루시며 삼위 하나님과 온전히 연합하여 교제하게 하실 것입니다. 마귀와 죄와 질병과 모든 악인들을 완전히 심판하시고 온전한 의와 영원한 생명과 영광과 안식으로 충만한 하나님 나라를 이루실 것입니다(마-계).

※ **성경 전체에 나타난 그리스도에 대한 중심적 내용**

만물의 창조에 함께하신 하나님의 아들, 새 창조와 새 출애굽으로 하나님 나라를 회복하시고 완성하실 하나님의 말씀과 지혜이시며 하나님의 형상이신 새 아담으로서의 예수님

 나눔을 위한 질문

1. 성경 전체에 나타난 그리스도는 어떤 분이십니까?

2. 그리스도인들은 그리스도이신 예수님을 어떻게 섬겨야 합니까?

Note.

# 성경개관 정리: # 하나님 백성의 삶

성경에 나타난 하나님 나라에 대한 말씀들을 이해할 때 하나님 백성들인 오늘날 교회의 그리스도인들은 어떻게 살아가야 할까요? 하나님 나라의 본질과 그 안에서 나타나는 하나님과의 언약관계들, 그리고 이와 긴밀히 관련된 그리스도이신 예수님을 종합적으로 생각하면서 오늘날 예수 믿는 자들의 삶이 어떠해야 하는지 살필 필요가 있습니다. 먼저 하나님 나라가 하나님 말씀으로 시작되고 말씀으로 관계를 맺으며 말씀의 통치로 진행되고 결국 말씀이신 예수 그리스도로 회복되며 완성된다는 점을 생각해야 합니다. 이런 하나님 나라의 백성인 오늘날 그리스도인들은 하나님 말씀과의 관계를 긴밀히 하며 살아가야 합니다. 하나님 나라로서 사람과 우주 만물을 창조하시고 회복하시며 새롭게 완성하시는 하나님 말씀의 능력을 이 21세기에도 신뢰하며 살아가야 합니다. 사람의 지혜와 능력만 강조되는 이 시대에도 하나님 말씀인 성경을 가까이하여 읽고 듣고 배우고 분별하여 묵상하는 일상으로 살아가야 합니다.

이렇게 신뢰하여 매일 가까이해야 할 이 능력 있는 하나님 말씀은 구약과 신약을 통해 오늘날 하나님 백성들이 구체적으로 하나님 말씀의 무엇을 믿고 순종하며 살아야 하는지를 상세히 말씀해 주셨습니다. 무엇보다 하나님 말씀의 참됨(진리)과 영원함, 하나님 나라에 대한 언약의 말씀을 지키시는 하나님의 신실하심과 사랑과 은혜와 거룩하심(심판), 예수님의 하나님 아들이심과 하나님 나라를 회복하시고 완성하시는 그리스도로서의 오심, 고난, 죽음과 부활과 승천과 재림하심, 말씀과 함께 역사하시는 성령 하나님의 함께하심과 인도하심과 도우심, 하나님 백성들의 선택과 마귀와 죄와 죽음에서의 구원(자유)과 보호(징계)와 부활 생명, 완성된 하나님 나라의 영원한 생명(새 창조)과 평화와 안식과 사랑과 의와 질서와 교제의 기쁨, 이미 예수께 패배한 마귀와 죄와 죽음의 완전한 멸망을 알고 믿어야 합니다. 이런 믿음은 하나님 백성으로서 곧 교회 공동체를 이룬 성도들로서 세상에서 구별되는(거룩함) 예배와 의와 공의와 사랑의 연합, 하나님 말씀을 대적하는 악한 자들이나 세속 문화에 함께하지 않음, 하나님과 예수님의 성품을 닮음, 하나님과 이웃에 대한 사랑의 순종을 통해서 드러나야 합니다.

더 나아가 성장하며 완성으로 나아가는 하나님 나라를 위한 교회와 하나님 백성으로서 이 세상에 하나님 나라가 온전히 이루어지도록 모든 영역(시간/공간/물질/사회문화/정치/경제/법과 제도)에서 적극적으로 순종하며 살아가야 합니다. 곧 세상 사람과 모든 피조물들을 하나님과 그리스도의 나라로 인도하는 제사장적 왕으로서의 사명을 감당해야 합니다. 이것을 위해 주신 은사로 항상 하나님 나라 복음을 전하며 지속적인 자기 부정과 희생(고난)과 자족과 절제와 긍휼과 선행으로 섬김의 삶을 살아야 합니다. 하늘 나그네로서 하나님의 생명으로 충만한 완성될 하나님 나라를 바라보면서 오래 참음과 소망으로 살아가야 합니다. 하루 하루의 모든 일상을 이와 같이 하나님 나라와 그 의를 생각함으로 믿음으로 결정하며 순종함으로 살아가야 합니다.

한편으로 오늘날의 교회 성도들은 하나님 나라 백성으로서 그 나라의 복을 여기서도 경험하고 누리며 살아갑니다. 매일의 일상을 믿음의 순종으로 살아가는 백성들에게 하나님께서 친히 주시는 하늘의 위로와 평안과 지혜와 믿음의 성장과 강건함과 형통함과 의로움을 경험합니다. 하나님과 예수님과 성령님과 교회 지체들간의 교제를 통해서 주시는 사랑과 생명과 용서와 긍휼과 영광의 능력과 풍성함과 아름다움과 기쁨을 맛보며 즐거워합니다. 하나님 나라 백성의 이런 삶을 위해 가장 중요한 것은 함께 하시어 이 모든 것을 가능하게 하시는 하나님의 영이신 성령 하나님의 인도를 받기 위해 기도하는 것입니다.

※ 성경 전체에 나타난 하나님 백성의 삶에 대한 중심적 내용
하나님 말씀과의 긴밀한 관계, 성령을 따라 성부 하나님과 예수님의 성품을 닮아감, 하나님 나라를 누리며 그 나라를 위한 섬김의 삶

 나눔을 위한 질문

1. 성경 전체에 나타난 하나님 백성의 삶은 무엇입니까?

2. 그리스도인들은 하나님 백성들로서 하나님 나라를 위해 어떻게 살아야 합니까?

Note.

부록
(APPENDIX)

하나님 나라 이야기로서의 성경개관

- 하나님께서 말씀으로 우주와 사람을 창조하셨다(창세기 1:1, 26).
- 그 우주는 아름다웠고 완벽했다(창 1:31).
- 사람과 모든 만물은 평화로웠고 땅엔 물이 흐르고 모든 것이 풍성했다. 사람은 하나님으로부터 우주를 대신 돌보도록 부탁을 받았다. 하나님께서는 사람에게 가정도 만들어 주셨다. 그리고 우주에서 번성하며 우주를 잘 돌보기를 원하셨다. 사람을 위해 에덴동산을 만드시고 거기에 살게 하셨다. 하나님께서 그들 가운데 함께 사셨다(창세기 3:8).
- 하나님께서 사람과의 관계에서 분명히 하기 원하신 것이 있었다. 그가 사람과 우주를 창조하셨고 사람에게 자신의 우주를 부탁하신 점이었다. 이것을 항상 알게 하기 위해 에덴동산에 있는 선악과 열매는 먹지 못하도록 하셨다. 그러나 사람은 하나님께서 분명하게 설정한 관계를 지키지 못했다. 선악과 열매를 따서 먹음으로 하나님처럼 되려고 했다. 하나님의 통치가 아닌 자신의 지배 아래 모든 것을 두려고 했다. 에덴에서 사람들은 추방되었다. 하나님께서 그 우주에서 철수하셨다. 가정에서 불화가 생기기 시작했다. 사람들 사이에 미움과 살인이 일어났다. 사람들이 죽게 되었다(창세기 2:17; 히 9:27).
- 홍수로 우주가 파괴되었다. 하나님은 파괴된 우주와 사람을 다시 원래대로 회복하길 원하셨다(창 3:15).
- 자신이 그들과 함께 살 수 있는 길을 모색하셨다. 가까이하실 사람들을 선택하고 그들이 살 땅을 주셨다(창 12:1-3).
- 이렇게 선택한 사람들과 땅에 거하셨다. 그러나 하나님과 그 사람들의 동거는 계속되지 않았다. 선택된 사람들조차 하나님을 존중하지 않았기 때문이다. 하나님과의 불편한 관계는 기억하고 싶지 않은 비참한 일들을 가져왔다. 사람들

사이에 전쟁이 계속되었다. 결국 하나님은 사람으로 태어나셨다(요 1:1, 14).

- 예수가 바로 그분이셨다. 함께 살 수 없었던 사람들과 하나님의 아들이지만 사람이 되어 사신 분이셨다. 이렇게 하나님은 그가 만드신 우주와 사람들에게 다시 돌아오셨다. 지배자가 아닌 원래 하나님이 원하신 종의 모습으로 섬기고 돌보는 사랑의 삶을 사셨다(사 53:1-6; 요 13:1).
- 예수는 하나님과의 관계를 무너뜨린 사람들의 죄의 제거를 위해 죽으셨다(사 53:6).
- 그러나 하나님은 그를 다시 살리셨다. 그를 통해 원래 창조되었던 상태로 우주와 사람들을 회복하기 시작하셨다(고후 5:17).
- 예수께서 승천하시며 재림을 약속하시고 그의 영이신 성령 하나님을 보내셨다(행 1-2장).
- 예수께서 부활하신 것처럼 우주와 사람들이 새롭게 다시 살아나기 시작하였다. 하나님께서는 사람들에게 예수의 교회를 만들어 주셨다. 성령께서 교회에 함께 거하며 사셨다. 은혜 가운데 교회의 사람들을 통해 우주를 원래대로 회복하며 사람들을 살리기 시작하셨다. 우주와 사람들 속에 성령이 점점 거하기 시작했다. 예수와 교회를 받아들인 사람들이 하나님과 함께 사는 것을 경험했다(계 3:20).
- 그들은 예수와 교회를 거절하는 자들에 의해 핍박당하고 죽임을 당하기도 했다. 승천하셨던 예수께서 우주와 사람들에게 돌아오신다. 예수를 받아들인 사람들과 우주가 부활의 생명으로 충만한 아름다움과 영광을 영원히 소유하게 된다(계 21장).
- 생명수가 흐르고 생명나무 열매가 만국에 온전한 만족을 안겨다 준다(계 22:1-2).
- 그를 거절한 사람들은 하나님과 우주로부터 영원히 분리되어 비참하게 살아간다(계 21:8).
- 하나님께서 새롭게 회복되고 완성된 우주에서 사람들과 영원히 거하신다. 사람들이 하나님의 얼굴을 보며 친밀히 교제한다.

중심어로 정리한 성경개관

개관순서	I. 하나님 나라	II. 언약
성경서론	성경의 주요 내용	천국의 진행
구약서론	시작과 모형 / 회복	은혜와 순종
오경개관	시작과 회복의 소망	회복과 믿음
창세기	권능 / 사람 / 하늘과 땅	하나님의 형상
출애굽기	제사장 나라	구속과 율법
레위기	거룩함의 나라	구별과 사랑
민수기	증거궤와 율법과 전쟁	땅 / 자손 / 평화
신명기	공의로운 큰 나라	복과 저주
역사개관	성전에 계신 왕의 통치	율법의 복 / 저주
여호수아	율법과 진멸과 안식	믿음의 순종
사사기	하나님의 공의와 긍휼	땅의 미정복 / 상실
룻기	인애와 긍휼	인애와 회복
사무엘	안식 / 의와 공의	언약에 신실하심
열왕기	말씀의 능력과 주권	공의와 신실하심
역대기	공의와 은혜	행한 대로 보응
에스라-느헤미야	말씀과 거룩한 자손의 나라	율법 순종
에스더	잔치와 구원의 나라	믿음의 순종
시가개관	창조질서와 지혜	여호와 경외
욥기	주권적 의와 지혜	한계 / 무지를 인정
시편	우주의 창조 / 회복 / 완성	안식 / 순종 / 기도
잠언	지혜와 생명과 복	여호와 경외 / 말씀
전도서	창조주의 의로운 통치	경외 / 기쁨의 지혜
아가	풍성함 / 순결함 / 기쁨	독점적 / 신실한 사랑

III. 그리스도	적용
언약의 중심	나라와 의를 구함
여자의 후손	사명과 소망
아브라함의 후손	믿음과 소망
유다의 후손	믿음의 순종
제사장적 대속	제사장적인 삶
속죄제와 제사장	분별력 있는 사랑
속죄의 중보	믿음과 인내
왕과 선지자	새 계명의 교회
다윗의 후손	새 언약과 소망
거룩한 용사	영적 전쟁
구원자 / 사사	순종 / 감사 / 소망
다윗의 후손	믿음 / 인애 / 긍휼
왕적 메시아	겸손과 순종
왕 / 선지자 / 제사장	돌이킴과 믿음
성전 건축자	교회 / 말씀 / 연합
제2출애굽과 성전건축을 이루실 자	말씀 순종과 기도로 구별된 교회
유대적 / 다윗적	믿음의 순종
지혜 / 의인의 고난	의와 지혜의 삶
무죄한 자의 고난	고난에 대한 지혜
왕 / 제사장 / 고난 / 회복	기도 / 찬양 / 감사
지혜 / 창조의 장인	말씀의 지혜에 거함
창조질서의 회복	고난에서의 지혜
온전한 사랑	순전한 사랑

중심어로 정리한 성경개관

개관순서	I. 하나님 나라	II. 언약
선지서개관	공의와 인애	심판과 회복
이사야	거룩하신 여호와의 나라	믿음과 공의
예레미야	하나님의 주권 / 공의 / 긍휼	공의 / 사랑 / 회개
애가	하나님의 공의 / 인애 / 긍휼	공의 왜곡 / 징계
에스겔	하나님의 주권과 영광	불신 / 부패와 징계
다니엘	주권과 영원한 나라	구별된 삶
호세아	공의와 인애	여호와 경외
요엘	공의와 인애의 통치	회개하는 남은 자들
아모스	공의와 인애	의와 공의 / 창조질서
오바댜	공의와 인애의 나라	공의
요나	주권적 공의	순종과 긍휼
미가	하나님의 공의와 인애	의와 인애
나훔	공의와 위로	심판과 위로
하박국	절대적 공의와 긍휼	공의에 대한 믿음
스바냐	공의와 인애	회개, 심판과 구원
학개	공의와 영광	성전 재건
스가랴	공의와 영광	성전 재건
말라기	공의와 인애와 순종	율법 순종
구약정리	말씀 통치/ 생명/ 형통/ 인애/ 거룩	예배 / 공의 / 인애
신약서론	회복과 완성	새 언약
복음서/행전	실제적 회복과 완성	참 이스라엘 / 교회
마태복음	예수 안에서 회복 / 긴장	더 나은 의

III. 그리스도	적용
여호와의 종 / 사자	의와 인애의 삶
다윗 자손 / 이방의 빛	거룩함과 빛 / 믿음
새 언약의 구속자	새 백성의 의로운 생활
인애 / 기름 부으신 자	회개와 소망
새 다윗	올바른 믿음의 순종
인자 같은 이	세상에서의 거룩함
새로운 씨 / 다윗	정결한 신부
공의의 비 / 의의 교사	주님의 날 준비
만국을 통치할 다윗	의로운 삶
열국의 심판자	하나님 공의를 믿음
요나보다 더 큰 이	이웃사랑 / 긍휼
복사 / 왕 / 어호와	사랑과 의를 구함
승리의 전사	악의 멸망에 대한 믿음
공의의 전사	공의 / 긍휼에 대한 믿음
심판과 구원의 용사	공의와 죄악과의 싸움
열국의 보배 / 왕	교회 / 하나님 나라 건설
시온왕 / 대제사장 / 목자	주의 일
언약의 사자 / 주	재림을 맞이할 준비
왕 / 선지자 / 제사장 / 종	언약적 신실함
하나님 아들 / 인자	성령으로 순종
인자 / 여호와의 종	증거하는 교회
다윗의 후손	순종하는 교회

중심어로 정리한 성경개관

개관순서	I. 하나님 나라	II. 언약
마가복음	하나님 나라의 능력	주권 / 백성의 책임
누가복음	긍휼과 해방의 은혜	회개에 합당한 열매
요한복음	영광과 영생	새 계명 / 연합
사도행전	하나님 나라의 성장	연합 / 교제 / 기도 / 증언
바울서신	은혜 / 연합과 화평 / 의	교회의 하나됨 / 거룩함
로마서	의와 평화/연합	믿음의 순종
고린도서	사랑의 능력	새 언약의 일꾼
갈라디아	성령의 통치	하나님의 이스라엘
에베소서	의와 용서와 사랑	하나님의 새 백성
빌립보서	긴장적 하나님 나라	예수의 일에 협력
골로새서	하나님 아들의 나라	믿음 / 사랑 / 소망 / 감사
데살로니가	고난을 통한 증거	믿음 / 소망 / 사랑 / 인내
디모데서	예수의 복음 / 바른 교훈	고난과 경건
디도서/빌레몬서	바른 교훈	선한 일에 대한 열심
공동서신	예수의 영원한 나라	하나님 성품에 참여
히브리서	흔들리지 않는 나라	더 좋은 언약
야고보서	긍휼과 믿음의 부요	새 계명을 지킴
베드로서	거룩한 제사장 나라	선한 제사장적 삶
요한서신	교제의 기쁨이 있는 나라	새 계명을 지킴
유다서	경건한 백성들	거룩한 믿음
요한계시록	예수님 통치와 완성된 나라	분별력 있는 사랑
신약정리	회복 / 성장 / 완성 / 실제와 능력	새 언약과 새 계명

III. 그리스도	적용
하나님 아들 / 인자	순종과 사랑의 능력
다윗의 주 / 인자	긍휼과 사랑
하나님의 아들	성령의 인도에 순종
유일한 만유의 구주	증언과 증거
주 / 재림과 만물심판	믿음의 순종 / 증거
하나님 아들 / 주	신실한 순종
하나님의 지혜와 의	교회를 세우는 덕
아브라함의 후손	성령의 인도를 받음
만물을 충만케 하심	연합과 성장의 교회
종과 주권자	복음과 믿음의 진보
만물의 으뜸	분별과 믿음 / 소망 / 사랑
주 / 재림하실 분	올바른 믿음과 소망
경건의 비밀 / 중보자	복음을 통한 경건 / 분별
크신 하나님	선한 일에 힘씀
새 언약의 중보자	행동하는 믿음
하나님 본체의 형상	견고한 믿음
영광의 주	순결 / 긍휼 / 인내 / 온유
시온의 산 돌	하늘 나그네의 삶
화목제물	진리 안에서 사랑
홀로 하나이신 주재	분별 / 믿음 / 긍휼 / 사랑
만물의 시작과 끝	믿음 / 사랑 / 소망
새 언약의 중보자 / 왕	그 나라를 구함

도표로 보는 성경의 배열

	구약			신약
	히브리어 성경(BHS)	칠십인경(LXX)	개신교	개신교
I	토라	율법	오경	복음서
	창세기	창세기	창세기	마태복음
	출애굽기	출애굽기	출애굽기	마가복음
	레위기	레위기	레위기	누가복음
	민수기	민수기	민수기	요한복음
	신명기	신명기	신명기	
II	느비임(선지서)	역사서	역사서	역사서
전선지서 4권	여호수아	여호수아	여호수아	사도행전
	사사기	사사기	사사기	
	사무엘(상/하)	룻기	룻기	
	열왕기(상/하)	제1왕정기	사무엘상	
	⋮	제2왕정기	사무엘하	바울서신
후선지서 4권	이사야	제3왕정기	열왕기상	로마서
	예레미야	제4왕정기	열왕기하	고린도전서
	에스겔	역대기상	역대상	고린도후서
	소선지서	역대기하	역대하	갈라디아서
소선지서 12권	호세아	제1에스드라	에스라	에베소서
	요엘	제2에스드라	느헤미야	빌립보서
	아모스	에스테르	에스더	골로새서
	오바댜	유딧기		데살로니가전서
	요나	토빗기		데살로니가후서
	미가	제1마카베오		디모데전서
	나훔/하박국	제2마카베오		디모데후서
	스바냐	제3마카베오		디도서
	학개	제4마카베오		빌레몬서
	스가랴			
	말라기			

	구약			신약
	히브리어 성경(BHS)	칠십인경(LXX)	개신교	개신교
III	케투빔(성문서)	시가서	시가서	공동서신
	시편	시편(151편)	욥기	히브리서
	욥기	잠언	시편	야고보서
	잠언	전도서	잠언	베드로전서
	⋮	아가	전도서	베드로후서
메길롯 5권	룻기	욥기	아가	요한 1서
	아가	솔로몬의 지혜서		요한 2서
	전도서	예수 시락서		요한 3서
	애가			유다서
	에스더			
	⋮	IV 선지서	선지서	묵시
	다니엘	호세아	이사야	요한계시록
	에스라-느헤미야	아모스	예레미야	
	역대기(상/하)	미가	대선지서 예레미야 애가	
		요엘	에스겔	
		오바댜 5권	다니엘	
		요나	⋮	
		나훔	소선지서 호세아	
		하박국	요엘	
		스바냐	아모스	
		학개 12권	오바댜	
		스가랴 / 말라기	요나 / 미가	
		이사야 / 예레미야	나훔 / 하박국	
		바룩 / 애가	스바냐	
		예레미야의 편지	학개	
		에스겔 / 다니엘	스가랴	
		수산나의 역사	말라기	

도표로 보는 성경의 [11]
하나님 나라, 언약, 그리스도

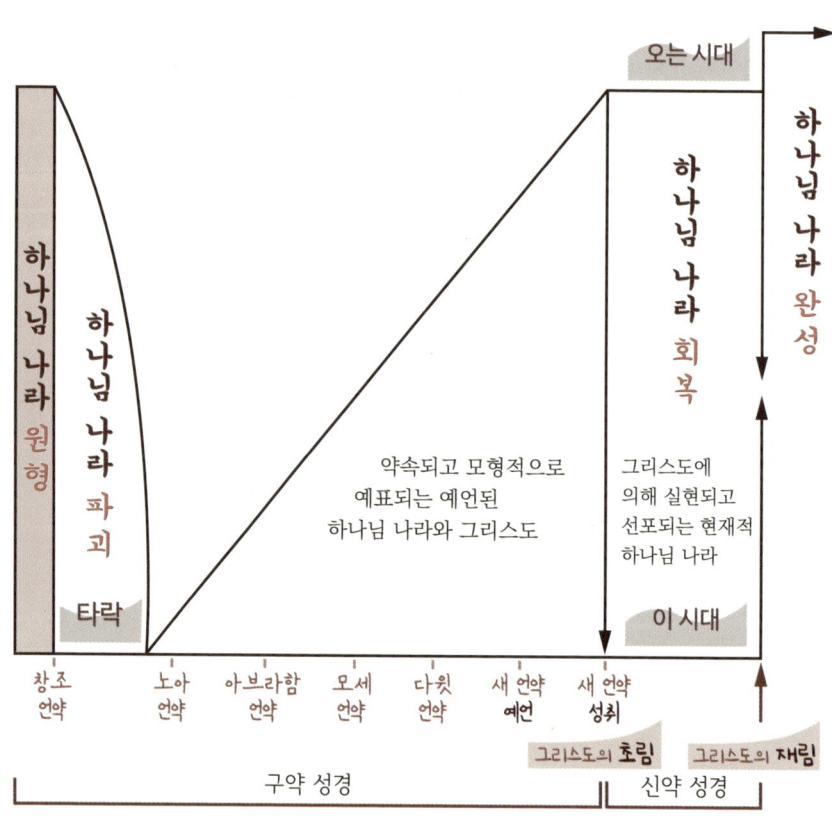

---

11) 이 도표는 G. E. 래드, 「신약신학」 신성종, 이한수역 (서울: 대한기독교서회, 1988), 73; 본 로버츠, 「성경의 큰 그림」 전의우 역 (서울: 성서유니온, 2019), 196을 참조하여 만들었음을 밝힌다.

참고문헌

- 김세윤. "사도행전에 나타난 하나님 나라." 황성일 외 편저. 「신학과 경건」 광주: 광신대학교, 2002: 131-137.
- 김형국. 「누가복음과 하나님 나라」 서울: 성서유니온, 2021.
- 김희석. 「언약신학으로 본 구약의 하나님 나라」 서울: 솔로몬, 2023.
- 강대훈. 「마태복음의 하늘과 하늘나라」 서울: 솔로몬, 2022.
- 그린, 조엘 B. 「하나님 나라: 성경적 의미와 오늘의 사명」 고양: 터치북스, 2021.
- 뎀프스터, 스티븐. 「하나님 나라 관점으로 읽는 구약신학」 박성창 역. 서울: 부흥과 개혁사, 2012; Dempster, S.G., *Dominion and dynasty: A Theology of the Hebrew Bible*. IVP. 2003.
- 로버츠, 본. 「성경의 큰 그림」 전의우 역. 서울: 성서유니온, 2019.
- 래드, G. E. 「신약신학」 신성종, 이한수 역. 서울: 대한기독교서회, 1988.
- 래드, 조지. 「하나님 나라」 원광연 역. 서울: 크리스챤다이제스트, 2009.
- 모건, 크리스토퍼, 피터슨, 로버트. 「하늘」 강대훈 역. 서울: 부흥과 개혁사, 2018.
- 비슬리 머리, G. R. 「예수와 하나님 나라」 박문재 역. 서울: 크리스챤다이제스트, 2009.
- 빌, 그레고리. 「신약성경신학」 김귀탁 역. 서울: 부흥과 개혁사, 2013.
- 슈라이너, 패트릭. 「하나님 나라 성경신학」 강대훈 역. 서울: 부흥과 개혁사, 2022.
- 양용의. 「하나님 나라 어떻게 이해할 것인가」 서울: 성서유니온, 2010.
- _____. 「마태복음」 고양: 이레서원, 2022.

- 송영재. 「더 뉴커버넌트 신학」 서울: CLC, 2024.
- 채영삼. 「공동서신의 신학」 서울: 이레서원, 2019.
- 클라인, 메리데스 G. 「하나님 나라의 서막」 김구원 역. 서울: CLC, 2012.
- 카이저, 월터 C. 「구약 성경신학」 류근상 역. 서울: 크리스챤 출판사, 2001.
- Donfried, K.P. "The Kingdom of God in Paul." in W. Willis. ed. *The Kingdom of God in 20th Century Interpretation*. Massachusetts: Hendrickson, 1987: 175-190.
- O'Toole, R. "The Kingdom of God in Luke-Acts." in W. Willis. ed. *The Kingdom of God in 20th Century interpretation*. Massachusetts: Hendrickson, 1987: 147-162.
- Patyick, D. "The Kingdom of God in the Old Testament." in W. Willis. ed. *The Kingdom of God in 20th Century Interpretation*. Massachusetts: Hendrickson, 1987: 67-79.
- Selman, M.J. "The Kingdom of God in the Old Testament." *TynBul* 40/2 (1989): 161-183.

"내가 복음을 부끄러워하지 아니하노니 이 복음은 모든 믿는 자에게 구원을 주시는 하나님의 능력이 됨이라 먼저는 유대인에게요 그리고 헬라인에게로다 복음에는 하나님의 의가 나타나서 믿음으로 믿음에 이르게 하나니 기록된 바 오직 의인은 믿음으로 말미암아 살리라 함과 같으니라"

| 로마서 1:16-17 |

태초부터 아멘까지

하나님 나라, 언약, 그리스도의 관점에서 본 | 성경 핵심 개관

초판 1쇄 인쇄	2024년 11월 11일
초판 1쇄 발행	2024년 11월 25일

지은이	강정주
발행인	강상우
발행처	에반겔리움북스
감 수	조효민
디자인	옹기장이

출판등록	제559-2024-000022호 (2024.10.8.)
주 소	경기 양주시 남면 화합로610번길 143, 3층
대표전화	070-4001-0669
홈페이지	www.egbooks.co.kr
전자우편	jesus92@daum.net
ISBN	979-11-989665-1-3

Copyright ⓒ 에반겔리움북스 2024

이 책은 저작권법에 따라 보호받는 저작물이므로 무단전재와 무단복제를 금지하며, 이 책의 내용의 전부 또는 일부를 이용하려면 반드시 저작권자와 에반겔리움북스의 서면 동의를 받아야 합니다.

※ 잘못 만들어진 책은 구입한 곳에서 교환하여 드립니다.
※ 책 가격은 표지 뒷면에 있습니다.

Evangelium Books 도서출판 에반겔리움북스는 여러분의 소중한 의견을 받고 있습니다.
원고 투고, 오탈자 제보, 출판 제안은 jesus92@daum.net으로 보내 주세요.

※ 농협은행 351-1339-5358-73 (강상우 에반겔리움북스)